LE BARAQUEMENT AMÉRICAIN

DU MÊME AUTEUR

LES PÉCHÉS DU PRINCE, Grasset, 1992 ; Éditions Pluriel, 1993.

FRANÇAIS, SI VOUS RÊVIEZ, Grasset, 1995 ; Le Livre de poche, 1996.

ALAIN GENESTAR

LE BARAQUEMENT AMÉRICAIN

roman

BERNARD GRASSET
PARIS

« En regardant vivre le Bird, j'ai connu mes plus beaux moments. "Vas-y, souffle, souffle !" me disait-il. »

Miles Davis, à propos de Charlie Parker.

Prologue

Old Oraibi, Arizona
5 août 1980

Je suis né en France sur la table de cuisine d'un baraquement américain.

Mes parents et ma sœur, Anna, sont morts onze ans après ma naissance. Je n'ai connu ni mes grands-parents espagnols ni mes grands-parents français, disparus en Normandie pendant la guerre. Je suis seul. J'ai fui la France pour m'installer à New York. Puis j'ai quitté New York. Je vis dans une réserve de l'Arizona, près de Old Oraibi, à 60 miles de Monument Valley. Mon nom indien est Formica en souvenir de la table de la cuisine. J'ai trente et un ans.

Voilà ma vie en résumé, depuis la table de la cuisine jusqu'à cette table où j'écris aujourd'hui, toujours dans un baraquement américain puisque ma nouvelle maison de planches et de carton est sur le sol d'Amérique.

Raconter sa vie pour espérer continuer de vivre ? Il y

a assez de choses idiotes et sans intérêt qui maintiennent les gens en vie pour ne pas trouver moins intelligente cette façon, la mienne, de poursuivre.

L'écriture m'a été ordonnée – oui, ordonnée – par Vua Pah, un vieil ami indien, deux ans après mon arrivée dans la réserve. Je lui ai obéi. J'étais au bout de mon histoire. Ecrire ou mourir ? Au commencement, il y avait un baraquement américain en Normandie, à la fin – mais suis-je à la fin ? –, il y a cet autre baraquement en Amérique, et entre les deux un long trait d'union. J'ai ressenti le besoin d'écrire, sur ce trait d'union, plein de mots, de phrases, d'histoires, de souffrance, d'amour, de haine, de déception, d'espoir, de désillusions, plein de mots au-dessus de ce trait d'union pour l'alourdir du poids d'une vie.

Je n'écris pas un livre. Un livre est toujours un mensonge. Je sais. Je suis écrivain. J'ai beaucoup menti. Le mensonge qui m'a fait le plus mal, je l'ai commis sur trois cent soixante-dix-huit pages dans un premier roman. J'ai gagné des dizaines de milliers de dollars de droits d'auteur et un à-valoir pour transformer mon livre en scénario de film. Mais de ce mensonge qui a fait de moi un homme riche, je parlerai plus tard.

Avant, il y a toutes les autres pages à écrire pour rétablir la vérité et raconter la vie de Frank Merced devenu Formica.

1

Ma naissance, cette date qui s'inscrira sur mon passeport, *né le 2 janvier 1949*, n'arrivera que dans cinq ans. J'ai décidé de dater le commencement de mon récit du jour où mon père et ma mère ont fait l'amour pour la première fois. Curieusement, j'en ai gardé le souvenir. Je crois, sinon je ne raconterais pas ma préhistoire, que ma vie a été marquée par cette première fois et celles qui ont suivi dans des circonstances exceptionnelles. Ce jour-là était une nuit. La nuit du 5 juin 1944, à Caen, en Normandie, à douze kilomètres de la mer.

Il était vingt-trois heures. Paul Merced sortait de chez lui. Paul était le fils de Carlos Merced, réfugié espagnol mort l'année précédente d'une crise cardiaque qui l'avait terrassé dans son magasin de vins et spiritueux en quelques secondes, secondes suffisantes pour lui laisser le temps d'insulter en catalan Franco, Hitler et Mussolini, et de dire, du même dernier souffle, *je t'aime* à sa femme. Paul Merced, le fils de l'Espagnol – le nom que lui avait donné la ville –, ouvrait la porte avec une lente précaution moins pour ne pas réveiller sa mère, Anita Merced, que pour surveiller le trottoir. Le couvre-feu interdisait les promenades nocturnes. Celle de Paul, dont il avait l'habitude, devait le conduire dans la cour du château de Guillaume le Conquérant.

La distance n'était pas très longue. Cinq ou six cents mètres que Paul connaissait par cœur. Se glisser le long des murs de la rue Saint-Jean ; se cacher, un instant, sous le porche de l'Hôtel d'Escoville ; attendre, regarder, et d'un bond traverser le parvis de l'église Saint-Pierre, le lieu le plus découvert ; grimper la petite côte bordée d'arbustes qui mène au château ; franchir le pont-levis au-dessus des douves et la porte principale où pendent les piques rouillées de la vieille grille suspendue en l'air ; puis marcher dans la cour en allégeant son corps pour atténuer le bruit des pas sur les graviers ; enfin, s'asseoir au pied de la haie, sur la pelouse derrière la grande salle de l'Echiquier, l'endroit du rendez-vous.

Elle habitait avec sa mère, professeur de musique, et son père, architecte de la ville, dans une maison construite à flanc de rempart, tout près de l'Echiquier. Avant la destruction de la ville, la rue de Geôle était bordée de petits immeubles dont l'une des rangées s'adossait au château. La fenêtre de la chambre d'Apolline Cassegrain était juste à la hauteur du chemin de ronde. De là, elle avait vue sur la cour du château et la pelouse où Paul était assis depuis une dizaine de minutes. Elle distinguait les carreaux rouges et verts de sa chemise.

Paul et Apolline avaient le même âge. Dix-neuf ans. Ils s'étaient connus à l'université, en première année d'histoire. Paul avait les cheveux aussi noirs que ceux d'Apolline étaient blonds, d'où mes reflets roux.

Cette nuit-là n'était pas une belle nuit de juin. Des nuages épais noircissaient la lune et traversaient le rectangle de ciel au-dessus de la cour du château comme une vague de soldats qui déferlent.

Ils s'embrassaient, la jeune femme allongée sur le dos, les yeux levés vers les nuages. Sa robe fine, en petit coton léger imprimé de minuscules fleurs, dessinait un parterre de myosotis sur la pelouse. Paul caressait les myosotis, les deux collines et le ventre de myosotis. Il dénoua la ceinture de la petite robe de coton. Sa main s'aventura sur la peau qui tremblait sous ses doigts. Apolline ne regardait plus les nuages. Elle fermait les yeux et oubliait l'humidité de l'herbe. Leurs corps se confondaient, l'un doucement, tout doucement, glissant dans l'autre. Elle laissa échapper à cet instant un petit cri de douleur, et, je l'ai senti, de peur. Ses yeux s'ouvrirent en même temps que son corps. Au-dessus d'elle, la chemise à carreaux rouges et verts s'agitait. Au-dessus de la chemise à carreaux, les nuages enflaient, s'enchevêtraient, se transformaient en mascaret de gaz et d'eau qui inondait le ciel... Ils ne bougeaient plus.

Paul parla le premier.

« Je ne t'écrase pas trop ?

— Un peu.

— Attends, je...

— Non, ne bouge pas. Reste comme ça, en moi... J'ai peur.

— Tu regrettes ?

— J'ai peur de mourir. »

Il lui caressa les cheveux.

« Tu es trop vivante pour mourir. »

Les mots, si différents des mots banals et maladroits prononcés par Paul, sortirent de la bouche d'Apolline. Ils n'étaient plus chuchotés, ils éclataient, s'adressaient aux nuages, à l'herbe, aux remparts, à la petite maison accolée au château, au magasin de vins et spiritueux de la rue Saint-Jean, à l'Hôtel d'Escoville, à l'église Saint-Pierre, aux murs, à la ville, aux habitants qui dormaient...

« Nous allons tous mourir. »

Paul se mit à rire en serrant Apolline dans ses bras pour lui faire partager son rire. Un rire sans méchanceté, sans ironie, sans moquerie, fait pour rassurer, *relativiser*, son maître mot, sa philosophie, la mienne un jour, jusqu'à ce que les jours me brisent, mais j'anticipe. Pour la première fois, après la première fois, Paul exerçait ce pouvoir rassurant sur Apolline.

« Si on meurt, dit Paul en riant, c'est maintenant, là, tout de suite. Les Allemands nous arrêtent pour attentat à la pudeur, ils me bandent les yeux avec ta petite culotte, les tiens avec mon caleçon, et ils nous fusillent dans la cour du château. Nous serons les martyrs de l'amour, les symboles de la résistance amoureuse. Toute la ville nous rendra hommage, nous deviendrons célèbres dans le monde entier, Hollywood fera un film sur nous : *Paul et Polline, les amants du château*. Ta petite culotte sera la bannière de la Résistance, le drapeau à petites fleurs de l'amour contre la croix gammée de la haine. Quelle belle mort ! C'est un rêve de mourir côte à côte, nus, en hurlant face à douze gueules de fusils nazis : *Je meurs en t'aimant, et j'emmerde les Allemands*. »

Paul s'était dégagé avec douceur et regardait si les éclats de son rire se reflétaient dans les yeux d'Apolline. Il y vit, sous quelques millimètres de larmes, des petits vaisseaux rougis semblables à des poissons rouges qui frétillaient dans deux lacs ovales prêts à déborder sur des joues blanches, brillantes et lisses.

« Je sais que tu m'aimes autant que je t'aime, dit Apolline. C'est pour ça que j'ai fait l'amour ce soir ; je n'ai aucun remords, aucun, au contraire... Je veux faire l'amour avec toi chaque nuit. Mais quand tu es entré en moi, j'ai vu la mort. Il y avait du sang dans le ciel, des nuages de sang, une tempête de sang et de feu qui s'abattait sur la ville. Des gens couraient, trempés par les gouttes de sang, d'autres criaient sous la terre, leurs bouches avaient la forme de trous noirs emplis de cendres et de gravats. »

Elle prononça une seconde fois la phrase : *« Des gens couraient, trempés par les gouttes de sang, d'autres criaient sous la terre, leurs bouches avaient la forme de trous noirs emplis de cendres et de gravats. »* Et poursuivit :

« Je te voyais bouger au-dessus de moi et des centaines de corps se tordaient de douleur, appelaient à l'aide, m'écrasaient, m'étouffaient... Je suis folle, hein ? Mais quand un voile se déchire à l'intérieur du ventre, on voit peut-être plus loin, plus vrai. Non ? Tu ne crois pas ? »

Apolline interrogeait les yeux de Paul qui répondaient : « Je ne crois pas. L'amour est une merveilleuse folie, tu es folle d'amour, soûle d'amour.

— Tu as raison, je dois avoir l'amour triste et toi l'amour gai. Je suis idiote. »

Et elle se mit à rire. Plus tard, elle rira toujours après ses angoisses calmées par mon père. Je me souviens aujourd'hui, en écrivant, de ses rires qui effaçaient ses pleurs.

Minuit. Des avions alliés passaient très haut au-dessus de la ville. Au bruit, Paul reconnaissait des Lancaster et des Halifax. Les Caennais avaient l'habitude de les entendre. Souvent, presque chaque nuit, des avions traversaient le ciel de Normandie. Ils venaient des côtes anglaises, volaient à quelques mètres des vagues pour échapper aux radars, grimpaient en altitude avant de franchir la ligne de la plage où le vacarme des moteurs poussés à fond et des carlingues secouées par les vibrations paniquait les occupants des blockhaus, les artilleurs allemands, chasseurs de palombes métalliques, surpris par l'arrivée brutale et bruyante du gibier. En moins d'une dizaine de kilomètres, la distance à vol d'oiseau de la mer à Caen, les avions étaient déjà haut dans le ciel noir. Leur bruit, comme celui des grenouilles dans les marais et sur les rives de l'Orne, faisait partie de ces nuits normandes des années quarante. Un bruit lugubre, inquiétant, porteur de bombes et de mort aveugle mais un bruit « anglais », un accent anglais de résistance à l'ennemi.

« Quand je les entends, dit Apolline, j'ai l'impression de sentir l'odeur d'une cigarette blonde. Tu sais, les paquets blancs que tu avais eus par ton ami de Cherbourg...

— Des Navy Cut... Mais écoute... C'est fou le nombre d'avions. »

Paul se levait pour mieux voir, comme si gagner un mètre soixante-quinze en hauteur lui permettait d'apercevoir ce qui se passait loin au-dessus des nuages.

La DCA du quartier Claude-Decaen, la caserne du 43e d'artillerie située au centre de la ville, s'était mise en batterie. Les projecteurs dessinaient des canaux lumineux qui montaient à la verticale, se croisaient et balayaient la nuit. Un fantastique spectacle son et lumière se jouait tout autour du château. Les tirs de la DCA, le grondement sourd des moteurs d'avions, les sirènes hurlant sur les toits de la Poste et de la Préfecture, les phares cherchant leurs proies volantes, et Paul debout à côté d'Apolline allongée, à demi nue, sur la pelouse, tous les deux regardant la plus belle apothéose d'une première nuit d'amour.

« Tu devrais reboutonner ta robe, la moitié de la RAF te regarde avec ses jumelles. Je suis sûr qu'il y a un navigateur anglais en train de noter sur le carnet de bord : Avons aperçu à 0 h 15, au-dessus de Caen, ce 5 juin, non, le 6 – nous sommes le 6 maintenant – ce mardi 6 juin 1944, une jeune fille nue dans la cour du château de Guillaume le Conquérant. »

Ce qui va suivre figure dans tous les livres d'histoire. Je les ai lus. L'un d'eux est près de moi sur ma table où je m'oblige, ici en Arizona, à écrire. C'est un vieux livre que ma mère a fait relier en cuir vert frappé de quatre lettres rouges cerclées de jaune et disposées en diagonale :

C
  A
    E
      N

Le titre original, les noms des auteurs et de l'éditeur sont inscrits sur la jaquette cartonnée recouverte du cuir épais façonné par le relieur : *Caen pendant la bataille. A. Gosset et P. Lecomte. Edition : Ozanne & Cie.* Ce livre était sur le troisième rayon, à ma hauteur d'enfant, de la petite bibliothèque en pitchpin de la salle à manger, la pièce centrale de notre baraquement américain où je vais naître en janvier 1949, dans quatre ans et sept mois. Je l'ai lu et relu comme on lit la Bible. J'ai cherché, dans ces relectures, à partager les douleurs et les angoisses de mes parents pendant ces deux mois d'horreur. Le livre ne raconte pas leurs épreuves personnelles. Il est la trame historique et collective sur laquelle s'imprime le martyre d'une ville et d'une population. Il ne dit pas que Paul et Apolline cette nuit du 6 juin 1944 ont entendu, dans la cour du château, une heure après le passage des Lancaster et des Halifax de la RAF, les premiers bruits sourds des obus de marine et les tirs des canons des blockhaus qui leur répondaient. Il dit que toute la ville a entendu ces bruits, que toute la ville s'est réveillée au milieu de la nuit, qu'elle a vu s'embraser le ciel au-dessus de la mer. Il dit que la ville a compris, sans attendre le bulletin officiel de la BBC qui l'annoncera à 7 h 45, que le Débarquement allié avait commencé, à quelques kilomètres de Caen, ce 6 juin 1944 en Normandie. Et il raconte, heure par heure, l'espoir des habitants et la fierté immense qu'ils éprouvaient ; leur ville, choisie par les forces alliées, allait entrer dans l'histoire de l'Europe et du monde, ils seraient les premiers libérés, la victoire traverserait leurs rues, ils embrasseraient les soldats américains, canadiens et anglais dans quelques heures, demain au plus tard. Le livre raconte cette scène étrange quand, au petit matin du 6, les habitants descendus sur le trottoir pour gagner les abris, ont vu les billets enflammés qui volaient dans les rues, sortis des coffres éventrés de la Banque de France, atteinte de plein fouet par une bombe. Et il raconte, dans l'épaisseur de ses pages, l'espoir qui se retournait comme une poche, la guerre qui continuait, les Caennais qui fuyaient sur les routes et ceux qui choisissaient de rester sous les bombes, la mort, ces milliers de morts enterrés vivants, écrasés dans les tranchées de la place de la République que les bombes refermaient, asphyxiés dans les caves recouvertes de tonnes de pierres. *Leurs bouches avaient la forme de trous noirs emplis de cendres et de gravats.* Il raconte la ville en flammes, la cloche de Saint-Jean qui se décrochait de la charpente en feu et se brisait sur le sol de l'église dans un dernier tintement de fin d'humanité, le clocher de Saint-Pierre qui, foudroyé en son milieu par un obus tiré de la mer, s'effondrait sur la place. Il raconte l'incendie de la réserve de cercueils des Pompes Funèbres Générales qui interdira aux vivants d'enfermer les corps des morts, déchiquetés ou écrasés, dans des boîtes de bois propres et lisses. Il raconte les religieuses de Notre-Dame de la Charité qui quittaient leur couvent du quai Vendeuvre, avançaient en procession au centre d'un décor de fumées noires et d'immeubles affalés les uns contre les autres, et emmenaient avec elles, comme dans un film de guerre et d'apocalypse, le crâne de saint Jean Eudes, la statue miraculeuse de la Vierge et un long cortège de deux cents enfants encapuchonnés. Le livre raconte encore comment, à l'aube du premier jour du Débarquement, les soldats allemands ont fusillé les quatre-vingt-cinq détenus de la prison de la Maladrerie, alignés le long du mur de la courette, comment les nazis obligeaient les chirurgiens du Bon-Sauveur, l'ancienne maison des fous, à opérer les officiers SS avant les civils. Le livre raconte, en détail, ces semaines de terreur, de peur et d'héroïsme où mon père et ma mère, habitants et héros anonymes, ont travaillé jour et nuit avec les étudiants de la faculté et les lycéens de Malherbe dans les équipes d'urgence de la Croix-Rouge française, les « UE ».

Le livre est maintenant ouvert devant moi sur ma table de l'Arizona. Je relis les longs passages qui parlent des UE et j'imagine mon père avec les étudiants volontaires déblayant les pierres des maisons effondrées pour dégager les blessés qui hurlaient. Je vois mon père et les étudiants. Ils installaient les corps sur des voitures à bras qui traversaient la ville jusqu'au Bon-Sauveur. Ils s'arrêtaient sur le trajet quand les bombes tombaient devant eux à quelques dizaines de mètres, soufflant un pan d'immeuble. Parfois un étudiant était blessé, comme ce jeune homme dont parle le livre. Je le vois. Il longeait les Nouvelles Galeries envahies par les flammes, la devanture éclatait, un gros éclat de verre s'abattait sur son cou, il saignait, il continuait d'avancer, de tirer avec deux autres étudiants sa voiture à bras, et il courait de plus en plus vite, son sang jaillissait de son cou, inondait sa chemise, son pantalon, ses chaussures – *des gens couraient, trempés par les gouttes de sang* – et il tombait à la fin de sa course sous le porche du Bon-Sauveur. Le jeune mort aurait pu être mon père. J'aurais pu ne pas naître.

Le livre parle des étudiantes des UE avec lesquelles travaillait ma mère à la maternité du Bon-Sauveur dans la cave du Grand-Pavillon. Elles aidaient, dit le livre, les femmes à donner la vie dans cette ville de mort. Elles partaient, chaque matin, au volant d'un petit bus équipé d'un gazogène chercher du lait dans la Prairie, le Central Park caennais, où les paysans des fermes avoisinantes avaient parqué des vaches. Ma mère et les étudiantes ont appris à traire sous les bombes. Elles faisaient bouillir le lait dans les lessiveuses, nettoyaient la salle d'accouchement, lavaient les draps, les couches, le linge des pansements. Elles assistaient les médecins et les sages-femmes, changeaient les bébés, rassuraient les mères, calmaient leur peur d'enfanter dans cette cave au-dessous des étages où les blessés, les brûlés, les amputés gémissaient. J'entends ma mère parler à ces mères, je la vois s'occuper d'elles, des enfants, conduire le gazogène, traire les vaches, trembler sous les bombes sans rien montrer de sa peur. Je la vois en relisant ce livre, ouvert devant moi, qui ne dit pas son nom ni celui de mon père. Ils sont parmi les autres, des habitants-héros ordinaires. Ils sont comme cet étudiant qui dans le livre témoigne de ce qu'il a vu en juin et juillet au Bon-Sauveur, de cette horreur dont mes parents, par pudeur ou par peur de troubler mon jeune âge, ne m'ont jamais parlé :

« Tous les pauvres corps mutilés, râlant ou hurlant sont allongés sur le dallage de la petite salle de triage... Une pauvre femme dont les deux yeux arrachés ne tiennent plus aux orbites sanguinolentes que par un tendon mal coupé... Puis, c'est une petite fille adorable ; elle n'en peut plus de hurler, dépassant de la

couverture, sa jambe n'est plus que lambeaux de chair pendant à des os broyés... Tout près, sous mes yeux, un spectacle plus atroce encore : un corps immobile est allongé sous la couverture ; je suppose que c'est la tête qui émerge, mais ce n'est plus qu'une masse rouge dégoulinante de sang ; plus d'yeux, plus de nez, plus de bouche. Simplement quelques bulles d'air font bouillonner le caillot de sang qui se forme au niveau du nez. Dans ce pauvre débris humain, la vie s'accroche encore. »

De ces deux mois de guerre totale qui détruisirent la ville, quatre ans et sept mois avant ma naissance, je conserve le souvenir. Bien sûr il y a le livre et ses témoignages qui ont habité ma mémoire, me faisant croire, puisque je voulais le croire, que j'avais vécu les mêmes souffrances. Mais le livre ne relate pas les deux terribles épreuves que mes parents ont subies en juillet 1944 à quelques jours d'intervalle. Or ces deux épreuves je les connais dans les moindres détails, je les vois et les revis là, à l'instant de l'écriture. Qui me les a racontées ? Personne ni aucun livre.

2 juillet, 23 heures. Apolline et Paul dormaient, enlacés, dans la petite chambre de la maison accolée au château. C'était leur première nuit dans un vrai lit après quatre semaines passées au Bon-Sauveur et à l'hôpital complémentaire du lycée Malherbe.

Georges et Amélia, les parents d'Apolline, occupaient la grande chambre de l'étage en dessous. Anita Merced était installée au rez-de-chaussée. Elle avait été accueillie chez les Cassegrain le 6 juin au soir. Les premiers bombardements du matin avaient détruit le magasin de vins et spiritueux. Toute la « famille » s'était retrouvée dans l'abri de fortune que Georges, l'architecte de la ville, avait fabriqué au début de la guerre au sous-sol de sa maison en coulant du béton armé le long des murs. Paul était arrivé avec sa mère, deux grosses valises et une bague de fiançailles en vieil or de Tolède. La demande en mariage s'était faite dans l'abri. Ils ont bu une bouteille de Gevrey-Chambertin 1927. Paul et Apolline sont partis au petit matin du 7 juin rejoindre les équipes d'urgence des étudiants volontaires. Georges a regagné les services de déblaiement qu'il dirigeait avec Hector Baltoz, le directeur des Ponts et Chaussées. Et Amélia, accompagnée d'Anita, a retrouvé sa salle de classe du conservatoire transformée en annexe de la Croix-Rouge.

Moins d'un mois après la demande en mariage, quand Apolline et Paul, ce 2 juillet, étaient venus coucher dans la maison du château, Amélia les avait installés, naturellement, dans la même chambre. Elle avait éteint la lumière en leur souhaitant bonne nuit comme à deux enfants qui allaient s'endormir. Et elle avait espéré qu'ils feraient l'amour. Une belle nuit passée ensemble à s'aimer, à oublier les horreurs des autres nuits. En temps normal – de paix –, Amélia aurait veillé à faire respecter sous son toit les anciennes convenances. Tout cela avait volé en éclats. La guerre imposait la vérité sur les apparences. Il ne fallait plus paraître mais être. Amélia voulait que, cette nuit-là, dans la maison familiale, sa fille soit caressée par Paul, embrassée, aimée, que leurs corps nus, sous les draps de coton blanc, se lavent des souillures de la guerre. Amélia était heureuse en refermant la porte.

23 h 30. Une bombe explosa au milieu de la rue de

Geôle à une centaine de mètres de la maison des Cassegrain. Le souffle formidable arracha les volets, les fenêtres et les ardoises des toits. De sinistres sifflements annonçaient de prochaines bombes. La ville était habituée à ces longs miaulements qui précédaient de quelques secondes l'explosion. Les Cassegrain, Paul, Apolline et Anita se ruèrent vers la cave. La maison tremblait, les murs épais semblaient se gonfler comme la toile d'une tente de cirque secouée par la tempête, l'escalier était agité de mouvements qui le désarticulaient telle une échelle de corde, ils le dégringolèrent en s'accrochant à sa rampe et franchirent la porte du petit abri de fortune à l'instant même où un nuage de poussière et de cendres envahissait la cave. Les bombes, trois ou quatre, étaient tombées sur les maisons voisines, au pied des remparts. Ils étaient tous les cinq allongés, se touchant pour se rassurer dans le noir. Longtemps, ils entendirent le bruit des pierres et des murs qui s'écroulaient à l'extérieur.

Je sais qu'aucune autre bombe ne tomba durant les cinq heures qui suivirent la descente dans l'abri. Ils dormaient. Au petit matin, Amélia monta l'escalier qui conduisait de la cave au rez-de-chaussée, là où se trouvait son piano, dans le grand salon qui donnait sur le château. Les vitres brisées jonchaient le sol, les tableaux étaient décrochés du mur, seuls les livres étaient restés bien alignés sur les rayons de la bibliothèque. Une poussière blanche enveloppait la silhouette d'Amélia qui avançait, belle, élégante, surnaturelle, dans sa longue chemise de nuit. Elle avait quarante ans et ressemblait à ces actrices blondes des films de

Hitchcock dans sa période romantique. Elle s'était assise à son piano et jouait un air de Brahms. Les notes emplissaient la pièce et descendaient dans la cave où dormaient les autres.

Pourquoi Amélia avait-elle quitté l'abri ? Pourquoi jouer du Brahms cette nuit-là ? Pourquoi Georges l'avait-il rejointe ? Pourquoi n'ont-ils pas entendu le miaulement de la bombe qui filait vers la maison ? J'ai souvent essayé de répondre à ces questions. J'ai imaginé Amélia, profitant de l'accalmie, montant l'escalier pour, peut-être, chercher de la nourriture ou des couvertures, vérifier l'état de sa maison, s'émerveiller de voir son cher piano intact, jouer. La musique, aussi, était une réponse à la guerre. J'imaginais cette réponse irrationnelle parce qu'il n'y a pas de raison dans la guerre. J'imaginais mon grand-père, réveillé par les notes de musique, inquiet de ne pas voir sa femme, monter à son tour l'escalier, traverser la pièce où flottait la poussière et s'asseoir à côté d'elle pour l'écouter jouer, juste quelques minutes volées aux heures de la guerre. J'imaginais les notes de Brahms plus fortes que le miaulement de la bombe. J'imaginais Amélia et Georges profiter de cet instant rare, s'aimer au milieu de cette nuit, partager ensemble l'amour de Brahms et de la musique, se moquer des bombes, ignorer la bombe. Et je les imagine, à cet instant où j'écris, parce que je suis sûr que cette réponse est la bonne, qu'ils étaient là assis à ce piano, côte à côte, pour défier la vulgarité et l'absurdité de la guerre.

La bombe a explosé sur le trottoir et elle a soufflé la maison. Paul, Apolline et Anita se sont réveillés en hurlant. L'abri, affaissé d'un mètre, était transformé en tiroir. Ils rampaient dans leur étroite prison de béton, la porte bloquée par l'écrasement du plafond.

Les trois survivants écoutaient le silence. Le non-bruit de la mort. Ne rien entendre. Ne pas savoir. Ne plus bouger. Attendre. Ne pas devenir fou. Parler. Paul et Anita devaient dire des mots à Apolline. Quels mots ? Je les entends et personne ne me les a rapportés.

Paul : « Il ne faut pas pleurer, Apolline, surtout ne pas s'affoler. Si on s'énerve nous allons tous mourir. Souviens-toi des gens que nous avons sauvés dans les caves. Ils nous ont tous expliqué qu'ils avaient économisé l'air en vivant au ralenti. C'est ce qu'il faut faire. Vivre au ralenti comme dans un film. Pense très fort à tes parents. Ils ne veulent pas que nous mourions étouffés. Ils veulent que tu vives, qu'Anita vive, que je vive. Restons bien collés tous les trois, comme ça, comme si nous dormions. Doucement, là, respirer doucement. Les secours vont bientôt arriver. Ecoutez, ils sont en train de dégager les pierres. »

Apolline : « Mes parents, ils sont morts. »

Anita : « Je ne sais pas, ma chérie... Peut-être... Mais ils vivront à travers vous deux. Il faut vivre pour faire revivre les personnes que l'on aime... Ce n'est pas des mots, tu sais. L'amour est plus fort que la mort. Vis, ma chérie. »

Pendant douze heures, ils ont survécu en parlant d'amour. Quand les équipes d'urgence ont dégagé la porte de l'abri, le soir du 3 juillet, ils étaient encore serrés les uns contre les autres. Apolline a demandé des nouvelles de ses parents. Le regard du secouriste lui a apporté la réponse. Amélia et Georges étaient morts à quelques mètres d'elle. Apolline le savait. Elle avait ressenti dans son ventre cette indéfinissable douleur.

Les corps d'Amélia et de Georges ont été ensevelis le lendemain dans le cimetière du Bon-Sauveur aux côtés de centaines d'autres. Mes parents et Anita se sont réfugiés dans un abri des Carrières Saint-Julien. Là, presque chaque soir, Paul et Apolline, après les heures passés avec les équipes d'urgence, retrouvaient Anita. Ils étaient quatre-vingt-six à vivre dans cette ancienne carrière de pierres située derrière une petite maison. L'abri portait le nom du propriétaire de la maison. L'Abri Bonheur.

7 juillet. Quatre jours après la mort de Georges et d'Amélia, un déluge de bombes s'est abattu sur le quartier Saint-Julien. La nuit qui suivit fut la plus dure de toutes. Paul et Apolline étaient couchés dans le réduit qui leur servait de chambre au fond de la grotte. Ma mère pleurait dans les bras de mon père. Le désir montait en eux. Désir irrésistible. Pourquoi lui résister ? Pourquoi abdiquer face à la saloperie de la guerre ? En faisant l'amour, ils se rassuraient, le plaisir s'ajoutait à la souffrance. L'amour accompagnait la souffrance, il était son prolongement, cet autre sentiment qui se mêlait à une autre émotion. La confusion voulue des sentiments et des émotions.

Quand Paul s'est glissé dans Apolline, leurs corps douloureux se sont détendus. Ils jouissaient. Oui, ma mère jouissait. Elle pleurait et elle jouissait. Et il y avait, dans ses larmes et sa jouissance, l'amour qu'elle portait à ses parents et l'amour qu'elle portait à mon père. Elle ressentait l'un et l'autre sans les distinguer. Le deuil et la vie. Elle a joui en pensant à Georges et à Amélia. Elle a joui en disant à Paul qu'elle l'aimait de plus en plus fort et en l'écoutant lui dire qu'il l'aimait pour la vie. *Pour la vie.* Ces trois mots miraculeux. Pour la vie contre la mort. Sublime acte d'amour ! Ils se sont aimés, au début de cette nuit-là, dans une vérité cruelle et lucide. Leur jouissance n'effaçait pas la guerre, elle l'étouffait. L'amour plus fort que la saloperie.

A l'instant de la bombe, ils dormaient. L'abri, creusé dans le calcaire au début de l'autre siècle, était protégé par un plafond rocheux de plusieurs dizaines de mètres d'épaisseur. Anita se reposait dans une cavité voisine. Tous les quatre-vingt-six Caennais réfugiés dans l'abri dormaient sur les matelas jetés à même le sol. Paul et Apolline étaient à peine dévêtus. Ils avaient juste dégrafé leurs vêtements et s'étaient endormis dans l'humidité chaude de leurs corps.

La bombe s'est abattue tout droit sur la Maison Bonheur, à l'entrée de la grotte. Le vacarme a déferlé dans la caverne comme une vague immense, déluge furieux qui, prisonnier des parois, faisait éclater les tympans et enfonçait les yeux dans leur orbite. Une tempête brûlante souffla les bougies et projeta les hommes, les femmes et les enfants contre les murailles de pierres dures et anguleuses. Le bruit, le souffle et le silence. Puis les cris des brûlés et des blessés écrasés à l'entrée de la grotte. L'horreur, noire et bruyante. Se lever. S'enfuir. Où ? Le noir. Rien que le noir et les cris. La Maison Bonheur en s'écroulant avait obstrué l'entrée sous des tonnes de pierres.

Paul et Apolline étaient couverts de poussière et de

cendres, les cheveux trempés de cette vapeur sale qui flottait dans l'atmosphère étouffante.

Anita gisait immobile sous sa couverture, le corps recroquevillé contre la roche. Paul s'était approché d'elle. Il devinait ses traits, la couleur blanche de sa peau, ses yeux qui cherchaient les siens. Elle ouvrait la bouche. Aucun son n'accompagnait le mouvement de ses lèvres. Il tâta son pouls. Un faible tremblement de sang lui répondit. Le souffle de la bombe avait comprimé le cœur d'Anita. Elle ne portait aucune trace de plaie. La blessure était à l'intérieur, dans sa cage thoracique écrasée par l'onde de choc.

Quand Carlos Merced, émigré en France, était revenu dans son village d'Inca, à Majorque, au mois d'août 1925, Anita était la plus belle de toutes les Catalanes. C'est ce que disait Carlos avec fierté. Elle avait dix-sept ans, les yeux de la couleur des figues, la peau dorée, la chevelure noire tressée en deux longues nattes d'Indienne, et l'allure frêle des jeunes filles élevées dans les montagnes de l'île. Elle était aussi douce et réservée que Carlos était exubérant et volubile. Ils s'étaient mariés le 15 août, le jour de la Sainte Vierge. Ce fut une jolie fête entre les deux familles modestes vivant de la terre sèche et aride des Baléares. Carlos rêvait de faire fortune en France. Anita l'a suivi, heureuse et amoureuse, jusqu'aux rives fraîches de la Manche, dans cette ville de Caen où mon père est né. Après des années de travail, ils avaient atteint une relative aisance. Anita avait gardé sa beauté, sa silhouette de fille des montagnes et son accent de soleil, seuls ses yeux avaient perdu, après la mort de Carlos, leur éclat de vie, et le chagrin, à force de le cacher au fond d'elle, avait atteint son cœur.

Les emmurés s'étaient rassemblés au fond de la grotte. La cavité était longue et étroite : sept mètres de largeur sur trois de haut et quarante de profondeur. La réserve d'air paraissait suffisante pour attendre les secours mais une épaisse fumée pénétrait dans l'abri. Ils avaient allumé des torches avec des morceaux de vêtements enroulés autour de planches. Paul s'était joint aux hommes qui cherchaient une issue en haut de la grotte, là où la fumée semblait s'échapper par un conduit. Apolline était restée auprès d'Anita. Elle lui parlait et la tutoyait :

« Tu m'as dit l'autre nuit dans la cave qu'il fallait vivre. J'ai besoin de toi, Anita. »

Anita répondait avec ses yeux. Ils disaient à Apolline son désir de la voir vivre auprès de Paul. Ils lui racontaient sa jeunesse dans les montagnes de Majorque, sa rencontre avec Carlos, leur premier baiser, le voyage en bateau jusqu'à Barcelone, l'arrivée à Caen, la naissance de Paul, le magasin de la rue Saint-Jean, la mort de Carlos. Toute la vie d'Anita défilait dans ses yeux, et Apolline croyait voir et entendre. Elle s'accrochait à ces yeux qui lui parlaient de la vie d'une femme jeune, belle, étrangère.

« Je vais épouser Paul. Je voulais te le dire avant que tu... »

Les yeux d'Anita complétaient la phrase :

« Avant que je meure. »

Puis elle a souri, sa main a caressé les cheveux blonds d'Apolline et les yeux se sont fermés.

Les réfugiés de l'Abri Bonheur sont sortis, après des heures d'efforts, par une cheminée naturelle qui débouchait sur le toit de la grotte, dans la rue du Magasin-à-Poudre, tout près du vieux cimetière où repose, depuis plus d'un siècle, la dépouille du dandy anglais George Brummell.

Paul a remonté dans ses bras le corps d'Anita. Il ne pleurait pas. Sa douleur a éclaté le lendemain après l'enterrement dans le cimetière provisoire du Bon-Sauveur, à quelques mètres de la tombe de Georges et Amélia. Paul, une fois la courte cérémonie achevée, a marché seul dans la ville, au milieu des décombres. Apolline l'a retrouvé en fin d'après-midi, dans les ruines de la boutique de vins et spiritueux de la rue Saint-Jean, allongé sur les pierres, pleurant comme un enfant qui appelait sa mère.

Ce jour-là, les premiers soldats sont entrés dans Caen par les routes de Bayeux et de Ouistreham. A 14 h 30, des Canadiens prenaient position sur la place Fontette et les Allemands évacuaient la rive gauche de l'Orne. Tous les Caennais sortaient dans les rues pour regarder les libérateurs. Ils regardaient. Ils n'acclamaient pas. Ils avaient la retenue digne des gens qui ont souffert dans leur cité en ruines. Ils ne montaient pas sur les chars comme plus tard à Paris et dans les villes intactes. Ils étaient libres, recueillis, en deuil.

Le soir, Paul et Apolline sont retournés sur la pelouse du château. Ils n'ont pas fait l'amour. Apolline a parlé d'Anita et de ce qu'elle avait vu dans ses yeux. Elle a raconté la vie de la jeune fille de Majorque sans omettre un détail. Paul l'écoutait, la tête posée sur son ventre. Dans la ville, la foule des habitants et des militaires alliés participait à un grand office religieux. Ils chantaient : *« Nous voulons Dieu. »* Où était-Il pendant ces jours et ces longues nuits ?

Le lendemain, les combats ont repris pour la conquête de la rive droite où s'étaient repliés les Allemands. La bataille de Caen s'est poursuivie jusqu'au 20 juillet 1944, date historique de la libération totale de la ville. Paul et Apolline ont travaillé avec les équipes d'urgence et les soldats américains, canadiens et anglais, dans une ville ravagée où les grandes rues étaient tracées au bulldozer entre des montagnes de pierres et de cendres. D'autres gens sont morts, jusqu'au dernier jour, tués par les obus allemands tirés de l'autre côté de l'Orne.

Pourquoi n'ont-ils pas fui ? Pourquoi, dès le 6, le 7 ou le 8 juin, ont-ils choisi de rester ? Six mille civils, certains historiens disent dix mille, ont été tués. L'engin de mort qui a écrasé Amélia et Georges, cet autre engin de mort qui a arrêté le cœur d'Anita, étaient des bombes qui sortaient de la soute d'un avion allié ou des obus de marine tirés de la côte par un cuirassé anglais. L'injustice et l'absurdité ajoutaient à l'horreur, la poussaient à son paroxysme. Mourir, comme Amélia, Georges et Anita, à cause d'une bombe anglaise ou américaine ! Soigner des blessés et dégager des morts, comme l'ont fait Paul et Apolline, en sachant qu'ils ont été écrasés par des bombes « amies » ! Injuste et absurde !

Tout l'été, la ville brûla.

Aujourd'hui, sur ma table de l'Arizona, quand je regarde les photos jaunies de Caen à la fin de ce mois de juillet 1944, je vois les mêmes images que celles des villes détruites par les guerres actuelles. Mêmes images noircies. Mêmes immeubles effondrés, éventrés. Mêmes scènes. Même confusion parfois dans la nationalité des bombes et des obus de mortier. Mes parents ont vécu ces jours, ces nuits et ils m'ont conçu puis élevé avec cette horreur cachée dans leur tête et leur corps. C'est elle que je ressens au fond de moi, que j'ai toujours ressentie avant même ma naissance quand, sur la pelouse du château, la nuit du 5 juin, pour la première fois, ils ont fait l'amour.

Je suis fou ? Peut-être suis-je fou. Le fait que je connaisse, avec précision, des événements que je n'ai pas vécus et que personne ne m'a jamais racontés est sans doute une forme d'anormalité. Mais ma mère n'était pas folle. Or, elle a vu, avant qu'ils ne se produisent, les malheurs qui s'abattaient sur sa ville. Elle a vu, dans les yeux d'Anita, toute une vie qu'elle ne connaissait pas. Et ses visions de choses invisibles lui sont apparues à des moments exceptionnels où, par une alchi-mie accidentelle et mystérieuse, l'amour et le drame se sont confondus, se heurtant l'un à l'autre avec une telle violence que le choc a ouvert dans son esprit une trappe, libérant des capacités nouvelles, étranges, anormales.

J'ai moi aussi vécu un « moment exceptionnel » qui a assemblé l'amour et l'horreur. Je crois qu'à ce moment-là, épouvantable et surhumain, un être, un enfant – l'enfant que j'étais jusqu'à onze ans et demi – peut recevoir en héritage brutal la mémoire des personnes qu'il aime le plus au monde.

Je dois maintenant en parler puisque j'ai promis de tout dire.

Quel sera le plus douloureux ? Décrire leur vie avec moi ou écrire sur leur mort ?

2

Je me suis agité toute la nuit dans son ventre. Apolline s'est réveillée, tôt le matin de ce lundi 2 janvier 1949. Sous elle, le drap était humide par ma faute. J'avais percé, avec quinze jours d'avance, la fragile poche, tiède et confortable, où je dormais recroquevillé depuis des mois, d'abord à mon aise puis à l'étroit. Elle a poussé un petit cri. Cette eau qui coulait entre ses jambes annonçait mon arrivée. Dans quelques heures, j'allais naître.

Paul s'est habillé très vite. Il courait dans la petite chambre du baraquement américain, cherchait son pantalon, revenait vers elle, lui tenait la main et touchait son front, se précipitait dans la cuisine pour tremper une serviette sous le robinet de l'évier, humectait son visage, ses bras, ses épaules...

« Je vais chercher Mme Dibrochka, dans moins de cinq minutes je suis là... Surtout, tu ne bouges pas. »

Pourquoi bougerait-elle ? Pour aller où ? Apolline entendit le bruit de la moto qui démarrait. Une Terrot 500, modèle 1948. Paul fonçait dans le froid glacial de cette fin de nuit de janvier, la tête rentrée sous le haut col de sa vieille canadienne. Apolline, en fermant les yeux, faisait avec lui le trajet qui conduisait à la maison de Mme Dibrochka... la descente vers la place de la Pigasière, puis la longue rue de la Délivrande jusqu'au numéro 136 devant la lourde grille de fer forgé bleu... le tintamarre de la cloche sortait du lit la truculente et corpulente sage-femme... elle prenait sa mallette de cuir sous le bras, montait sur la moto derrière Paul, le serrait sur sa poitrine généreuse et énorme de fille d'émigrés russes... enfin, le bruit du moteur pétaradant dans la cour du baraquement annonçait l'arrivée de l'étrange équipage.

Maïka Dibrochka, suivie de Paul, s'engouffra par la porte de la cuisine. Elle faisait toujours des entrées théâtrales, déboulait dans notre maison comme sur la scène du Bolchoï, sa valise en avant, son écharpe mauve démesurément longue tournoyant autour d'elle, et sa voix hurlant des « r » rocailleux qui roulaient dans ses phrases déclamées sur un ton de baryton.

« J'arrrive... Où est la petite ?

— Dans la chambre. »

La « petite » ! Tous les enfants que Mme Dibrochka avait mis au monde, des centaines et des centaines, étaient ses « petits ». Elle avait accouché Amélia Cassegrain il y a vingt-quatre ans dans la maison du château. Apolline était donc sa « petite ». Je serais son « petit ». Je suis toujours, malgré mes trente et un ans, son « petit » et elle est ma seconde mère, une très vieille mère âgée aujourd'hui de quatre-vingts ans, la seule personne au monde à laquelle j'écris, sur ma table de l'Arizona, des lettres avec ces mots : « je pense très fort à toi », « je t'embrasse tendrement ».

En tâtant avec ses mains douces le ventre d'Apolline, Mme Dibrochka a rendu son diagnostic. J'étais à l'envers.

« Ton bébé a dansé la rroumba dans ton ventrre, ma petite. Il arrive les pieds en avant. Il faut que je le retourrne. Ne t'inquiète pas... Paul, aide-moi. »

Paul, comme tous les époux, ou les épouses, de ses « petits », avait droit au tutoiement. Tous les deux, ils soulevèrent Apolline.

« Je ne peux pas l'accoucher dans le lit, j'ai besoin d'une table pour " trravailler le bébé ". »

Ma mère, et moi dans son ventre, nous nous sommes retrouvés sur la seule table que Maïka jugea à bonne hauteur : la table en formica rouge de la cuisine. Pendant deux heures, elle pétrit le ventre de ma mère, mon père à ses côtés, préposé aux serviettes. La scène était irréelle. Cette femme, immense, courbant sa haute et forte silhouette sur un corps fragile déformé par une énorme bosse ronde, avait la grâce d'une danseuse dont les mains et les bras dessinaient des arabesques. Elle tournait, tournait autour de la bosse ronde, cherchait à attraper celui qui s'y cachait, à le convaincre, par le jeu et l'imposition de ses doigts agiles, de changer de position. Peut-être ai-je senti cette invitation et cet ordre, cette première caresse de femme quand, enfin, je décidai de me retourner d'un seul coup, provoquant un tremblement de peau à la surface du ventre de ma mère.

Vingt minutes après, à neuf heures trente du matin, je venais au monde entre le frigidaire et la cuisinière

Edison, moi, Frank Merced, dit Formica, né le 2 janvier 1949 à Caen de mère française et de père d'origine espagnole, mis au monde par une Russe dans la cuisine d'un baraquement américain.

Mon enfance – comment dirais-je ? – fut... heureuse. Je n'ai pas d'autre mot pour qualifier un bonheur ordinaire.

Cinq ans après ma naissance, le 7 juillet 1954, j'avais une petite sœur. Mes parents l'ont appelée Anna, en souvenir d'Anita. Elle est née à la clinique Saint-Martin. En 1954, les femmes n'accouchaient plus dans leur lit... ni sur une table de cuisine. Le gynécologue et des infirmières entouraient ma mère, mon père était relégué avec café et cigarettes – des Navy Cut – dans le couloir et Maïka Dibrochka, présente au cœur du dispositif, « dirrigeait » les opérations.

Nous étions donc quatre à vivre dans notre baraquement américain, la plus belle des maisons que j'aie jamais habitées. Sa couleur était vert turquoise, comme les petits hôtels du quartier art déco de Miami. Il était carré au sol (9,50 m x 9,80 m selon le plan de montage) et plat en hauteur (2,20 m), sa toiture recouverte de goudron. Il paraissait sortir d'une BD américaine ou d'un tableau de Hopper qui aurait quitté son décor ensoleillé et tiède du sud des Etats-Unis pour un paysage de pluie et de ciel normand. Il y avait quelque chose d'étrange à voir ce baraquement installé là, de l'autre côté de l'Atlantique, à des milliers de kilomètres de l'endroit où il fut conçu, fabriqué, mis dans un immense container, stocké avec des centaines d'autres sur un dock de New York dans l'attente d'être embarqués pour Le Havre ou Southampton selon le pays et le lieu d'installation.

A la fin de la guerre, dans une cité détruite, un baraquement vert turquoise venu d'Amérique semblait tomber du ciel, soucoupe volante carrée dessinée par Le Corbusier, Wright ou Mallet-Stevens. Son aspect moderne, flambant neuf et « intact » représentait un luxe extraordinaire, une sorte d'incongruité plaquée sur une réalité ancienne où la mort et les bombardements avaient inscrit, dans les pierres et les murs éventrés des habitations, leurs blessures et leurs traces noircies. Débarqué d'Amérique, il était le prolongement logique du Débarquement. Il venait de ce pays fascinant, jalousé et envié, sans cesse cité en référence, à ce titre exemplaire, qui avait libéré l'Europe, installé ses bases et ses soldats et, de fait, la dominait. Il était une petite enclave américaine, peinte en Technicolor dans un paysage en noir et blanc. J'étais donc né en France sur un morceau de territoire américain. Au nom du droit du sol, j'avais une double nationalité.

Au printemps 1947, mes parents ont touché leur baraquement. Ils faisaient figure de privilégiés parmi les milliers de sans-abri entassés à plusieurs familles dans des appartements réquisitionnés. Les Merced devaient ce passe-droit à l'ami de Georges Cassegrain, Hector Baltoz, qui, à la Libération, remplaça mon grand-père comme architecte de la ville chargé du relogement de la population caennaise. La municipalité avait attribué à mes parents en « dommages de guerre » un petit terrain entre la rue Basse et la rue de Cadix, juste derrière l'Abbaye aux Dames. C'est là que le baraquement arriva en pièces détachées et fut assemblé en une dizaine de jours.

Je peux en dessiner le plan. L'entrée était en angle. Un porche miniature, à l'américaine, surélevé par deux marches en bois, était dessiné dans l'espace évidé où deux petites balustrades, de chaque côté, faisaient office de bancs. On s'y tenait souvent le soir, en été, pour parler, raconter la journée ou simplement regarder le jardin et écouter la ville. L'endroit, minuscule, quatre mètres carrés pas plus, était encombré de fleurs, d'arrosoirs et de jouets. La porte, encastrée au fond du porche-terrasse, était toujours fermée. Je n'ai jamais su pourquoi. La « vraie » entrée se situait sur le côté, par la cuisine, la pièce principale du baraquement, la plus gaie, la plus moderne, équipée de placards en formica rouge vif, de la même couleur que « ma » table, d'une cuisinière électrique vert pâle fournie avec le baraquement, d'un frigidaire blanc chromé comme une Cadillac et de deux éviers en porcelaine surmontés d'un robinet à col de cygne qui pivotait de l'un à l'autre. La cuisine ouvrait par une porte coulissante sur un salon-salle à manger carré où trônait, au centre, une table ronde et brillante entourée de six chaises qui, avec le long buffet en merisier clair, constituait un ensemble assorti ; dans un coin, un fauteuil club marron glacé se prélassait sous un drôle de lampadaire cuivré à trois têtes chapeautées d'abat-jour jaune citron ; près du gros fauteuil, un poste de radio en acajou blond, bientôt rejoint par un tourne-disque, reflétait la lumière de son gros œil vert, témoin du réglage de la bonne longueur d'onde, dans le grand miroir-trumeau de la cheminée qui ne servait à rien sinon à accueillir sur son manteau de marbre les photos noir et blanc de Georges et Amélia à Trouville, de Carlos posant à l'entrée de son magasin de vins et spiritueux, d'Anita à cheval en Indienne des montagnes, et de nous, en couleur, à la plage, moi sur le dos de mon père et Anna, les deux doigts dans la bouche, la tête posée sur l'épaule de ma mère en maillot de bain.

Une autre porte coulissante conduisait du salon à un petit vestibule qui desservait les deux chambres et la salle de bains étroite. La chambre d'Apolline et Paul était meublée d'une armoire bicolore, clair et foncé, et d'un grand lit chromé recouvert d'une couverture patchwork faite de chutes de laines et de tissus assemblées en losanges. La chambre d'en face – la mienne puis celle d'Anna et moi – avait la couleur de l'enfance : jaune Monet et bleu ciel; deux lits en contreplaqué décorés de motifs naïfs qui représentaient, sur l'un, une bergère gardant des moutons, sur l'autre, un pierrot assis sur un croissant de lune, encadraient un bureau d'écolier.

Les murs de notre chambre étaient décorés de dessins d'enfants, de quelques photos de vacances et d'un grand tableau. « Le Tableau ». L'artiste s'était amusé à peindre une scène étonnante qui contribua à la naissance de mon imagination débordante. Il y avait – il y a toujours – au centre de la toile, une vache, superbe et énorme, sortant d'un lac de montagne, tirée, au bout d'une corde, par deux enfants habillés en conquistadors ; cachés dans les arbres, des indigènes et des dizaines d'animaux, dont beaucoup de singes et de perroquets, regardent la vache et les deux enfants avec des airs menaçants ; au loin, sur l'eau verte, trois bateaux attendent pour accoster et débarquer leur cargaison de secrets. « Le Tableau », d'un peintre inconnu dont je n'ai jamais pu déchiffrer la signature, est un mélange de David Hockney, pour la vache, de Winslow Homer, pour l'atmosphère mystérieuse, et du Douanier Rousseau, pour les singes et les perroquets dans les lianes et les arbres.

J'allais oublier la bibliothèque.

Elle occupait les trois quarts d'un mur du salon, derrière le fauteuil club et le lampadaire à trois têtes. Elle était rouge et vert, ou plutôt le dos des centaines de livres qui habillaient ses rayons, du plancher au plafond, la coloraient en rouge et vert. Les œuvres de Jules Verne, dans l'édition originale de Herzel, et les douze volumes de la *Géographie universelle* d'Elisée Reclus, géographe et anarchiste, avaient été récupérés dans les décombres de la maison du château. Les ouvrages de la collection Nelson côtoyaient des livres d'histoire, notamment les traités de Michelet. Le reste était disparate et rangé dans le désordre, n'importe comment sans préjugé alphabétique, les Poche mélangés aux éditions originales. J'aimais la gaieté de ce chahut de couvertures colorées. Au milieu du troisième rayon, il y avait le livre à la reliure de cuir vert frappée de lettres rouges cerclées de jaune : *Caen pendant la bataille.*

Etaient-ce tous ces livres qui donnaient au baraquement son odeur de papier ? Peut-être... Mais l'odeur venait surtout des cloisons. Elles étaient en carton. Notre maison, dans cette ville de pierres, où les célèbres carrières de calcaire ont été utilisées pour construire l'Abbaye aux Hommes et la Tour de Londres, était une maison de carton ; en bois à l'extérieur mais en carton à l'intérieur. Ce matériau, malgré une fragilité présumée, avait un avantage : il atténuait les sons. Les portes claquaient sans bruit, les voix ou la musique de la grosse TSF étaient ouatées, jamais aiguës. Et la nuit, quand mon père allait au-dehors tirer les volets coulissants des six fenêtres, le baraquement s'enfermait dans une enveloppe de carton qui nous protégeait de la ville et du monde.

Le bonheur se raconte mal. Il était... comment le décrire ? ambiant, oui ambiant, comme l'air, comme l'eau, comme la chaleur ou le froid. On dit souvent : nager dans le bonheur. C'est vrai. Le bonheur est un élément liquide dans lequel on se déplace avec une certaine grâce ou – c'est plus exact – avec harmonie. Tout, alors, me semblait harmonieux : l'agencement de notre baraquement, l'arrivée de ma petite sœur, mon école des Fossés-Saint-Julien dans des maisons suédoises, la maîtresse autoritaire, les parties de foot dans le terrain vague de la rue de la Croix-Guérin, la messe le dimanche à Saint-Gilles suivie du repas avec Mme Dibrochka, même le métier de ma mère, professeur d'histoire au lycée Malherbe – d'où les livres de Michelet – et celui de mon père, journaliste au quotidien *La Liberté,* me semblaient être des métiers évidents et naturels, dans le sens où pour moi ma mère se devait d'enseigner l'histoire du monde à ses enfants et mon père de leur expliquer son déroulement. Il y avait une parfaite complémentarité entre leurs deux métiers. Je les revois travailler le week-end tous les deux à la maison. Ma mère corrigeait ses copies ou lisait ses livres en prenant des notes. Elle s'installait toujours sur la table ronde de la salle à manger, face à mon père qui tapait sur sa machine à écrire, une Underwood noire toute en hauteur avec des touches rondes. J'entends le bruit de la machine, assourdi par le carton des cloisons. Il était rédacteur en chef chargé de la double page « France et Monde », puis directeur adjoint. Le fondateur, Robert Delmas, un ancien résistant, lui avait confié l'éditorial trois ans après son arrivée à *La Liberté*, au printemps 1954, en lui disant : « Un jour vous me succéderez ou vous partirez dans les journaux parisiens. » Mon père hésitait. La vie – la mort – ne lui a pas laissé le temps de choisir.

L'harmonie, qui est l'aspect visible et ordinaire du bonheur, habitait notre baraquement. Au dîner, tous les trois autour de la table débarrassée de Michelet, des cours et de l'Underwood, puis tous les quatre, ma petite sœur sur sa chaise d'enfant, la conversation tournait souvent autour de ce que mes parents venaient de lire ou d'écrire. J'entendais, en même temps, parler de Robespierre et de Mendès France, de De Gaulle et de Jules César, de la Corée et de la fuite à Varennes, d'une guerre de libération dans une lointaine colonie et de la guerre de Cent Ans. Et toutes ces histoires étaient pour moi la grande et passionnante histoire du monde.

Je commets une petite erreur en rappelant uniquement ces conversations sérieuses échangées au cours de nos repas. Elles se mêlaient, dans un joyeux brouhaha familial, à la relation de nos activités quotidiennes et à des propos décousus. Nous parlions de tout et de rien, de banalités et de choses exceptionnelles, sautant sans transition de l'URSS ou de Suez à mes démêlés avec Mme Pernod, surnommée Père Noël, ma maîtresse poilue de 8e. L'ambiance n'était pas studieuse – elle pouvait l'être – mais gaie, généralement gaie. Ma mère chantait à tue-tête des airs de comédies musicales américaines en faisant la cuisine. Elle n'était jamais habillée en tailleur gris ou bleu marine, les couleurs des professeurs, mais portait des petites robes en Liberty et, plus tard – la dernière année, en 1960 –, des jeans qui lui donnaient une allure d'étudiante. Elle était jeune, blonde, frêle, belle, vivante. J'étais fier de ma mère quand elle venait me chercher à la sortie de mon école des Fossés-Saint-Julien.

Mon père n'était pas autoritaire comme l'étaient les pères de mes camarades. Il se fâchait peu et ne m'a giflé qu'une fois, quand j'ai fait pipi avec ma sœur sur les fraisiers du jardin pour faire une farce à Mme Dibrochka – elle *adorrait les frruits rrouges*. Sa façon de nous punir était originale : en cas de faute caractérisée, qui hypothéquait nos chances d'aller avec lui au cinéma le jeudi après-midi suivant, nous devions inventer une histoire, la plus abracadabrante possible, et la réciter le soir debout dans le salon. Si mon père riait, la punition était levée. Il riait souvent et aimait le cinéma. Son autre grande passion était le jazz. Mon père était un fou de Charlie Parker, de Duke Ellington et de Count Basie. Leurs 33-tours passaient en permanence sur le tourne-disque collé au gros poste de TSF. Les cloisons de carton étaient imprégnées de jazz. Je trouvais logique d'entendre cette musique américaine dans un baraquement américain. Mon père écoutait Parker et ma mère chantait *A Star Is Born* ou *Singing in the Rain*. Logique.

Ma petite sœur était, à cause de moi, un vrai garçon manqué. Elle me suivait partout, sur le toit que nous escaladions par la gouttière d'angle près du porche d'entrée, sur le trottoir de la rue Basse, le lieu de rendez-vous des gamins du quartier, dans la jungle du terrain vague de la rue de la Croix-Guérin où nous construisions des cabanes au milieu des tigres et des indigènes anthropophages. Merveilleuse petite sœur bavarde. Le soir, avant de s'endormir dans notre chambre commune, elle racontait sa journée à toute vitesse en mangeant les phrases, bouillie de mots désordonnés qui précédait son sommeil et nourrissait ses rêves. J'entends encore, en fermant les yeux, la petite musique endormie de sa respiration régulière.

Nous n'étions ni riches, ni pauvres. Entre les deux. Mes parents gagnaient bien leur vie, sans plus, mais les métiers qu'ils exerçaient les élevaient à un niveau social qui n'avait rien à voir avec le contenu de leur compte en banque. Mon père, s'il n'était pas un notable et se défendait de l'être, était un journaliste en vue qui comptait dans la ville. Ses responsabilités professionnelles l'obligeaient à recevoir et à inviter à notre table aux frais du journal. Nous avions une vie mondaine au-dessus de nos moyens. Mes parents s'en amusaient.

Des gens venaient dîner à la maison, au moins une fois par semaine. Des journalistes de *La Liberté* ou des envoyés spéciaux de journaux parisiens en reportage dans la région, des hommes politiques locaux, des professeurs du lycée Malherbe et du collège privé Sainte-Marie, des amis de l'université, des artistes dont le célèbre Anatole Barfleur, metteur en scène et régisseur du théâtre, ou John Turbe, un jeune musicien anglais installé à Caen qui partageait avec mon père la passion du jazz, tous ces gens de la ville défilaient, par petites vagues, en passant par la porte de la cuisine. Peut-être mes parents avaient-ils condamné la belle entrée principale, sous le porche d'angle, pour conserver à notre baraquement sa simplicité et donner à ces grands dîners un caractère moins apprêté, moins provincial... Peut-être... Les invités saluaient Mme Mélissa, une grosse voisine qui venait aider ma mère, et nous souhaitaient « bon appétit les enfants », à Anna et moi, relégués sur la table en formica rouge. Ils étaient, à chaque grand dîner, quatre ou six maximum plus mes parents, installés autour de la table recouverte d'une nappe andalouse blanche brodée de rouge.

De la cuisine, puis de notre chambre, nous entendions les conversations. Les invités parlaient de cinéma, de théâtre, de littérature, de politique et d'histoire, avec davantage de passion et d'éclats que lors de nos dîners familiaux. Paul était un modéré enflammé. Il décortiquait les événements mais s'emportait et élevait la voix quand son discours argumenté, brillant d'intelligence, ne parvenait pas à convaincre des interlocuteurs enfermés dans des a priori idéologiques ou des jugements réflexes. J'ai toujours admiré cet exercice oratoire qui consiste à passer de la sécheresse analytique à la violence verbale, selon un tempo et une stratégie savamment calculés. Le blocage intellectuel l'énervait. Le militantisme obtus l'horripilait. Il était plutôt de gauche, mais la mansuétude systématique envers l'URSS et la suspicion à la mode à l'égard des Etats-Unis l'agaçaient. Apolline étayait les démonstrations par ses connaissances d'historienne et ses références aux grands auteurs. Elle citait Dostoïevski qui, dans *Les Frères Karamazov*, dénonçait les défauts de l'instruction criminelle que les procès staliniens reproduisaient jusqu'à la pire des caricatures. Elle troublait les prosoviétiques en puisant dans les écrits de Karl Marx des remarques et des analyses où le philosophe montrait son intérêt pour la modernité de la jeune démocratie américaine. Et cela était énoncé d'une voix sans prétention, qui déstabilisait avec grâce. A l'intonation des conversations, je savais quand le couple emportait la partie.

Une seule fois, au milieu d'un dîner, à la fin des années cinquante, un incident se produisit. Le premier rôle qu'y joua ma mère resta pour moi un exemple de force et de détermination superbe. Un journaliste, Benoît Fachard, directeur de la rédaction d'un périodique éphémère dont le nom n'est jamais entré dans ma mémoire, avait appelé de Paris, la veille de sa venue à Caen, la direction de *La Liberté* pour demander des renseignements sur un important procès qui se déroulait au tribunal et qu'il s'apprêtait à couvrir. Paul, après quelques minutes d'une conversation confraternelle, l'avait invité à dîner pour le lendemain soir.

Je me souviens de l'homme entrant dans la cuisine. Il était grand et fort, presque obèse, vêtu d'un long pardessus beige ceint à la taille, un chapeau de même couleur à la main. Une allure hautaine de Parisien habitué des mondanités de la capitale. Il tenait, dans l'autre main, un énorme bouquet de roses rouges que je jugeai trop gros. Ce soir-là, autour de la table recouverte de la traditionnelle nappe andalouse, ils étaient sept : Robert Delmas, le directeur de *La Liberté*, sa femme Jeanne, connue et respectée dans toute la région pour le rôle d'agent de liaison qu'elle joua dans la Résistance – une célèbre photo la représentait sur son vélo, sillonnant la campagne avec sa sacoche et ses socquettes blanches –, Anatole Barfleur, le metteur en scène, John Turbe, le jeune musicien, Fachard, Apolline et Paul. C'était un mercredi soir. J'étais autorisé à me coucher plus tard, deux ou trois heures après qu'Anna fut expédiée au lit. Je restais dans la cuisine aux côtés de Mme Mélissa qui s'activait entre l'évier et le fourneau, encombrant « ma » table d'assiettes et de plats. Avec Maïka Dibrochka, elle était la seule personne à cheveux gris qui partageât l'intimité quasi quotidienne de notre famille. Toutes deux avaient cette même odeur rassurante et un peu aigre des vieilles personnes. Si Mme Dibrochka était ma grand-mère adoptive, Mme Mélissa occupait le grade immédiatement inférieur, une sorte de grand-tante à la générosité bougonnante. Quand elle m'embrassait, sa peau laissait sur ma joue une légère humidité due à sa transpiration de forte femme congestionnée et haletante.

Mme Mélissa transpirait entre l'évier et le fourneau. J'écoutais la conversation dont le bruit filtrait par la porte aux trois quarts coulissée. La relation que j'en fais n'est pas celle d'un enfant. Je l'ai enrichie et complétée avec ce que j'ai appris plus tard.

Le Parisien mondain parlait beaucoup, il se gaussait de ces premières auxquelles il assistait à l'Opéra, à la Comédie-Française ou à l'Olympia, sans pour autant, me semblait-il, impressionner Anatole Barfleur qui avait décrypté le langage verbeux du personnage, relevant l'absence de connaissances réelles et de sensibilité en matière théâtrale et artistique. A ses yeux, ce batifoleur de cocktails ne méritait pas de bénéficier d'un débat contradictoire. Il l'écoutait par politesse, et le laissait sombrer dans son torrent de mots convenus. John Turbe adopta très vite le même comportement. Intéressé par le compte rendu du concert que le grand orchestre de Quincy Jones avait donné à l'Olympia, John Turbe questionna Fachard, qui prétendait avoir assisté au spectacle avec les personnalités, « dans les premiers rangs » disait-il. Dès la troisième question le Parisien était à terre, il ignorait que Donna Hightower, la célèbre soliste noire, avait chanté avec l'orchestre de Quincy Jones. John Turbe se réfugia à son tour dans une attitude de contemplation polie du naufrage.

Comme toutes les personnes dont la suffisance rejoint la bêtise, Fachard nageait dans ses phrases et ne s'apercevait de rien. Il cherchait à exercer ses charmes sur Apolline et Mme Delmas. A la première, il fit le grand numéro du séducteur anthropologue qui s'émerveillait de découvrir, dans cette lointaine province, une femme si belle et si cultivée. A la seconde, dont il remarqua la décoration au revers du tailleur, il parla de la guerre, de la Résistance et du Débarquement : « N'était-ce pas trop dur pour une femme ? »

Juste après le traditionnel gigot-haricots verts, Paul et Robert Delmas s'enquirent de savoir comment le Mondain – surnom donné plus tard à Fachard – allait couvrir le grand procès qui s'ouvrait le lendemain.

L'Affaire avait pris une ampleur nationale. Raymond Bar-

zoche, un industriel puissant qui plus est sénateur et conseiller général, était accusé d'avoir spolié une famille juive pendant la guerre. En 1942 et jusqu'à la Libération, il avait caché Rébecca Finkel et ses deux garçons, âgés de quinze et seize ans, dans le grenier de sa résidence secondaire. Le mari de Rébecca, Maurice Finkel, qui possédait avant la guerre une fabrique de chaussures dans la région caennaise, n'était jamais revenu de son voyage à Paris, en juillet 1942. Il avait été déporté à Auschwitz. Raymond Barzoche, par amitié pour Finkel avec lequel il avait longtemps entretenu des relations d'affaires, avait proposé à Rébecca et à ses deux enfants de les cacher. Il leur sauva la vie, et personne ne fut surpris, quelques mois après la Libération, de voir Raymond Barzoche racheter l'usine de Maurice Finkel. Tout cela semblait naturel et cohérent, le bon M. Barzoche savait concilier générosité et sens aigu des affaires. Où était le mal? La rente qu'il versa à Rébecca, jusqu'à sa mort en mai 1959, n'était-elle pas la preuve de la bonne entente entre les deux parties? D'où la surprise. La plainte pour spoliation, déposée par les Finkel après la disparition de leur mère, fit l'effet d'une bombe dans le milieu des affaires et sur la scène politique caennaise. Ils accusaient leur prétendu bienfaiteur de chantage à la mort. Dès l'automne 1942, Raymond Barzoche avait proposé à Rébecca Finkel, en échange de sa protection, de racheter la fabrique de chaussures à un prix dérisoire. A l'appui de leur dossier, les Finkel présentaient un document signé par leur mère et transmis après sa mort. Dans cette lettre, jointe à son testament, Rébecca avouait à ses enfants que Barzoche l'avait contrainte à signer une promesse de vente de la fabrique; la pièce, selon Rébecca, devait se trouver à l'étude de Maître Ranton, notaire à Caen. La lettre se terminait ainsi : « Mes enfants, je n'ai pas voulu que le scandale éclate pour vous épargner un procès long et douloureux au cours duquel, j'en suis sûre, notre honneur aurait été sali. M. Barzoche le savait et il me l'a clairement fait sentir. Mais il vous appartient maintenant, et à vous seuls, de décider de la suite à donner à notre affaire. J'avais le devoir de vous transmettre ce que je savais. J'ai choisi le silence, vous êtes libres de parler et d'en appeler à la justice de notre pays. » Et cette dernière phrase : « Je n'aurais sans doute rien dit si je n'avais la conviction que Barzoche est responsable de l'arrestation de votre père. Je vous aime. »

« Je connais un peu Raymond Barzoche, répondit le Mondain aux questions sur l'affaire, j'ai déjeuné avec lui de temps en temps au Sénat. Un type bien, beaucoup de classe, il ira loin j'en suis sûr. Alors cette affaire... écoutez, je crois qu'il va en ressortir grandi. Voici un homme qui sauve une famille juive et, quinze ans après, les héritiers l'attaquent lâchement en justice et la mère le dénonce dans une lettre posthume. Elle n'a même pas eu le courage de l'accuser de son vivant en affrontant la justice et elle laisse ses descendants faire le sale travail. Franchement, ces gens-là sont d'une ingratitude, vous ne trouvez pas ? »

Ils ne trouvaient pas.

« Vous oubliez plusieurs choses, dit Paul. D'abord, Barzoche n'est pas le petit saint que vous croyez. C'est un personnage cupide qui gère ses affaires à la limite de l'honnêteté. Quant à la fameuse rente généreuse versée à Rébecca Finkel, elle n'avait aucun rapport avec la valeur de la fabrique de chaussures. Ensuite, Rébecca a agi par devoir de mémoire, je ne vois pas comment vous pouvez reprocher à une femme, dont le mari est mort à Auschwitz, de transmettre à ses enfants, aujourd'hui parents d'autres enfants, la vérité, du moins sa vérité, ses doutes et ses présomptions. Enfin, vous oubliez l'essentiel, le plus grave : l'arrestation de Maurice Finkel à Saint-Lazare dès sa descente du train de Caen. Il a été dénoncé. Qui avait intérêt à dire à la Milice que celui qui se cachait sous l'identité de Raoul Tournelle était un juif du nom de Finkel ? Pourquoi a-t-il été arrêté à Paris et non pas à Caen alors qu'il est établi, par les aveux de miliciens, que la dénonciation a été enregistrée par la Milice caennaise ? N'êtes-vous pas surpris de retrouver, dans l'entourage de Barzoche, Jacques Mancheron, inquiété à la Libération pour ses liens avec la Milice, et aujourd'hui secrétaire général de Barzoche Cuirs et Peaux, la société propriétaire de la fabrique de chaussures ? Je ne dis pas que Barzoche a dénoncé Finkel. Je dis qu'un certain nombre de questions se posent, et je m'étonne qu'un journaliste s'apprête à couvrir une affaire comme celle-ci en oubliant ces questions et en ignorant les faits et les pièces du dossier. »

Robert Delmas compléta la réponse de Paul. Son passé de résistant et la réputation de *La Liberté,* quotidien apprécié par toute la profession pour son indépendance, l'avaient installé parmi les patrons de presse les plus influents du pays. Il était à la tête d'un petit journal mais son autorité morale était reconnue et saluée par ses grands collègues dont Fachard-le-Mondain ne faisait pas partie.

« Je crois surtout, monsieur, que vous ne faites pas le même métier que le nôtre. Vous n'avez pas compris, parce que vous ne souhaitez pas le comprendre, que ce procès est emblématique et historique, qu'il est celui de la spoliation des juifs pendant la guerre, que son enjeu est donc considérable puisqu'il dénonce la complicité et le silence. Si Barzoche est reconnu coupable et s'il est condamné, notre justice aura prouvé qu'elle est enfin capable de juger notre histoire. Juger Barzoche, monsieur, c'est commencer à admettre que la France doit signer une reconnaissance de dette à tous les juifs qui ont été déportés et qui ont été volés. »

Fachard, étouffé par sa suffisance ne sut pas changer de registre. Depuis le début du repas, son phrasé et la nature de ses propos exprimaient sa condescendance envers cette tablée provinciale, ignorante des vérités parisiennes.

« Mais vous vous trompez », dit-il sur le même air badin et amusé, « les juifs se sont remboursés tout seuls. Ils sont revenus dans les affaires, dans l'industrie, dans les banques, dans la presse. Je ne suis pas antisémite mais je constate qu'ils sont toujours là, aux meilleures places et de plus en plus nombreux. D'ailleurs, je vais vous dire, pas plus tard que la semaine dernière, j'étais à dîner chez des amis haut placés dans le monde de la finance, et un grand industriel m'a dit ceci : il y a tellement de juifs dans les affaires aujourd'hui que c'est à se demander si Hitler en a tué assez.

— Et qu'avez-vous répondu ? interrogea sèchement Jeanne Delmas.

— Que voulez-vous que je réponde, chère madame. Rien. Je suis comme votre mari et Merced, je constate les faits : les juifs sont aussi nombreux qu'avant la guerre, c'est tout. »

Il y eut, autour de la table de la salle à manger, un silence qui s'entendit jusque dans la cuisine. Un de ces silences qui précèdent une tempête de mots, d'insultes, de fureur. Mme Mélissa et moi attendions la tempête. Sans doute Paul, ou le couple Delmas, ou Anatole, ou John allaient-ils attaquer. Peut-être parleraient-ils à plusieurs ou tous en même temps dans un raz de marée d'indignation qui inonderait le Mondain ? J'espérais la noyade. Elle vint sous une forme inattendue, à l'initiative de ma mère. Profitant des quelques secondes qui précédaient l'attaque, elle se leva. Le bruit de sa chaise sur le parquet et sa silhouette d'un seul coup dressée au-dessus des convives eurent pour effet de retenir l'assaut verbal. Elle traversa sans hâte la pièce, fit glisser la porte coulissante qui donnait sur le couloir desservant les deux chambres, prit sur le grand lit, parmi les manteaux des invités jetés en travers, le long pardessus beige et le chapeau de même couleur, revint dans la salle, s'approcha du Mondain, l'invita sans un mot à la suivre dans la cuisine où Mme Mélissa et moi nous les vîmes passer, l'homme rouge de honte balbutiant des paroles incompréhensibles et Apolline, fière et calme, marchant devant lui jusqu'à la porte, qu'elle ouvrit, le bras tendu vers l'extérieur, le regard noir et dur, fixé dans les yeux de l'homme et cette phrase, définitive, qui claqua comme une gifle : « Jamais ces mots-là chez moi. »

Apolline retourna dans la salle à manger. Elle prit les roses rouges qui trônaient dans un grand vase sur la cheminée, les emporta dans la cuisine et les jeta sous l'évier dans la poubelle. « Madame Mélissa, vous pouvez servir le fromage. » Elle s'approcha de moi et m'embrassa sur la tête : « Tu viendras prendre le dessert avec nous. » A table, Anatole Barfleur portait déjà un toast : « A la beauté, à l'élégance, à la blondeur et au caractère de la maîtresse de maison. » De la cuisine, le tintement des verres qui s'entrechoquaient avait un bruit d'applaudissements.

Chaque dimanche, Mme Dibrochka venait passer la journée au baraquement. Elle nous retrouvait vers midi après la messe à Saint-Gilles, l'église de l'Abbaye aux Dames. Je n'aimais pas la messe mais il me semblait normal et naturel d'y aller. La messe pour moi était comme l'huile de foie de morue que nous prenions chaque matin avant d'aller à l'école. Debout devant la porte de la cuisine, ma mère tenait dans sa main droite le flacon, une bouteille transparente avec une étiquette blanc et bleu sur laquelle étaient représentés un scaphandrier et un poisson. La cuiller, emplie à ras bord du liquide épais qui formait une bosse au-dessus du métal, se dirigeait vers nos bouches ouvertes et grimaçantes, y répandait l'huile amère et froide qui glaçait le palais et la gorge puis coulait à l'intérieur du corps, d'où un haut-le-cœur tentait de la rejeter vers l'extérieur.

Il y avait dans la vie deux choses obligatoires et désagréables : l'huile de foie de morue et la messe.

Si jamais je n'ai pu m'habituer à cette ingurgitation quotidienne d'huile, la messe, en revanche, avait un avantage. Elle agissait comme une sorte d'anesthésiant qui m'envoyait dans un autre monde, à égale distance du réel et de l'imaginaire. La beauté des lieux, le mystère de la grande fresque, le tombeau de Mathilde, la femme de Guillaume, allongée depuis mille ans sous le marbre noir, les chants, l'orgue, le bruit des clochettes de l'autel, l'odeur de l'encens, le sermon du prêtre qui chantait ses fins de phrases, l'éclat des chasubles dorées, le vermillon des aubes trop courtes des enfants de chœur, les autres couleurs, vert, topaze, bleu saphir, rouge rubis, qui brillaient sur les calices, les croix d'or, les gigantesques candélabres, tout cela m'hypnotisait, m'emportait, m'élevait au-dessus de l'assistance recueillie ou endormie. Je volais dans la nef romane. J'étais dans un état second, en apesanteur, ailleurs, loin, très loin des choses concrètes, dans un endroit mystérieux où – je n'y ai pensé que beaucoup plus tard – j'avais plus de chances de croiser Dieu qu'en restant les yeux fixés sur l'épouvantable et ennuyeux missel.

Grâce à la messe et à l'effet étrange qu'elle produisait sur mon imagination, j'ai visité les régions les plus reculées du monde, j'ai fumé le calumet avec des chefs sioux, retrouvé le docteur Livingstone au fin fond de l'Afrique australe, piloté des avions à réaction et des Ferrari, doublé Fangio à Monza dans un virage surélevé, battu Fausto Coppi en haut de l'Izoard, dribblé Just Fontaine, embrassé sur la bouche les plus belles filles de l'Institution Saint-Pierre, épousé en cinquièmes noces Lauren Bacall et étranglé à mains nues une bonne centaine de gangsters, d'espions soviétiques, de pions et de surveillants généraux. Après l'*Ite missa est* entonné par le prêtre, les séquelles hallucinatoires avaient du mal à se dissiper. L'assemblée des fidèles chantait *Deo gratias* et j'étais en plein décalage horaire, de retour d'Amérique, des banlieues froides de Moscou ou des bords du Yang-Tsé.

Mme Dibrochka nous attendait sur le parvis. Elle

n'allait jamais à la messe, du moins à nos messes. La seule église qu'elle fréquentait était l'église orthodoxe de la rue Daru à Paris, lors de ses rares déplacements à la capitale. Maïka Dibrochka était – est toujours – une vraie Russe, française depuis sa naturalisation mais vraie Russe de cœur, de culture et de tempérament. Chaque dimanche, toute la Russie entrait avec elle dans notre baraquement américain. L'invasion avait lieu en pleine guerre froide.

Son accent ressemblait aux voix entendues dans le gros poste de radio. A l'époque, l'actualité était tout entière tournée vers l'Union soviétique. Les événements y faisaient sans cesse référence. La Corée, Suez, Budapest, Berlin, Cuba... Et chaque fois, une voix russe commentait et réagissait. L'URSS était une sorte de menace permanente qui se manifestait, pour un auditeur français à l'écoute de sa TSF, par quelques mots recueillis à l'antenne et entendus comme un grondement inquiétant que le correspondant ou l'envoyé spécial de Paris-Inter ou de Radio-Luxembourg traduisait de la même manière avec quelques variantes : *« Vous venez d'entendre, à Moscou, le secrétaire général du Comité central du Parti communiste condamner Washington* [ou Paris ou Bonn ou Londres ou les quatre à la fois] *et leur adresser une mise en garde... »* Suivait alors l'évocation de l'événement ou de la prise de position occidentale qui faisait l'objet de la rituelle réprobation soviétique.

Maïka Ignatova Dibrochka avait une voix d'actualités. Quand elle parlait de l'URSS, quatre lettres qu'elle ne prononçait d'ailleurs jamais (elle préférait appeler le pays par le nom de ses dirigeants, « les Soviets », preuve qu'ils incarnaient un régime provisoire et non pas une nation éternelle), quand elle parlait, donc, de la « Russie », mot rayé du vocabulaire diplomatique et que de Gaulle, plus tard, réhabilitera, elle laissait la nostalgie, la colère et la passion, les trois mêlées, l'envahir. Elle racontait son grand-père, Pavel Alexandrovitch Dibrochka, un *koulak,* riche propriétaire terrien de la région de Saint-Pétersbourg (pas question, pour elle, de dire Leningrad) disparu pendant la Révolution, brûlé sans doute dans l'incendie de son isba, une superbe maison toute en bois où elle avait joué, petite, avec ses frères et sœurs. Elle évoquait des noms d'hommes et de femmes, sa famille russe, Sergueï, Guennadi, Svetlana, Galka... dont elle était sans nouvelles. Elle racontait son départ en train de la place des Trois-Gares à Moscou, avec son père, Ignatov Alexandrovitch, et sa mère, Larissa Ivanovna. Elle avait eu seize ans en 1917, et se souvenait de détails dont l'exposé parfois durait des heures... Le train bloqué à la sortie de Moscou, son père arrêté, elle et sa mère poursuivant le voyage à pied, puis dans des charrettes à cheval et des camions, jusqu'à Minsk, puis de nouveau le train, Varsovie, Berlin, Paris. Elles s'installèrent à Caen en 1920. « Larissa Ivanovna voulait que nous vivions dans un port. Elle disait : Si les rrouges arrivent nous prendrons le bateau pour l'Amérrrique. Elle a même acheté deux billets de premièrrre classe. Quand elle est morte, avant la guerre, j'ai mis un billet dans son cerrcueil et j'ai gardé l'autre avec moi. » Ce jour-là en parlant de sa mère, Maïka a sorti le billet, périmé depuis quarante ans, de son sac en cuir gros comme une valise, et me l'a donné en riant : « Si plus tard tu veux partir en Amérrrique... »

Chaque dimanche, dans le baraquement américain, ce délicieux accent russe accompagnait le déjeuner. L'inévitable *koulibiac*, pâté de poisson préparé et apporté par Maïka, était servi en entrée, suivi d'un poulet fermier ou d'un gigot aux herbes. Etait-ce la présence de Mme Dibrochka, ses évocations fréquentes du passé, ses raccourcis rapides des événements de Minsk à la bataille de Caen, cette atmosphère intime et particulière ? Les repas du dimanche étaient les seuls moments où mes parents parlaient de la guerre et du Débarquement. Les souvenirs qu'ils évoquaient avec Maïka abondaient en descriptions générales de la ville lors des bombardements. Parfois, le récit d'un fait précis, sauvetage ou lutte contre un incendie, montrait qu'ils étaient là, présents et agissant parmi les autres étudiants des équipes d'urgence. Jamais ils ne mettaient en valeur leur comportement. Sans doute était-ce une forme d'humilité mais au-delà, il y avait la vraie raison, cachée, enfouie : la peur de revivre, en notre présence, l'horreur. Décrire, en détail, les heures passées dans les rues de la ville à secourir les blessés, dans les salles du Bon-Sauveur et du lycée Malherbe à les soigner, dans le cimetière à ensevelir les morts, se raconter au milieu des autres qui couraient sous les bombes, déblayaient les pierres d'où montaient les plaintes des emmurés vivants, dire « je » ou « nous », se mettre en scène, ç'aurait été dérouler le fil de la mémoire, tout dire, tout revoir, l'angoisse au bord de la folie dans la cave de la maison du château, les deux corps écrasés d'Amélia et de Georges, l'obscurité oppressante de la grotte de l'Abri Bonheur, le dernier sourire d'Anita, son visage blanc, ses yeux ouverts sur la mort.

Apolline et Paul n'essayaient pas d'oublier l'inoubliable. Ils voulaient protéger leur vie des angoisses, ne pas les transmettre, ne pas nous les transmettre, mais les garder enfermées à l'intérieur d'eux-mêmes, cadenassées dans leur âme, avec l'espoir, ce faisant, d'en contrôler les évolutions émotives. La cave de la maison du château et la grotte de l'Abri Bonheur étaient leurs « deux cavernes » dont la visite – la revisite – était interdite. Pourtant, tous les deux en parlaient. Je le sais. De ma chambre, une nuit, j'ai entendu ma mère qui criait dans son sommeil. Mon père lui a dit des mots que je ne parvenais pas à entendre malgré les deux portes entrouvertes. Le carton du baraquement étouffait le bruit. Ce devaient être des mots secrets qui calmaient ma mère. Quelques instants plus tard, quand elle a cessé de pleurer, le chuchotement s'est fait un peu plus fort. Ils ont dû se desserrer dans le lit, mon père accoudé, la tête redressée au-dessus d'elle pour bien voir ses réactions et mieux les maîtriser. Sa voix, alors, est devenue presque audible. J'entendais quelques bribes de phrases qui parlaient de Georges et d'Amélia, de la cave, d'Anita, de la grotte. « Ils n'ont pas souffert... » ces mots revenaient souvent. Et puis les paroles de ma mère. Etait-ce leur intonation plus aiguë qui les rendait perceptibles malgré les cloisons en carton ? Les phrases étaient claires et distinctes jusque dans mon lit.

« Mais pourquoi ai-je vu la mort et le drame avant qu'ils ne se produisent ? J'ai peur de ces visions. Chaque fois que je m'endors, quand je suis bien, détendue, je crains qu'elles ne reviennent. Je ne le supporterais pas, elles me font plus peur que la mort. »

Je n'ai pas compris, tout de suite, les paroles de ma mère.

Quelques mois plus tard, j'ai interrogé, pour la première et la seule fois, mon père sur les circonstances de la mort d'Amélia, d'Anita et de Georges. C'était en 1960, un dimanche de juin après une belle journée et un détour par la Russie de Mme Dibrochka. *Le dernier mois de juin.* J'avais onze ans et demi.

Vers vingt-deux heures, chaque soir ou presque, Paul allait faire un tour au journal pour envoyer la « une » et signer les « bons à tirer » des papiers tardifs. Il était depuis deux ans directeur adjoint de *La Liberté*, un poste qui faisait de lui le successeur désigné de M. Delmas. A trente-six ans, Paul Merced était assuré d'un avenir professionnel plein de promesses. *Le Monde*, dont il assurait la correspondance pour la Normandie, appréciait sa collaboration. La télévision l'avait contacté, il avait décliné l'offre. Je l'imagine, présentant le 20 heures... Ma mère disait qu'il ressemblait à Gérard Philipe avec ses cheveux noirs, un peu longs, coiffés en arrière et son visage allongé que deux yeux très ronds éclairaient. Il était plus typé que Gérard Philipe, la peau plus mate.

Entre les tentations parisiennes et sa situation à *La Liberté*, Paul préférait poursuivre sa carrière à Caen. Son amitié avec Robert Delmas y était pour beaucoup. Plus tard, il verrait. Plus tard...

Le dimanche après-midi, il écrivait son éditorial à la maison et le corrigeait au marbre en fonction des dernières dépêches et des conversations avec ses collaborateurs, Raphaël Lévy, le nouveau rédacteur en chef, et Albert Kléber, le responsable de la double page « France et Monde ». Parfois, quand l'éditorial concernait une affaire locale, Jacques Casaurice, le rédacteur en chef adjoint chargé de la « Région », donnait son avis. Ils étaient tous les trois les premiers lecteurs de Paul qui guettait leurs réactions, attendant leurs critiques pour en débattre. Les règles du jeu imposaient à chacun de dire la vérité. En général, il y avait entre eux unanimité, sentiment corrigé par ce plaisir, propre aux journalistes, qui consiste à s'interroger sur un mot, un bout de phrase, une tournure qui manquerait d'élégance ou une expression qui serait imprécise. Toute remarque à propos d'un détail était une manière d'exprimer à la fois une indépendance d'esprit vis-à-vis de la hiérarchie et un intérêt pour le point de vue exprimé dans l'éditorial. « Très bien » signifiait passable. « Très bien mais tu ne crois pas que là... » provoquait une polémique qui obligeait l'auteur du papier à pousser plus loin ses arguments, et le premier lecteur à étayer ses critiques. Paul aimait déclencher ce genre de débat qui excitait l'intelligence. « Les journaux, disait-il, sont fabriqués avec deux matières grises en fusion : le plomb et l'esprit. »

Ce dimanche soir de la fin juin 1960, mon père m'a emmené avec lui au journal. Dans les derniers mois de notre vie commune – la dernière année –, je l'accompagnais quand il n'y avait pas école le lendemain. C'était le premier dimanche des grandes vacances.

Je connaissais par cœur les locaux où mes premières visites remontaient à ma petite enfance. *La Liberté* avait pignon sur rue en plein centre de Caen, pas très loin du baraquement américain, juste de l'autre côté du bassin Saint-Pierre, quai Vendeuvre, dans un petit immeuble et l'entrepôt désaffecté d'un ancien commerce en gros de fruits et légumes. L'énorme rotative, une Creusot-Loire de 1938 rachetée au *Figaro*, occupait la cave des anciennes mûrisseries à bananes. L'administration, le service des ventes et la publicité donnaient sur le quai. Les lecteurs pouvaient consulter la collection du journal dans le grand hall du rez-de-chaussée. L'atelier des ouvriers du livre et la rédaction étaient installés derrière, dans l'entrepôt, le saint des saints de *La Liberté*. La grande salle des journalistes, les bureaux des chefs de service et ceux, côte à côte, de Robert Delmas et de son adjoint, Paul Merced, se situaient au premier étage, le long d'une coursive qui surplombait le marbre et les quatre linotypes dont les longs bras trempaient dans le plomb, cet or gris qui formait, en refroidissant, la ligne-bloc, assemblage de milliers de petites lettres brillantes.

J'aimais cette atmosphère forte où se mêlaient les éclats de voix, les bruits des brosses qui tapaient sur les morasses, les plaintes chuintantes des linotypes, les ordres lancés de la coursive, l'odeur du plomb et de l'encre, la chaleur et la fumée que dégageait le métal en fusion, cette culture d'hommes de l'écrit, ouvriers et journalistes, les uns en bleu, les autres en veste et chemise blanche, les deux « matières grises » confrontées l'une à l'autre, parfois violemment, avec des heurts et des menaces, des coups de gueule, mais réunies dans la fabrication de cette chose qui accouchait des entrailles de l'entrepôt dans le vagissement de la rotative de l'ancienne mûrisserie à bananes.

Il est habituel de comparer un journal à un navire. Pour *La Liberté*, la comparaison était évidente. Quand les rotatives se mettaient en branle, tout l'entrepôt tremblait, les vibrations montaient de la cale et atteignaient le pont supérieur, secouant les balustrades métalliques de la coursive. La sirène de sécurité qui annonçait le démarrage de chacun des huit groupes de la Creusot-Loire résonnait comme une corne de brume. *La Liberté*, avec son équipage et sa cargaison de lettres, rompait les amarres, quittait le quai Vendeuvre et glissait dans le bassin Saint-Pierre pour remonter le canal, tout proche, jusqu'à Ouistreham.

Mon père avait garé sa 4 CV décapotable de couleur prune, la deuxième depuis l'abandon de sa vieille Terrot 500, dans la cour des expéditions rue Guilbert. La nuit, l'entrée du journal se faisait par l'arrière de l'entrepôt, au bout du parking où les deux semi-remorques et une dizaine de camionnettes, des Juvaquatre, attendaient la sortie de la première édition, vers minuit trente. Nous traversions la réserve à papier et la pièce du monte-charge qui couinait sous le poids des énormes rouleaux en descendant au pied de la Creusot-Loire. Dans l'atelier, les ouvriers du livre finissaient de monter les pages intérieures et attendaient de se mettre sur la « une » dont Albert Kléber griffonnait le monstre.

« Bonsoir, on ouvre toujours sur six cols avec l'attentat d'Alger ? Le bilan n'a pas bougé depuis mon coup de fil ? Deux morts ?

— Il vient de passer à trois », répondit Kléber à mon père en me frictionnant la tête pour me saluer.

« La petite fille de six ans est morte. On a reçu deux photos par bélino. J'hésite à passer la plus dure en grand. Regarde. »

Sur le cliché noir et blanc, très pâle et strié par le procédé de transmission rapide, trois corps en partie recouverts d'un drap blanc étaient allongés devant une maison éventrée par l'explosion. Dans le coin droit de la photo, une petite fille, les yeux grands ouverts, était couchée sur un brancard porté par deux secouristes. L'autre cliché, pris de plus loin, rendait mieux la puissance du plasticage. La moitié de la façade de la maison était effondrée et une fumée noire sortait par le trou béant du mur. Les corps dessinaient trois taches blanches, et la petite fille sur le brancard était à peine visible.

« Il faut passer la première en " une ". Elle est horrible mais elle dit la vérité. Mets l'autre en page trois, le plus grand possible. Tiens, lis mon édito, je referai le début en démarrant sur la petite fille. Où est Lévy ?

— Il est dans ton bureau au téléphone avec Alger. Justement, il demande à Barthel s'il peut ajouter un passage dans son papier sur la petite.

— Son papier est bon ?

— Huit feuillets d'ambiance, très forts, avec tout un développement sur les menaces de l'extrême droite et ses ramifications. Jamais lu ça ailleurs. Tu avais raison de l'envoyer mais je crois qu'il n'est pas près de revenir. »

Je laissai mon père rejoindre à l'étage Raphaël Lévy en discussion téléphonique avec Christian Barthel, grand reporter au journal. Je regardai la photo, les yeux clairs de la petite fille, ses cheveux très blonds plaqués sur son visage par le sang que le cliché transformait en liquide noir.

« Pourquoi ils l'ont tuée ?

— C'est la guerre », me dit Albert Kléber en prenant la photo pour l'envoyer au clicheur. « La plus dégueulasse des guerres, celle qui tue des gosses, des femmes, des gens qui n'ont pas de fusils entre les mains. Ton père a raison, il faut choquer le lecteur, le réveiller, le faire descendre dans la rue, lui dire que l'Algérie française c'est fini, c'est la mort, le meurtre aveugle organisé par des fous, des fascistes. Tu es trop petit pour comprendre... Tu demanderas à ton père de t'expliquer. »

Il lut à voix haute un passage de l'éditorial. Kléber ne s'adressait pas à moi... « Tu es trop petit... » Il lisait pour lui : *« A Caen, nous avons connu l'horreur, des immeubles effondrés, des maisons qui brûlaient, des corps écrasés sous les bombes. Mais cette bataille, dont notre ville a souffert et souffre encore dans sa mémoire, avait un sens : libérer l'Europe, vivre libre. A Alger, c'est la guerre pour la guerre, la déraison, le suicide. Quand la mort a perdu toute signification, tout sens, il n'y a plus d'humanité... »*

Du haut de la coursive, la voix de Lévy interrompit sa lecture.

« Albert... Viens dans le bureau de Paul avec le papier de Barthel, on change les trois premiers feuillets. »

Kléber me laissa en compagnie de l'ouvrier de la « une » qui commençait à monter la page par le bas.

« Tu veux un verre de lait, petit ? »

Dans toutes les imprimeries, à cette époque, les ouvriers buvaient un litre de lait par soir. C'était le seul remède connu pour enrayer le saturnisme, la maladie du plomb qui déchaussait les dents.

A minuit dix, la sirène a retenti, les cylindres de la rotative ont commencé de tourner, d'abord tout doucement pour entraîner sans la casser la longue bande de papier qu'un ouvrier accompagnait avec les deux mains. Le papier se tendait, craquait sous la tension à la limite de la rupture ; la machine accélérait, les deux mains de l'ouvrier s'écartaient de la bande qui filait vers le plafond dans les sommets de la roto, redescendait, avalée par les cylindres et ressortait par en dessous ; long ruban de papier noirci où les bavures de l'encre maculaient les lettres et les photos, puis le noir passait au gris foncé, ensuite au gris clair, les gros titres, les textes et les clichés apparaissaient, s'animaient comme les images d'un film projeté en accéléré, de plus en plus vite jusqu'à ce qu'il soit impossible à l'œil de distinguer les caractères, les blancs, les contrastes. Lancée à pleine vitesse, la Creusot-Loire faisait un bruit de train entrant en gare, elle crachait, sur son flanc gauche, des exemplaires qui jaillissaient de la plieuse et tombaient dans des nacelles d'osier montées sur roulettes. Les ouvriers rotativistes et quelques journalistes, dont mon père, Lévy, Kléber et Casaurice, dépliaient les premiers numéros de l'édition. Il y avait quelque chose d'étrange à voir cette douzaine d'hommes debout, feuilleter le journal au pied de la rotative déchaînée. Ils ne lisaient pas, ils vérifiaient l'impression, la qualité des noirs et des gris pour effectuer les réglages des encriers. Quand tout paraissait correct, cinq ou dix minutes après le démarrage de la

Creusot-Loire, mon père allait serrer la main, noire d'encre, de Raoul, le chef rotativiste ; il lui hurlait quelques mots à l'oreille, tapait sur son épaule en signe de bonsoir ou de bon courage.

La tradition voulait que le directeur adjoint de *La Liberté* remontât alors dans son bureau pour appeler, vers minuit et demi, Robert Delmas qui attendait chez lui ce coup de téléphone. La conversation entre les deux hommes était rapide, chaleureuse et symbolique. Paul Merced lisait la manchette à M. Delmas, qui la trouvait toujours pertinente. L'entretien téléphonique aurait très bien pu se tenir plus tôt dans la soirée mais le fondateur de *La Liberté*, depuis qu'il avait délégué toutes ses responsabilités éditoriales à son adjoint, ne le souhaitait pas : « Je laisse libres mes journalistes, disait-il, c'est vous Paul qui faites le journal, si vous m'appeliez avant que le journal ne soit fini, vous auriez l'impression, et vous donneriez cette impression à votre équipe, de demander mon autorisation. » La seule exigence de Robert Delmas était d'être informé, après toute l'équipe de journalistes et d'ouvriers, du gros titre de la première édition dont les exemplaires s'entassaient déjà dans les semi-remorques et les Juvaquatre.

Ce soir-là, j'étais monté avec mon père dans son bureau, j'étais assis, un exemplaire, humide d'encre, sur mes genoux. La photo d'Alger, le début de l'article de Christian Barthel et l'éditorial signé P.M. occupaient les trois quarts de la « une ». Paul, après quelques minutes de conversation avec Robert Delmas, venait de raccrocher.

« Papa, est-ce que la guerre c'est toujours comme sur la photo ? »

Il avait fait le tour de son bureau pour s'asseoir à côté de moi sur la banquette en skaï rouge.

« Il y a toujours des morts. Mais là, tu vois, ce ne sont pas des soldats mais des gens simples qui ne demandaient rien à personne.

— Kléber m'a dit que c'était une guerre dégueulasse...

— Il veut dire que c'est comme une guerre civile. C'est même pire qu'une guerre civile. Ceux qui ont posé la bombe ont voulu tuer des personnes qui n'avaient pas pris les armes. Elles ne pensaient pas comme eux, alors les terroristes les ont tuées pour faire peur aux autres.

— Dans ton article, tu expliques que c'est comme à Caen pendant la guerre...

— Non, je ne dis pas ça. Mais j'explique aux lecteurs, qui ont connu les bombardements de la ville, que la mort et la douleur sont encore plus difficiles à supporter et à admettre quand la mort ne sert à rien. A Caen, il y a eu beaucoup de morts, une grande douleur, mais les gens savaient que les bombes arrêteraient la guerre. Ils souffraient mais ils avaient un espoir. C'est comme ça qu'ils ont réussi à tenir.

— Amélia et Georges, et Anita, est-ce qu'ils étaient dans un drap blanc devant leur maison cassée ?

— Oui, ils étaient dans un drap blanc.

— Comment ils sont morts ? Tu les as vus mourir... ?

— Je n'ai pas vu Amélia et Georges mourir. J'ai vu ma mère mourir. »

Mon père maîtrisait son émotion, comme s'il voulait la contenir derrière un mur. La mort de sa mère et de ses beaux-parents d'un côté du mur, et lui qui parlait avec son fils, tous les deux – lui, et moi –, de l'autre côté.

« C'est les Allemands qui les ont tués ?

— Non, mais c'est à cause des Allemands. C'est eux et la guerre qui sont responsables de leur mort.

— Mais comment ils sont morts ?

— Amélia et Georges sont morts parce qu'une bombe est tombée sur leur maison. Et ma mère, après un bombardement. Son cœur s'est arrêté de battre. »

Toutes mes autres questions sont restées sans réponses. Comment sont-ils vraiment morts ? Est-ce que lui et ma mère étaient dans la maison du château quand la bombe est tombée ? Pourquoi ma mère lui avait-elle dit, l'autre nuit, qu'elle avait peur de revoir la mort dans ses yeux ? Mon père, surpris par ma dernière question, m'a répondu qu'il me dirait plus tard tout ce qui s'était passé, qu'il ne voulait pas que j'aie de mauvaises images dans la tête, qu'il ne fallait pas que je sois inquiet, que maman pleurait parce qu'elle était triste quand elle pensait à ses parents et à Anita qu'elle aimait beaucoup.

Dans la 4 CV qui nous ramenait au baraquement américain, j'ai continué de parler.

« Pendant la guerre, avec maman, tu étais comme les deux personnes de la photo qui portaient la petite fille ?

— Oui.

— Alors vous avez vu plein de morts !

— Oui. Mais je te raconterai un jour.

— Si maman a peur de voir la mort dans ses yeux, il ne faut pas que tu lui montres la photo du journal, ça va la faire pleurer.

— Ce n'est pas la mort d'aujourd'hui qui lui fait peur... »

Je complétai sa phrase au moment où la 4 CV arrivait dans la petite cour du baraquement : « Elle a peur de voir la mort qui arrivera plus tard. »

J'ai senti sa main trembler en cherchant le frein.

« Viens vite, il est tard. Il faut aller se coucher. »

Pourquoi ai-je prononcé ces mots-là. « La mort qui arrivera plus tard ». D'où venaient-ils ? Qui me les avaient soufflés ? Etait-ce la petite fille de la photo ? Elle ressemblait à ma sœur, Anna.

3

Trois jours plus tard. 1er juillet 1960.

J'adorais la mer. Depuis deux ans, nous allions à la plage Blanche, près de Port-en-Bessin, dans une maison que mes parents louaient pour toute la durée des grandes vacances. Mon père reprenait son travail au journal après le 14 juillet. Ensuite, il nous retrouvait chaque week-end. C'était la seule période de l'année où nous abandonnions, si longtemps, le baraquement américain.

Avant de partir, je jetais un coup d'œil à la vache du tableau, accroché dans ma chambre. Une habitude assez ridicule et maniaque. Je la regardais pendant au moins quinze secondes et lui disais : « Allez, salut, on se revoit dans deux mois. » Je l'emmenais avec moi, dans ma tête, et l'installais, une fois arrivé sur la plage Blanche, toujours à la même place, dans un rectangle de mer avec un rocher sur la droite et un banc de sable au premier plan... Ma vache traversait l'espace, allait et venait, changeait de décor et me reliait au baraquement.

La préparation des valises et des cartons dans lesquels nous emballions les ustensiles de cuisine, les livres, les jouets et la machine à écrire, prenait une bonne partie de la matinée. Comme il était impossible de faire entrer les deux ou trois mètres cubes de bagages dans la 4 CV prune, pourtant décapotable, avec des possibilités théoriques d'entassement illimitées en hauteur, mon père empruntait au journal une Juvaquatre bleu roi flanquée, sur les portières, de l'inscription en belles lettres anglaises noires sur fond blanc : *La Liberté*; puis en plus petit : *Du bout de la rue au bout du monde*; en dessous : *Tout savoir, tout comprendre, tout dire*; suivi de l'adresse : *54-56 Quai Vendeuvre, Caen, Calvados*, et du numéro de téléphone : *20.51 (douze lignes groupées)*.

Le départ était assez long, surtout à cause de ma mère. Si elle veillait à ce qu'Anna et moi n'oubliions rien, vérifiant à plusieurs reprises nos valises, son souci principal était ses livres. Dix fois, vingt fois, elle revenait dans le salon devant la bibliothèque, regardait les centaines de volumes qu'il lui fallait abandonner au pire moment, en vacances, quand, libérée de ses cours et de ses corrections, elle avait enfin le temps de se consacrer à la lecture. Elle emportait, au grand dam de Paul qui comptait les bagages, une grosse quantité de livres, en ajoutant toujours un au dernier moment, puis un autre, puis un autre, afin de conserver la liberté et le bonheur des grands lecteurs : l'embarras du choix.

Une fois la Juva chargée et affaissée sur son essieu arrière, mon père faisait le tour du baraquement pour une ultime inspection. Je l'aidais à pousser les volets qui coulissaient sur les fenêtres et enfermaient la vache du tableau dans sa boîte de carton. Mme Mélissa, gardienne estivale du patrimoine familial, nous disait au revoir, recommandait à Apolline de faire attention aux enfants et s'essuyait les yeux avec son grand mouchoir. Elle avait peur de la mer.

La nostalgie du baraquement américain durait tout le trajet, soit une quarantaine de kilomètres et une heure de route compte tenu du poids du chargement et des couinements de la Juva qui étouffait dans les côtes. Dès l'arrivée à la plage Blanche, la nostalgie se dissipait chassée par l'air du large. Il me suffisait de retrouver le rectangle de mer, de sable et de rocher « fixé » l'année dernière, d'y installer la vache du tableau, et les vacances pouvaient commencer.

La maison appartenait à des amis de mes parents, les Rowland, un couple d'Américains d'une soixantaine d'années qui vivait à New York et passait, depuis deux ans, les mois d'automne sur cette belle plage de la Manche. Henry Rowland avait rencontré Paul Merced en 1957 au journal. Il collaborait, comme scénariste employé de la Twentieth Century Fox, à un projet d'adaptation cinématographique du livre de Cornelius Ryan *Le jour le plus long* qui, après des années de travail, a été porté à l'écran en 1962. Henry Rowland s'était déplacé dans la région pour rencontrer des témoins du Débarquement et découvrir les plages du 6 juin : Utah Beach et Omaha Beach à l'ouest de Port-en-Bessin, Gold Beach et Arromanches à l'est, puis Juno et Sword Beach entre Courseulles et Ouistreham. Il était accompagné de « la reine du crime », sa femme, Judith Rowland, écrivain spécialisé dans des romans policiers produits à la chaîne. En arrivant à Caen, Henry Rowland avait téléphoné au journal local. Paul l'avait reçu longuement et autorisé à consulter les archives. Il lui avait présenté Robert et Jeanne Delmas, Hector Baltoz, l'architecte de la ville, responsable du déblaiement pendant le Débarquement avec Georges Cassegrain, et des médecins, dont les docteurs Talbot et Doris qui avaient opéré, en juin et juillet 44, à l'hôpital du Bon-Sauveur.

Henry et Judith Rowland s'étaient installés dans une suite de l'hôtel Malherbe, le plus bel hôtel de Caen, qui donnait sur la Prairie, le jardin naturel de la ville où pendant le Débarquement, des vaches et leurs veaux avaient été lâchés en liberté.

Un soir de l'automne 1957, ils sont venus dîner au baraquement, amusés et surpris de retrouver le style d'un pavillon traditionnel américain : le toit plat, le petit *porch,* la disposition des pièces, la cuisine aussi grande que le salon, la couleur pastel des murs... Je me souviens de Judith, exubérante, volubile, tournant comme une toupie dans les pièces – *what a lovely sweet home!* –, de ses lunettes roses retenues par une grosse chaîne en or qui lui dessinait deux longues boucles d'oreilles, de ses effusions spontanées à notre égard – *what nice children!* Elle était, en maigre, la copie d'outre-Atlantique de Mme Dibrochka. Avec son mari, Henry, un géant qui fumait cigare sur cigare, ils formaient un couple typiquement américain, l'un et l'autre trop grands, trop bruyants, trop remuants pour cette maison de carton au plafond bas.

Le dimanche d'après ce premier déjeuner, qui sera suivi de beaucoup d'autres, les Rowland et les Merced ont décidé de visiter ensemble les plages du Débarquement. Entassés dans la 4 CV, Henry courbé en deux sur le siège du passager et Judith s'excusant auprès d'Apolline d'occuper les trois quarts de la banquette arrière, ils ont fait le circuit traditionnel. D'abord les plages anglaises et canadiennes les plus proches de Caen : Ouistreham-Riva Bella, Colleville-Montgomery, Hermanville, Lion, Luc et Courseulles.

Puis, vers midi, Arromanches et les ruines du port artificiel de Mulberry Harbour qui ressemblaient à des icebergs de béton gris flottant sur la mer. Enfin, dans l'après-midi et la soirée, les plages américaines de la 1re armée US, qui couvrent, de Port-en-Bessin à Saint-Vaast-la-Hougue, toute la côte ouest du Calvados et remontent sur le Cotentin. Omaha Beach ! Joli nom indien. C'est sur cette plage foulée par des soldats américains dont plusieurs milliers dorment dans le cimetière marin de Saint-Laurent-sur-Mer, que les Rowland sont tombés amoureux d'une cabane en planches posée sur le lais de mer. Près de la porte, un écriteau indiquait : *« A vendre, adressez-vous à Maître Chalumeau, notaire à Bayeux. »* L'affaire fut conclue le lendemain. Henry voyait là l'occasion inespérée de s'installer au cœur du décor pour travailler à son projet de scénario. Judith partageait le même enthousiasme – ce qui impliquait un déferlement de superlatifs – pour cet endroit *so marvelous, so wonderful* où elle écrira, entre 1958 et 1960, quelques-uns de ses grands succès dont *Bloody Honeymoon* (Sanglante lune de miel). Codécouvreurs de la baraque de la plage, Paul et Apolline, élevés au rang de *our best friends in France*, en devinrent les locataires privilégiés.

La maison de la plage Blanche était toute en bois. De longues planches horizontales s'emboîtaient à chaque coin dans de grosses poutres plantées à la verticale, ce qui lui donnait un air de wagon de marchandises ou de saloon avec son toit en léger plan incliné, la partie la plus haute tournée vers la mer. Les similitudes avec le baraquement américain étaient visibles dès la façade. Un porche, non plus en angle mais courant sur toute la longueur de la maison, abritait la porte d'entrée. On pouvait y déjeuner et y dîner, protégé du soleil et de la pluie, ou s'asseoir à califourchon sur la balustrade en bois. L'intérieur, à l'origine dépourvu de cloisons comme tous ces cabanons de pêcheurs qui servaient à entreposer l'hiver les barques, les filets, les cannes et les paniers d'osier, avait été refait. Les Rowland s'étaient inspirés du plan du baraquement ou, ce qui revient au même, d'une petite maison américaine. La cuisine, sur laquelle ouvrait la porte d'entrée, était à droite, juste un tout petit peu plus grande que le salon qui se tenait à gauche. A l'arrière, deux petites chambres étaient desservies par un étroit couloir d'où – différence sensible avec le baraquement dépourvu d'étage – une échelle de meunier conduisait à un bureau dissimulé sous les combles. C'est dans cette pièce minuscule, face à la mer, au-dessus du toit de la terrasse, que Paul tapait ses articles sur sa vieille Underwood, qu'Apolline lisait ses livres et prenait des pages et des pages de notes pour ses cours, que Judith Rowland étranglait les jeunes mariés de *Bloody Honeymoon* et qu'Henry Rowland écrivait des paroles pour John Wayne ou Robert Mitchum, dont la célèbre phrase : *« Il n'y a que deux sortes d'hommes qui vont rester sur cette plage, ceux qui sont déjà morts et ceux qui vont mourir.* »

La Juvaquatre empruntait sur trois kilomètres le chemin du bord de mer recouvert par endroits de varech desséché. En 1960, aucune maison ne se dressait encore sur la dune. Les seuls voisins de l'ancien cabanon de pêcheurs étaient deux blockhaus, vestiges de la guerre, épaves échouées aux extrémités Est et Ouest de la plage, espacées de quelques centaines de mètres. Leurs silhouettes trapues s'enfonçaient dans le sable sous le poids du béton et basculaient sur le côté, ce qui accentuait la ressemblance avec le naufrage de deux navires de guerre. Vus de la mer, les blockhaus, gîtant l'un vers la gauche l'autre vers la droite, dessinaient deux gros guillemets gris qui encadraient le cabanon.

La terrasse était recouverte d'une épaisse couche de sable apportée par le vent d'hiver. Je déblayais, aidé par Anna, pendant que nos parents déchargeaient la Juva. Ici, en Arizona, j'ai revécu, l'hiver dernier, avec une douleur qui tordait l'estomac, cette même scène, quand j'ai dû pelleter la neige qui s'était entassée devant le barquement où j'écris aujourd'hui.

Le déchargement de la Juva durait une bonne heure. Nous entrions alors, tous les quatre, dans le cabanon. L'odeur d'algues imprégnait le bois des murs et du plancher. Une odeur de vacances, mon autre odeur d'enfance avec celle du carton.

Ce 1er juillet 1960 était moins gai que les deux précédents. D'habitude, Pierre et Philippe, les fils de Mathieu Quiquemelle, le marin pêcheur qui tenait avec sa femme, Charlotte, une poissonnerie à Sainte-Honorine-des-Pertes, accouraient dès qu'ils apercevaient la Juvaquatre. Les retrouvailles étaient bruyantes et joyeuses. En quelques minutes, nous faisions ensemble des projets de pêche et de balades en mer. Ils nous aidaient à emménager et parlaient de l'hiver, des tempêtes, d'un dauphin mort rejeté sur la plage en décembre, du gros albatros désailé qu'ils avaient soigné. Leur récit, désordonné et captivant, nous plongeait dans l'ambiance des grandes vacances, loin du train-train et du confort de la ville. Anna les écoutait en ouvrant la bouche sans dire un mot, subjuguée par ce flot de paroles et d'histoires. Cette année, Pierre et Philippe n'étaient pas là le jour de notre arrivée. Ils travaillaient à la poissonnerie.

Par ailleurs, mon père était obligé de repartir au journal. Il recevait, le soir, une délégation de parlementaires qui préparaient un rapport sur la presse régionale, et l'actualité était chargée : le verdict du procès Barzoche-Finkel devait tomber le lendemain ou peut-être même dans la soirée.

Ce 1er juillet 1960 n'était pas comme les autres.

Après le départ de mon père, une fois que ma mère eut rangé ses livres dans la petite pièce sous les combles et vérifié que rien ne manquait parmi les ustensiles de cuisine, nous sommes partis marcher tous les trois sur la plage pour la traditionnelle promenade du premier jour. Elle consistait à remarquer ce qui avait changé par rapport à l'année précédente. Les grandes marées et le vent modifiaient le paysage par petites touches.

La promenade commençait par une descente sur la

plage juste en face du cabanon. La marée était à moitié basse, elle remonterait dans la nuit à moins d'une cinquantaine de mètres de la terrasse. Ma mère, son sac de plage jeté en bandoulière sur l'épaule, portait un blue-jean et un tee-shirt blanc. Sa nouvelle coiffure, très courte à la garçonne, la rendait encore plus jeune. Anna étrennait son maillot neuf, une petite culotte rouge avec sur les fesses un gros poisson jaune et, de chaque côté, des nœuds en papillotes. Le mien était vert, une sorte de boxer-short flottant sur mes cuisses jusqu'en dessous des genoux. Sur le sable mouillé, l'emplacement de deux mares d'eau – nous disions « mareaux » – avait bougé de quelques mètres et s'était creusé. La bande de galets, de coquillages, de petites pierres brillantes, marron clair, vertes et rouges auxquelles s'accrochaient des rubans d'algues, était toujours là, étirée sur la longueur de la plage et large d'une dizaine de mètres. Cette bande était l'endroit où nous marchions tête baissée, à la fois pour ne pas nous couper les pieds sur les coquillages brisés et pour regarder les crabes, les bouquets ou les sprats prisonniers d'une flaque d'eau de mer.

« Attention, les enfants », dit ma mère en traversant avec nous la bande de galets, « je vous interdis de ramasser les balles. »

L'interdiction, rappelée chaque année et plusieurs fois dans l'été, était prononcée d'une voix faussement sévère qui cherchait, en forçant le ton, à rendre l'avertissement moins banal. Les « balles » étaient une appellation générique. Elle désignait les munitions des armes de guerre que la mer rejetait sur le sable. Il y en avait des milliers, balles de fusils et de mitrailleuses, longues d'une quinzaine de centimètres pour les plus grosses, pointues ou arrondies à l'extrémité. Leur nombre avait diminué mais, en juillet 1960, seize ans après le Débarquement, il suffisait de bien regarder entre les cailloux pour en découvrir au moins une, agrippée à une algue, la douille de cuivre verdie par l'oxydation et la tête d'acier rougie par la rouille. Depuis la fin de la guerre, des soldats et des démineurs quadrillaient les plages, chercheurs de champignons avançant en rangs serrés pour ramasser les munitions. Elles provenaient des caisses tombées à la mer ou du ventre des navires coulés près des côtes. L'assaut des lames de fond lors des tempêtes libérait les balles des vieilles caisses, les roulait sur le sable jusqu'à la bande de galets, de pierres et d'algues qui les retenait comme les dents d'un râteau. Il y eut quelques accidents relatés par les journaux, des mains ou des doigts arrachés, des yeux aveuglés par l'explosion et, parfois, très rarement, des morts quand la « balle » était une petite bombe à ailettes ou une grenade.

En dépit des interdits répétés, la collecte des munitions était l'un de mes jeux d'enfant. Avec Pierre et Philippe, nous les cherchions dans la bande de galets où nous trouvions également des bâtonnets de poudre, qui, une fois séchés au soleil, servaient de mèche. La « cueillette » terminée, nous allions derrière l'un des deux blockhaus, nos paniers à crevettes chargés de notre dangereux butin. Pierre, treize ans en 1960, le plus âgé de nous trois, désolidarisait la balle de la douille en tapant à petits coups secs avec un galet à l'endroit où le corps de cuivre enserrait la tête. Une fois la séparation faite, il récupérait la poudre noire, la glissait dans un trou creusé dans le sable et allumait le bâtonnet. « Attention les gars, ça va péter. » Nous courions derrière une dune. Selon la quantité ou la compacité du bourrage, la poudre explosait dans un bruit sourd et étouffé, inaudible du cabanon, ou s'enflammait en une demi-seconde comme un feu de Bengale. Jamais je n'ai autorisé ma sœur à participer à nos jeux interdits. Etait-ce pour la protéger ou par peur qu'elle n'en parle ? Elle était si bavarde.

Notre premier bain de cet été 1960 fut plutôt frisquet. Il dura cinq minutes, le temps de nous glacer le corps. J'ai toujours tremblé de la tête aux pieds après un bain. Mes tremblements et mes lèvres bleuies faisaient rire Anna qui commentait mes changements de couleur : « Maman, t'as vu, t'as vu, Frank, il est tout bleu. » Ma mauvaise réaction à l'eau froide était devenue quasi légendaire. Apolline ne disait pas : « sortez de l'eau, vous allez attraper froid », mais : « sortez de l'eau, Frank va attraper froid », puis elle m'empaquetait dans une immense serviette éponge, me frictionnait avec énergie et soufflait de l'air chaud en appuyant sa bouche sur mon dos comme si elle gonflait une énorme bouée. Anna vérifiait l'évolution de mon état en regardant, par en dessous, du haut de ses quatre-vingt-dix centimètres, mes lèvres revenir à une couleur presque normale, virant du bleu au rose en passant par un blanc inquiétant.

Ce 1er juillet 1960, la suite de la promenade fut étrangement méthodique. Etait-ce dû à l'absence de mon père, de Pierre et Philippe ? Je ne sais pas...

Nous nous sommes dirigés vers le premier blockhaus, celui qui était situé, quand nous avions le dos à la mer, sur la gauche de la maison des Rowland. Nous avons traversé, en diagonale, toute la plage, le sable mouillé, la bande de galets, le sable sec puis une vingtaine de mètres de dunes. Le blockhaus numéro un – c'était le nom que nous lui avions donné – avait accentué sa gîte vers la gauche, dégageant un peu plus la partie droite de ses fondations. Si le long canon avait été là – mais on l'imaginait être toujours là –, son tube aurait pointé de travers vers le ciel. La masse grise de béton semblait s'abîmer dans des sables mouvants. Il y avait quelque chose de morbide et de ridicule dans cette position de guingois de l'ancien fortin de guerre. Une apparence de fin du monde, après un cataclysme nucléaire.

Dans l'unique salle du blockhaus, où des morceaux de métal scellés dans le sol marquaient l'emplacement du canon, Apolline regardait la mer. Seize ans avant elle, des soldats allemands regardaient par la même ouverture étroite, meurtrière plus large que haute d'où sortait la bouche à feu qui se déplaçait de gauche à droite pour couvrir toute la plage. L'ouverture dessinait un rectangle de sable et de mer comme le tableau de ma chambre. Les éclats sur les murs et le plafond témoignaient de ce qui s'était passé. Une grenade ou une roquette tirée par un bazooka avait pénétré par l'ouverture et avait explosé dans la salle de tir.

Je revois ma mère dans la pénombre du blockhaus, penchée légèrement en avant, regardant la mer puis les murs et le plafond. A quoi pensait-elle ? Ce n'était pas la première fois qu'elle venait dans le blockhaus numéro un. Mais c'était la première fois qu'elle y pénétrait avec nous sans mon père. Elle pensait, j'en suis sûr, aux centaines de bateaux qui sortaient de la brume au petit matin du 6 juin, aux milliers de soldats américains qui jaillissaient des barges en hurlant pour chasser la peur de leur ventre, à ceux de la première vague, hachés par les tirs croisés des blockhaus numéro un et numéro deux, aux obus de marine qui, pendant des semaines, sifflaient au-dessus de la plage, traversaient la campagne et les routes pour s'abattre au milieu de la ville, sur la maison du château ou à l'entrée de l'Abri Bonheur.

Dans le blockhaus numéro un, je comprenais la douleur que ma mère ressentait et que partageaient des milliers de gens ; ils avaient fait le choix de poursuivre leur vie là où la guerre avait semé la mort, et ils revivaient, sur une plage ou dans une rue, les souvenirs de l'horreur. Leur rappel permanent devait être insupportable. Sans doute y avait-il une admirable cohérence dans cet attachement à un lieu. Mais rester, c'était accepter que le destin décide. Or, le destin qui allait frapper ma famille était à l'égal de l'horreur passée. Quand Apolline s'était mise à trembler en regardant la mer, j'aurais voulu qu'une voix, qu'un dieu lui souffle de partir. Partir. Fuir cette plage et ce joli cabanon encadré par ses deux guillemets de mort. Fuir ce sable qui gardait la mémoire et les traces d'un déferlement de feu. Revivre ici en Arizona ou dans d'autres montagnes, auprès d'autres lacs, sur les rives d'une autre mer, dans d'autres villes. Partir. Fuir. Pourquoi n'ai-je pas pu, moi qui allais entrevoir ce qui arriverait, lui dire de partir et de fuir ?

En sortant du blockhaus, Apolline tremblait encore. Je savais que la fraîcheur du bain et la légèreté de son tee-shirt blanc n'y étaient pour rien. Quand une personne grelotte de froid elle dit qu'elle grelotte. On ne grelotte jamais en silence. On dit : « J'ai froid. » Elle ne disait pas qu'elle avait froid. Alors j'ai fait ce que j'avais vu mon père faire dans ce genre de situation. Il l'attrapait par l'épaule, l'embrassait dans le cou et lui disait : « Ne t'inquiète pas, chérie. » Je l'ai attrapée par la taille – à ma hauteur –, embrassée sur le bras et dis d'une grosse voix : « Ne t'inquiète pas, chérie. » J'ai vu alors dans ses yeux sa surprise. Elle n'était pas étonnée de m'entendre imiter mon père, cela l'amusait. Elle était étonnée de voir que son émotion l'avait trahie, que son fils de onze ans comprenait ce qu'elle avait ressenti dans le blockhaus numéro un. L'année dernière, elle m'avait expliqué, en marchant avec moi sur cette plage au bord de l'eau, comment les barges accostaient sur le rivage, combien d'hommes en sortaient. Mais elle ne m'avait pas parlé d'elle dans la guerre. Plus tard, elle le ferait. Je voyais dans sa surprise que sa décision était prise de bientôt tout me dire, sans doute avec mon père. Plus tard. Bientôt. Jamais.

Nous avons poursuivi notre promenade méthodique. La marche au milieu des dunes était fatigante. Leur hauteur n'avait rien d'impressionnant mais le sable rendait la progression difficile. Les herbes folles piquaient les jambes. Cinq cents mètres séparaient le blockhaus numéro un du cabanon de pêcheurs. Il y avait toujours quelque chose à découvrir dans les dunes, des morceaux de bois, de vieux cordages ou un bout de filet que les grandes marées de l'hiver déposaient là. En une heure, le temps de regarder un à un les débris abandonnés par la mer, nous avons rejoint le blockhaus numéro deux. Il était plus élevé que le numéro un et surtout beaucoup plus endommagé. Un obus avait explosé au centre de la façade, transformant la meurtrière en cratère difforme d'où sortaient, comme des bras, de longues ferrailles tordues. Nous n'aimions pas le blockhaus numéro deux. Il nous faisait peur. Ses morceaux de fer rouillés et les écorchures du béton nous interdisaient de trop l'approcher. Il semblait agoniser sur cette plage, souffrant davantage chaque année des séquelles de ses blessures. Je pensais qu'il était inutile de le visiter, moins à cause de son aspect gangreneux que des images qui risquaient de revenir dans les yeux de ma mère.

Sur le chemin du retour, le soleil allongeait nos ombres et accentuait le contraste des couleurs, le vert tendre des herbes rares, le blanc du sable, le bleu marine presque noir du ciel et la silhouette brune du cabanon posé au milieu des dunes. La scène ne ressemblait pas au tableau de ma chambre mais plutôt à une toile inquiétante d'Andrew Wyeth. Il devait être sept heures du soir, l'heure à laquelle la mer remontait sur le sable mouillé.

« Les enfants, on fait la course. Le premier qui arrive au cabanon gagne une part supplémentaire de tarte au citron. »

Le jeu obéissait à des règles qui changeaient selon les circonstances : soit laisser gagner ma sœur, soit, quand mon père participait à la course, me laisser gagner. C'était donc la première version. Anna partait avec dix secondes d'avance, suivie de moi, puis d'Apolline. Nous courions en riant, ma mère à ma hauteur, tous les deux à moins d'un mètre du poisson jaune qui frétillait sur les fesses de ma sœur. Pour justifier l'échec et le rendre davantage crédible, les perdants tombaient à quelques mètres de l'arrivée. Avec un cri qui feignait l'épuisement, je m'affalai de manière théâtrale, rejoint par ma mère, tous les deux à genoux dans le sable au beau milieu d'un parterre d'étranges petites fleurs bleues.

« Maman, tu as vu toutes ces fleurs ? Elles n'étaient pas là l'année dernière. »

Apolline les fixait. Elle était passée là avec nous pour rejoindre le blockhaus numéro deux, quelques minutes auparavant, sans les voir.

« C'est les mêmes fleurs bleues que celles de la vieille robe que tu aimes bien, lui dis-je. Comment s'appellent-elles ?

— Des myosotis... »

Anna nous appelait, sautait en l'air et criait sa joie d'avoir gagné la course.

Des myosotis...

Le parterre de fleurs de deux mètres de long sur un mètre de large avait la forme d'une tombe dessinée sur le sable.

Ce qui s'est passé cette nuit-là est difficile à écrire. Je redoute, depuis des jours que je noircis du papier pour raconter nos vies, d'arriver à ce passage, le premier épisode introductif du drame. Je l'ai déjà raconté dans un livre. Tout y était faux, mensonges, arrangements romanesques. Jamais je n'ai eu la force de jeter la vérité sur le papier avec des mots, des lettres formées, des phrases construites, une mise en scène reconstituée, un dialogue retrouvé, des émotions montrées, décortiquées, exhibées. Je croyais que sur ma table de l'Arizona, dans ce pavillon qui ressemble au baraquement américain ou au cabanon de pêcheurs, mais loin de la France, de la plage aux myosotis, des gens que j'ai revus ensuite, témoins de notre ancienne vie et des premières années de mon autre vie, je croyais que, coupé d'eux et du monde de mon enfance, il me serait plus facile de faire la transcription exacte du drame, de l'avant-drame et de l'après-drame. Je croyais... Et je ressens aujourd'hui un froid glacé qui gagne tout mon corps, m'envahit jusqu'à l'âme, cette nuée que j'imagine légère, bleutée, flottant à l'intérieur du cerveau. Je dois surmonter ce froid... Je dois raconter... Je dois parler de cette nuit qui changera toutes mes autres nuits... enchaîner vite sur les jours ordinaires... puis, en venir au drame. La vodka qui est là sur ma table, l'odeur de pin et d'herbes, le spectacle fantastique des nuages – ces assemblages d'âmes – dans le ciel de l'Arizona, m'aident à écrire la vérité... A surmonter le froid.

Le dîner s'était déroulé sur la terrasse face à la mer, nous emmitouflés dans des chandails. Un dîner de premier soir de vacances plein de projets. Jeux, promenades, pêche au bar, édification de barrages géants dans les deux mareaux... Un dîner bavard. Anna n'arrêtait pas de parler. La tarte au citron, grande spécialité d'Apolline, était meilleure que d'habitude. Goût de vacances.

Cette année, nous inaugurions l'électricité dans le cabanon. Les Rowland avaient mis deux ans pour l'obtenir. Une grosse suspension, faite d'une seule ampoule enfermée dans une ancienne lampe de pêcheur, éclairait la table basse du salon où s'étalaient les animaux de la ménagerie de nos jeux de société : les premières pièces d'un puzzle formaient la moitié de la tête de Donald Duck à côté d'un jeu de l'oie et de petits chevaux. Après quelques énervements dont Donald, l'oie et les chevaux étaient en partie responsables, Anna avait été envoyée au lit où elle s'endormit en racontant sa journée : « Frank était tout bleu... j'ai gagné la course... » Je restais avec ma mère, chacun de nous un livre à la main, le mien parlant d'île et de trésors, le sien d'une autre histoire. La lecture, dans ma famille, était encouragée par une habile méthode d'éducation. La seule dérogation qui différait l'envoi au lit ou l'extinction des feux, était la lecture. J'avais le droit de lire tard le soir, même pendant l'année scolaire, mais pas n'importe quel livre. Si bien qu'à onze ans, pour ne pas me coucher trop tôt, j'avais déjà lu Stevenson, De Foe, Perrault, Andersen et un premier Steinbeck. Cette incitation à la lecture s'accompagnait d'une règle : au moindre signe de fatigue, tête qui tombe ou bâillements prolongés, je devais refermer le livre et aller me coucher. Tout la difficulté consistait à lutter contre le sommeil le plus longtemps possible, donc à avancer dans le livre, exercice qui ce soir-là, en raison de l'air de la mer et du bain froid, s'acheva par un bâillement bruyant déclenché à mon insu vers vingt-deux heures trente.

Comment raconter un cauchemar ? La logique voudrait que j'écrive que je me suis réveillé en hurlant et que j'explique ensuite pourquoi ce hurlement, donc que je revienne dans le sommeil et dans le rêve qui a glissé dans le cauchemar. A moins – puisque j'ai la connaissance de la chose rêvée – que je ne raconte selon la chronologie : le sommeil, le rêve, le cauchemar, et simultanément, le cri et le réveil.

J'ai dû m'endormir tout de suite, Anna blottie contre moi, sans même penser à ma vache et au tableau. Une sorte d'évanouissement qui me fit perdre conscience. Je délirais... Je marchais dans la ville construite autour d'un château fort... Une Indienne se promenait, à cheval, sur le chemin de ronde. Une maison, qui ressemblait à notre baraquement américain, était accrochée à flanc de rempart comme un vaisseau spatial suspendu dans l'air, entre ciel et terre. L'Indienne faisait des signes aux deux habitants du vaisseau, un homme et une femme habillés d'une longue chemise blanche. Les traits des trois personnages étaient ceux d'Anita, de Georges et d'Amélia sur les photos de la cheminée du baraquement. Leurs corps étaient plats, sans relief, de l'épaisseur de cartes de jeu, fragiles, transparents, non vivants. L'Indienne montrait du doigt une pelouse au bord des remparts. Tous regardaient maintenant vers la pelouse où une femme et un homme allongés, serrés l'un contre l'autre, faisaient l'amour. La femme portait une robe à petites fleurs qui se mélangeaient aux petites fleurs bleues de la pelouse. La maison accrochée à flanc de rempart s'était détachée. Elle volait au-dessus de la pelouse, s'arrêtait à l'endroit où l'homme et la femme s'embrassaient, et une lueur blanche, aveuglante, éclairait tout le château fort. Je courais vers la pelouse. Au fur et à mesure que j'approchais, la maison volante s'éloignait, l'Indienne à cheval galopait sur le chemin de ronde, sautait dans le vide et disparaissait vers le ciel, rejointe par la maison volante qui laissait derrière elle une traînée de lumière. J'atteignais la pelouse, mes pieds s'enfonçaient dans du sable blanc, il n'y avait plus de château fort mais un blockhaus posé sur une plage. Des milliers de petites baguettes surmontées d'une étiquette, comme celle des sachets de papier qui enveloppent les graines, étaient fichées dans le sable. Des fleurs bleues, peintes, décoraient chaque sachet qui portait l'inscription en deux langues : *Myosotis, Ne m'oubliez pas. Forget-Me-Not.* J'avançais au milieu des baguettes et des étiquettes. Les graines tombaient dans le sable et se mettaient à éclore. Un manteau de fleurs bleues recouvrait la plage, de la mer au blockhaus. Je continuais ma progression au ralenti, les pieds enfoncés dans le sable jusqu'à hauteur des chevilles. Je marchais vers le haut de la plage où la jeune femme à la robe légère, un homme et un enfant s'étaient assis, en tailleur, face à la mer. Je m'approchais d'eux, tremblant de froid. Ils me souriaient tous les trois. Puis une petite tache rouge apparut en haut de l'épaule de la robe, s'agrandit, dévorant les fleurs bleues imprimées, inondant le visage de la femme, gagnant le sable, les fleurs, les jambes de l'homme et de l'enfant. Toute la plage devenait rouge, baignait dans une marée rouge montante. Les trois visages étaient tournés vers moi et me regardaient. L'homme avait déplié un journal avec, au centre de la première page, la photo de l'attentat d'Alger et celle de la petite fille morte qui ressemblait à l'enfant assis près de lui. La jeune femme à la robe me parlait. Je voyais sa bouche remuer sans entendre ses mots. Je m'approchais d'elle, de son visage, tout près de son visage, le visage de ma mère, ses lèvres articulaient ces mots que je hurlais dans mon sommeil : « Nous allons tous mourir. »

« Calme-toi, mon chéri. C'était un petit cauchemar. Calme-toi. »

Elle me serrait dans ses bras. Je sentais les battements de son cœur sur ma joue. Tout mon corps tremblait. Le souvenir du rêve sortait des profondeurs du cerveau, là où mon imagination avait localisé l'âme. Je revoyais le château, l'Indienne, la maison volante, la plage, le sang, les trois visages. J'entendais à nouveau la phrase que je répétais effrayé : « Nous allons tous mourir... nous allons tous mourir. » Et ma mère me serrait, m'embrassait les cheveux, me caressait la nuque. Plus elle me serrait, plus je tremblais, plus je sentais qu'elle savait, qu'elle partageait ce rêve, qu'elle avait prononcé les mêmes mots, allongée sur la pelouse du château. *« Nous allons tous mourir. »*

Quand elle m'a entendu, dans son sommeil, hurler et articuler chaque syllabe de la phrase, elle a cru que les mots sortaient de sa bouche. Paul n'était pas auprès d'elle pour la calmer. Son cauchemar recommençait, elle revoyait la mort. Et puis j'ai crié à nouveau. Deux fois, trois fois, la même phrase hurlée dans le cabanon de pêcheurs. Elle s'est levée, paniquée, obligée de cacher sa panique pour ne pas l'ajouter à la mienne.

« Calme-toi, mon chéri. »

Sa voix manquait d'assurance. Elle trahissait sa peur.

« Viens, tu vas dormir avec moi. »

Anna s'était réveillée. Je la soulevai et l'emmenai dans la chambre de nos parents.

La chaleur rassurante des draps et l'odeur de ma mère ont anesthésié mon angoisse. Juste avant de me rendormir, dans les secondes qui séparent l'état de conscience de l'inconscience, je l'ai interrogée, serré contre son corps, ma petite sœur collée derrière moi :

« Quand on rêve que quelqu'un va mourir, est-ce que ça arrive un jour ?

— Non mon chéri. On fait de mauvais rêves parce qu'on a peur de perdre une personne qu'on aime. Mais ils ne se réalisent jamais.

— Jamais... Jamais... Jamais... » J'emportais ce dernier mot dans mon sommeil. « Le tien s'est réalisé. Pourquoi tu me mens ? » Je ne sais pas si j'ai prononcé cette phrase à voix haute ou si, déjà, je rêvais.

Paul et la 4 CV prune décapotée sont arrivés vers midi. Il avait acheté chez Piffner, le meilleur pâtissier de Caen, un énorme gâteau vert. Nous avons pris le déjeuner « à la Henri II », dehors sur la terrasse. « A la Henri II », expression inspirée de l'inélégant mobilier de ce roi de France, signifiait, dans le langage familial : manger un buffet froid.

Mon père s'était assis près de moi sur l'unique marche très basse de la terrasse, les pieds dans le sable, son assiette de poulet mayonnaise en équilibre au sommet de ses genoux.

« C'est fait », dit-il, s'adressant autant à moi qu'à ma mère qui s'était installée avec Anna sur la balustrade.

« Les enfants Finkel ont gagné leur procès. Barzoche a écopé d'une peine de dix ans de privation de ses droits civiques, il doit restituer l'usine à la famille Finkel et payer cent cinquante mille nouveaux francs de dommages et intérêts.

— Le verdict est tombé à quelle heure ?

— Ce matin. On l'a attendu toute la nuit pour la dernière édition mais ils ont délibéré pendant des heures et des heures. C'était totalement fou hier soir. Les parlementaires qui visitaient le journal connaissaient bien Barzoche, la moitié le défendait et l'autre moitié le traitait d'antisémite et de salaud...

— C'est qui Zarboche, c'est qui... interrompit Anna.

— Un homme qui méritait d'être puni, répondit ma mère.

— La preuve formelle de la délation n'a pu être établie, poursuivit mon père. Mais le verdict va faire un bruit considérable. Ton ami Fachard-le-Mondain n'a pas fini de se faire du souci...

— Tu as fait ton papier sur l'affaire ?

— Oui. Tu liras... C'était difficile hier soir, sans le verdict. J'ai rappelé les enjeux... J'en ai écrit un autre ce matin que j'ai laissé à Raphaël Lévy... Je l'appellerai tout à l'heure pour discuter de la manchette et de l'enquête de Barthel sur la spoliation des biens juifs... Tu viendras avec moi Frank, on téléphonera de la poissonnerie de tes copains. Il faut que je voie leur père pour lui parler du Zodiac.

— Tu crois qu'il va bien vouloir nous le prêter ?

— Nous le louer, Frank... Le père Quiquemelle est un brave homme mais il n'est pas du genre à prêter son Zodiac. D'ailleurs, c'est mieux comme ça. Je vais le réserver pour demain. Ça te va ?

— Hum, hum.

— Si tu allais me montrer la mer ? »

Il marchait en me prenant par l'épaule, chacun une grosse part de gâteau vert à la main. Je savais que ma mère lui avait parlé de mon cauchemar. Il a voulu que je lui raconte tout en détail. Le château... La maison volante... La robe rouge... Je parlais, je parlais... Je voulais tout lui dire, surtout ne rien oublier pour qu'aucun morceau du rêve ne reste en moi. Il m'écoutait, posait des questions pour que je revienne sur un passage, une image. J'avais l'impression de me décharger du poids de mon cauchemar. Il le portait avec moi et m'allégeait. En revenant vers la maison des Rowland, je me sentais bien, libéré, débarrassé d'une chose qui m'étouffait. Ma mère, restée assise sur la balustrade, nous regardait. Elle avait senti comme moi l'angoisse s'enfuir de son corps. Elle souriait. Elle était belle avec ses cheveux courts. Belle et vivante.

Le bonheur est comme le sable fin du sablier, il s'écoule...

La première quinzaine de juillet, pendant les vacances de mon père, a passé très vite. Nous sommes allés quatre fois à la pêche à la traîne, sur le Zodiac de Quiquemelle, équipé d'un British-Seagull de 9,5 chevaux. Nous ramenions, à chaque sortie, une bonne douzaine de maquereaux et, le jour de l'anniversaire d'Anna, le 7 juillet, un orphie, ce drôle de poisson serpent à la chair verte et au bec pointu. Toute la difficulté de ce genre de pêche était dans la manière habile de remonter les lignes munies de dix hameçons qui risquaient de crever l'enveloppe en caoutchouc du bateau pneumatique.

A marée haute, nous pêchions le bar du bord de la plage face à la maison des Rowland. Philippe et Pierre nous avaient enseigné une méthode locale très efficace. Au lieu d'utiliser de longues cannes à pêche sophistiquées, nous accrochions la ligne, le plomb, le clipot et l'hameçon à une corde d'une vingtaine de mètres. Il suffisait ensuite d'attraper le coup de main. Faire tournoyer la corde – et la ligne – au-dessus de la tête comme le lasso d'un cow-boy, viser le deuxième rouleau de vagues, lancer le tout puis remonter très vite, et recommencer. Le bar, poisson délicat et exigeant, ne mordait l'hameçon que si l'appât était une pelouse vivante, un petit ver fragile au corps rose et plein de filaments latéraux. La recherche des pelouses exigeait des heures d'efforts à creuser avec des pelles dans le sable mouillé, là où elles vivaient à trente ou quarante centimètres de profondeur.

Anna n'aimait pas labourer le sable avec mes amis Philippe et Pierre. Elle préférait pêcher la crevette à marée basse avec ma mère. Un genre de pêche que je détestais. Je me souviens des tremblements qui agitaient mon corps au bout d'une heure passée dans l'eau froide à pousser sur le manche des filets. Seul avantage, très appréciable, cette pêche sans charme était toujours miraculeuse. Les crevettes et les bouquets composaient notre hors-d'œuvre biquotidien, midi et soir.

Les jours heureux s'écoulaient. Mme Dibrochka

nous retrouvait, comme d'habitude, chaque dimanche. Son maillot de bain en éponge rose bonbon était visible des côtes anglaises. John Turbe et Anatole Barfleur, les inséparables, venaient de temps en temps. John prenait des photos avec son Foca-Sport.

Le 16 juillet, mon père a repris son travail au journal. Il rentrait un soir sur deux, et prolongeait ou avançait ses week-ends. Nous avons fait des centaines de parties de jeu de l'oie et de petits chevaux, construit des barrages, pique-niqué dans les dunes, parcouru des dizaines de kilomètres à vélo entre Saint-Honorine-des-Pertes et Port-en-Bessin, pêché une quantité invraisemblable de maquereaux, de plies, de lieus jaunes et de bars argentés. Anna a été sacrée reine des crevettes. Ma mère a lu des livres, bronzé des heures allongée sur la plage et inventé une spécialité de dessert pour le grand déjeuner du 15 août qui réunissait sur la terrasse, Maïka, Pierre et Philippe, John et Anatole : la tarte CCA, un tiers citron, un tiers chocolat, un tiers abricot ; mon père a débouché ce jour-là une bouteille de Veuve-Clicquot. J'ai fait la guerre avec Pierre et Philippe contre les Allemands du blockhaus numéro un et fêté nos victoires en allumant des feux de Bengale après des « cueillettes » de balles moins fructueuses que celles de l'année dernière. Je me suis coupé le pied sur un morceau de ferraille niché dans le sable et ma mère nous a acheté, à tous les deux, d'horribles sandales en plastique qu'Anna a immédiatement perdues. Il a fait beau, mais, comme tous les ans, nous avons eu la chance d'avoir une petite tempête qui a jeté sur la plage de vieux débris d'épaves. Le père Quiquemelle, après le départ de mon père, nous a emmenés trois fois à la pêche, gratuitement... Anna a vomi par-dessus bord.

Les jours heureux s'écoulaient. Jusqu'au samedi 2 septembre, à l'avant-veille du départ. Le jour maudit.

J'ai peur d'écrire.

4

Le sable mouillé avait les reflets blancs d'un lac salé. Le dernier matin, la mer s'était retirée jusqu'au fond du décor. Des centaines de mouettes marchaient comme des poules sur le sable, becs baissés, picorant les crevettes, les puces marines et les vers. Leurs cris rieurs délimitaient l'espace. La plage était une caisse aux bords invisibles contre lesquels résonnaient en écho les klaxons des mouettes.

Dès sept heures, ce 2 septembre 1960, nous étions levés. Anna la première. La veille au soir, j'avais insisté pour convaincre mon père, sitôt rentré du journal, de consacrer notre dernier samedi après-midi à la pêche au bar.

La rumeur du port disait que les « poissons d'argent », comme les appelait Anna, étaient revenus en bancs dans le fameux deuxième rouleau. Cette pêche était la plus belle et la plus longue à préparer. Les pelouses, ramassées à marée descendante quelques heures avant leur sacrifice, devaient être fraîches et bien vivantes pour se tortiller de douleur au bout de l'hameçon et aguicher les bars. Toute la famille était mobilisée. D'habitude, les deux frères Quiquemelle participaient à la corvée de ramassage, ce jour-là – le dernier jour – ils étaient absents.

Equipés de pelles, de louchets et de seaux de plage, nous avancions vers la mer. Nos quatre silhouettes ressemblaient à celles de Touaregs flottant à l'horizon, là où le désert et le ciel se rejoignent dans une confusion d'images vibrantes. Le soleil, au ras de l'eau, étirait nos ombres qui formaient de longilignes taches grises sur le miroir de sable humide et lisse. Les rassemblements de mouettes étaient le premier indice qui guidait nos recherches. Les vers se cachaient à l'endroit où leurs becs tapaient dans le sable. Les plus longs, rouges presque noirs, étaient repérables grâce au gros tortillon qu'ils rejetaient en surface à l'orifice de leur trou, mais les bars n'aimaient pas ces vers ordinaires. Le tortillon des pelouses était de l'épaisseur d'un cheveu. Nous marchions la tête en bas, mimant l'allure des mouettes, les yeux plissés, éblouis par le scintillement du miroir. Des heures à scruter le sable et à creuser des trous avec une fréquence de réussite qui ne dépassait guère une fois sur dix. J'étais conscient que mon insistance à organiser cette pêche, trop proche du jour du départ et des préparatifs de retour, avait agacé mon père et ma mère. Nos recherches étaient infructueuses, je sentais la tension monter au fil de la matinée. Etait-ce pour cette raison que je m'étais éloigné des trois autres ?

A une centaine de mètres de mes parents et de ma

sœur, je remuais des kilos de sable. Vers dix heures, je suis tombé sur un pensionnat de pelouses, trente, quarante, cinquante petits vers poilus découverts dans les dernières pelletées du vaste rectangle que j'avais labouré. Les joies ont parfois une intensité exagérée, inexplicable. Les pelouses étaient des pépites d'or, des diamants d'Afrique qui brillaient entre mes doigts. En quelques minutes, j'avais réussi, seul, à mettre un terme à l'ennuyeuse corvée familiale dont mon caprice était la cause. Je courais vers les trois Touaregs, hurlais les résultats de ma découverte. Je me revois aujourd'hui dans cette course au ralenti, sur le miroir de sable brillant, mes jambes nues éclaboussées par l'eau. J'appelais, je faisais de grands signes, ma voix était couverte par l'envol d'un nuage de mouettes. Mon père, ma mère et Anna – sa toute petite silhouette – continuaient de creuser.

Je n'ai pas entendu tout de suite le bruit de l'explosion.

Un millième de seconde avant le bruit, j'ai vu leurs trois corps, soulevés du sable, monter vers le ciel... Un millième de seconde qui dure depuis vingt ans. J'ai divisé ce millième en sous-millièmes, disséqué chacun de ces millièmes d'un millième. Les trois corps qui s'élevaient, les bras qui remuaient au-dessus des têtes avec une infinie lenteur, les milliards de grains de sable qui accompagnaient les trois corps dans une tempête de feu sortie d'un volcan, les vêtements qui s'arrachaient des trois corps. Puis le bruit assourdissant et, en même temps, le souffle qui stoppait net ma course. Je courais toujours mais dans une folle marche arrière, sans toucher le sable, décollé du sable, mes jambes et mes bras écartelés, ma tête rejetée en arrière jusqu'à l'extrême limite du brisement des vertèbres, ma poitrine et mon ventre comprimés contre un mur qui reculait à la vitesse du son. Je tournais dans l'air, ma tête passait sous mes pieds, et mes yeux regardaient les trois corps s'élever, tournoyer, se tordre comme du métal chauffé à blanc... *Anna, Anna, c'est ton nom que j'ai crié... Anna, Anna.*

Combien de temps suis-je resté plaqué sur le sable ? Il n'y avait plus de son, juste un long sifflement au fond de mes tympans crevés. J'ai marché vers eux comme un somnambule. La bombe avait creusé un trou de dix mètres dans le sable. Ils étaient sur les flancs du cratère, à égale distance les uns des autres, les membres écartés en croix, les trois visages tournés vers le ciel... Je les vois tous les trois, brisés, désarticulés. *Leurs bouches avaient la forme de trous noirs emplis de cendres et de gravats...* Je me souviens du sable rouge, de l'eau rouge, des lambeaux de vêtements rouges. Seule ma mère était encore vivante... Quelques secondes encore... Je l'ai prise dans mes bras, sa tête sur mes cuisses, j'ai regardé ses yeux, j'ai vu dans ses yeux sa vie... elle, enfant... elle, quand elle faisait l'amour avec mon père dans la cour du château... elle, qui voyait, comme moi, la mort... elle, dans la cave de la maison des remparts... elle, occupée à soigner des blessés au Bon-Sauveur... elle, le regard dans celui d'Anita mourante. Puis ses yeux ont tourné vers l'intérieur du corps. J'ai reposé sa tête sur le sable. J'étais calme, étrangement calme. Je ne criais pas, je ne pleurais pas.

J'ai embrassé ma mère comme chaque soir avant d'aller me coucher. J'ai embrassé mon père et Anna, ma petite sœur. *Tu ne parleras plus, jamais plus... ta voix Anna... ta jolie voix*. Je leur disais au revoir. C'était moi qui partais, sans eux, pour un long voyage.

En sortant du cratère, j'ai vu les gens qui venaient vers nous. Ils appelaient, je n'entendais rien, toujours ce sifflement. Ils approchaient.

Je me suis mis à courir dans la direction inverse. Je courais... je courais... jusqu'au blockhaus numéro un... Je le dépassais... Il ne fallait pas qu'on me rattrape... Personne ne devait me rattraper, me toucher, me parler, me consoler.

Je courais... je courais dans les dunes au milieu des herbes hautes où poussaient, par endroits, des myosotis.

5

Les blés étaient coupés. La terre froide. Je suis resté des heures, caché dans une meule de paille, à trembler. Un chien de ferme hurlait à la mort. La première nuit et le deuxième jour, j'ai marché, pieds nus, à travers champs, jusqu'à l'entrée de Caen. J'ai traversé la ville. Elle était noire et les trottoirs déserts. La fenêtre de ma chambre, à la fermeture défectueuse, s'est ouverte par une simple pression. L'odeur de carton du baraquement et la présence de la vache du tableau m'ont fait du bien. J'allais dans chaque pièce, m'allongeais sur tous les lits, fouillais dans les meubles, les tiroirs, les armoires, m'asseyais sur les chaises les unes après les autres, le gros fauteuil club, les tabourets... je passais mon doigt sur le dos des livres, j'allumais la radio, tournais le bouton des stations sans arrêter l'aiguille sur aucune. Je n'entendais rien. Je n'avais ni faim, ni soif, ni mal. Mes pieds et mes jambes étaient en sang. Je ne ressentais aucune douleur. Je n'étais ni vivant, ni mort. Je n'existais pas. Je n'avais jamais existé. J'étais mon père assis dans son fauteuil de cuir. J'étais ma mère lisant un livre, allongée sur son dessus-de-lit patchwork. J'étais Anna, sa poupée de chiffon sur les genoux, accroupie sur le tapis de notre chambre. Je parlais, tour à tour, avec leurs voix.

Je me suis réveillé, attaché sur un lit métallique, dans une pièce peinte en vert très clair. Mme Dibrochka était assise près de moi, elle dormait, la tête penchée sur sa confortable poitrine, ses lunettes au bout de son nez, un livre ouvert devant elle. Je l'ai regardée longtemps sans rien dire. Les événements remontaient à la surface. Je les acceptais. Je savais ce qui s'était passé avant ma fuite, les scènes s'assemblaient dans ma mémoire en ordre chronologique : la plage, ma course vers eux, l'explosion, les trois corps, mon père, Anna, leurs bouches ouvertes, les yeux de ma mère puis le voile noir... Plus rien. Pour la première fois, je me suis mis à pleurer. J'ai appelé : « Maïka... » Elle s'est redressée d'un seul coup. Elle m'embrassait, me parlait, le son de sa voix me semblait lointain. J'étais à moitié sourd.

J'ai mis plusieurs mois à retrouver la totalité de mes facultés auditives. Mon séjour à l'hôpital a duré trois semaines, y compris les cinq jours que j'ai passés dans le coma, le corps secoué de spasmes. Maïka m'a expliqué comment Mme Mélissa, notre voisine, m'avait retrouvé dans le baraquement américain au matin du troisième jour après le drame. Elle avait entendu le bruit de la radio poussé à fond entre deux stations. J'étais sans connaissance, allongé sur la table en formica rouge de la cuisine. Maïka m'a dit, des années plus tard, pressée par mes questions, que mon corps était recroquevillé en position fœtale et que je délirais ; des petits cris de nouveau-né sortaient de ma bouche.

Les gendarmes, le père Quiquemelle, Pierre, Philippe, Barfleur et Turbe avaient battu la campagne pour me rechercher. J'ai un souvenir très vague de ces jours et de ces nuits, de ma course à travers champs et des heures passées dans le baraquement. Je me souviens de ma voix devenue celle de mon père, de ma mère et de ma sœur. J'entends aujourd'hui encore leurs trois voix résonner à l'intérieur de mon corps, comme dans une caverne, un abri.

Maïka m'a raconté les obsèques à Saint-Gilles, l'église de l'Abbaye aux Dames. J'ai voulu connaître chaque détail de la cérémonie. A ma demande, nous sommes allés voir le curé, le père Bertrand, qui m'a relu à haute voix son sermon. Il m'a montré où étaient les cercueils, le plus petit entre les deux grands, tous les trois au centre de la nef, au-dessus du tombeau de la reine Mathilde. J'avais besoin de voir l'endroit exact et d'écouter le prêtre, le son de l'orgue et des cloches. Maïka m'a donné les journaux qui relataient les circonstances du drame. Le fer de l'une des pelles avait heurté l'amorce rouillée d'une bombe à ailettes enfouie la tête vers le bas, dans le sable mouillé. La bombe devait provenir des cales du *City of Jersey*, une grosse vedette américaine coulée au large de la pointe du Hoc, en juin 1944. L'un des articles parlait de moi, de ma fuite, de la découverte de mon corps inanimé gisant entre la vie et la mort sur la table du baraquement américain, de « l'état du choc et des séquelles psychologiques que ce drame épouvantable laisserait dans l'esprit fragile d'un enfant de onze ans ». Je n'avais plus onze ans. Je n'étais plus un enfant.

Je ne suis jamais retourné sur la plage Blanche. Les Rowland ont mis en vente le cabanon de pêcheurs. Après ma sortie de l'hôpital, ils se sont installés jusqu'à la fin octobre dans le baraquement américain avec Mme Dibrochka. J'ai insisté pour y vivre. Les médecins étaient d'abord partagés, puis ils ont admis que « ma » maison m'aiderait peut-être à surmonter la disparition brutale. Au moins avais-je là mes marques et mes racines, ces repères qui empêchent de tomber dans la folie. Ces garde-fous.

J'avais retrouvé mon tableau. Maïka dormait dans un nouveau lit, beaucoup plus grand que celui d'Anna, installé près du mien. Henry et Judith Rowland occupaient la chambre de mes parents. Je n'en étais pas troublé. Ma peine était si grande – et reste aujourd'hui si grande – que je ne m'embarrassais pas de ce genre de choses. Ils étaient là. Je les aimais l'un et l'autre, non pas comme des parents de rechange, mais comme Anatole Barfleur, John Turbe, Robert et Jeanne Delmas, et les amis du journal, Raphaël Lévy, Albert Kléber ou Jacques Casaurice, toutes ces grandes personnes qui avaient partagé notre vie commune, les dîners du baraquement, les promenades le dimanche dans la Prairie et les baignades en été au Centre Maës, la piscine de l'Orne. Je ne faisais aucun transfert affectif à l'exception de Maïka Dibrochka pour laquelle depuis toujours j'éprouve un sentiment profond et vrai. Les autres restaient ce qu'ils avaient été avant le drame : un deuxième cercle familial.

Quand Henry Rowland s'asseyait dans le fauteuil club, je ne voyais pas mon père, mais un ami de mon père, invité à passer quelques jours avec nous. Et Judith, si gentille et douce, ne pouvait être ma mère. J'avais assimilé sa disparition, leur disparition. J'étais orphelin et frère d'une unique petite sœur morte. Jamais je n'éprouverais un amour et des sentiments comparables. J'aimais d'une autre manière, plus éloignée du centre du cœur, à sa périphérie, Maïka toute proche et les autres plus loin sur une orbite qui dessinait le deuxième cercle.

Mes nuits furent d'abord agitées. Je parlais en dormant, hurlais, me réveillais en eau. Maïka me calmait. Elle voulait que je lui raconte mon cauchemar, et le récit que j'en faisais me détendait. Ils étaient toujours là, présents chaque nuit dans mon sommeil. Je parlais d'eux le plus souvent possible. J'exigeais que les conversations à table, avec les Rowland ou nos autres amis, les mettent en scène, les imaginent en train de réagir, vivants. J'étais curieux de détails, d'anecdotes, de petites choses se rapportant à eux. Souvent je fondais en larmes mais ce n'était pas important; le silence et la fausse pudeur de l'oubli m'auraient autrement endommagé l'âme.

Fin novembre, quand les Rowland nous ont quittés pour retourner à New York avec la promesse de revenir à Noël, mes nuits avaient retrouvé un peu de calme. Les médecins, dont cet homme un peu bizarre qui m'allongeait sur un canapé pour que je lui parle, estimaient que j'allais mieux. L'essentiel, disait l'homme au canapé, était de me « déculpabiliser ». J'avais expliqué que sans mon insistance, sans mon caprice, ils seraient toujours vivants, et le fait que j'aie avoué si vite cette « culpabilisation » était, pensait-il, très bon signe. Je ne refoulais pas les causes et les circonstances de la mort. J'extériorisais. J'encaissais le choc. Je surmontais l'épreuve. J'étais « un petit garçon courageux qui regardait la réalité en face et acceptait de vivre ». L'homme au canapé n'avait rien compris à ma vraie douleur. Jamais je ne lui ai raconté les myosotis, le rêve annonciateur du drame, la promenade le lendemain au bord de l'eau avec mon père, les yeux de ma mère avant de mourir qui me transmettaient l'histoire de sa vie. Tout cela était mon secret que je partageais avec les morts. Personne ne me volerait mon secret. Il exploserait plus tard, comme une bombe à retardement.

Le premier Noël « d'après », les Rowland sont venus passer, comme promis, quelques jours au baraquement. J'ai un souvenir précis de ce Noël 1960. Un grand sapin décapité occupait la moitié du salon. J'ai reçu des cadeaux *made in USA*, dont un robot à pile qui clignotait des yeux et émettait un bruit de sirène de la police new-yorkaise. Anatole et John, M. et Mme Delmas, Raphaël Lévy, qui avait remplacé mon père au journal, sa femme Christiane et leur fils de onze ans, Patrick, ont réveillonné avec nous le 31. Il y avait, je le sentais bien, la volonté de construire autour de moi une barrière de protection. Tous redoublaient de gentillesse. J'ai sans doute été le garçon le plus gâté de la ville. Des cadeaux s'entassaient dans ma chambre avec le robot. Mais ce flot sentimental me noyait. J'étouffais. Leurs effusions me semblaient vulgaires et indécentes. Je jalousais Patrick assis à côté de sa mère. Je trouvais les conversations stupides. J'en voulais à Maïka d'avoir organisé ce grand dîner, aux Rowland d'être là, à Robert Delmas d'avoir donné le poste de mon père à Raphaël Lévy, j'en voulais à Anatole et John de plaisanter. J'aurais aimé, ce soir-là, être mort.

Entre les jours qui ont suivi le drame et la période dite des Fêtes, j'avais bien supporté l'épreuve. A Noël et surtout ce soir du Nouvel An, l'émotion était à son comble, elle se concentrait sur les dernières heures de l'année, comprimait les événements, le drame et l'après-drame, avec la violence d'un train lâché à toute vitesse percutant le butoir final. Le lendemain, 1er janvier 1961, je n'étouffais plus. De ma vie je n'ai connu pareille souffrance insupportable et inhumaine, ce passage de l'année maudite à une année neuve, cette renaissance dans la douleur.

Mme Dibrochka avait déménagé les meubles de son pavillon de la rue de la Délivrande dans le baraquement américain. Il s'ensuivit un étrange mélange de genres : le *modern style* cher à mes parents voisinait avec le Henri II et le faux Louis XIV, les rois préférés de Maïka. J'aimais bien cette nouvelle décoration qui désobéissait à tous les critères du bon goût. Le baraquement avait abandonné son aspect de temple de la mémoire consacré au culte des morts pour devenir un lieu délirant où s'entassaient des objets hétéroclites. Un vieux samovar trônait devant la cheminée, entre la table brillante des années cinquante et deux fauteuils crapauds rouges aux pieds arqués recouverts de chaussettes d'or. Un haut buffet sculpté, avec sur chaque porte une scène de chasse à courre, faisait face à notre bibliothèque. Le lit métallique de mes parents avait cédé la place à un monumental lit bateau qui avait des allures de caravelle emportant Maïka Dibrochka à travers l'Atlantique déchaîné. Mais le clou de la décoration était le lustre vénitien du salon dégoulinant de verrerie verte, rose et bleue, qui avait nécessité de poser sur le toit, pour soutenir son poids, un croisillon de poutrelles métalliques. Seule la cuisine n'avait pas changé, à l'exception notable de la présence d'un grand tableau sous verre, qui représentait Pierre le Grand à cheval, passant en revue ses généraux devant le palais de l'Ermitage à Saint-Pétersbourg.

Anatole Barfleur et John Turbe trouvaient très réussi notre nouvel intérieur. Sans doute le côté théâtral. Ils venaient dîner au moins deux fois par semaine et déjeuner presque tous les dimanches. Je n'ai jamais été surpris de les voir toujours ensemble. Avant d'apprendre dans la cour de récréation du lycée Malherbe, que le célèbre directeur du théâtre et le musicien de jazz étaient homosexuels, j'avais intégré depuis longtemps, comme la chose la plus naturelle du monde, l'évidence qu'ils formaient un couple un peu bizarre mais assorti. Anatole était aussi bourru que John était réservé. Le premier s'emportait, tonnait, laissait éclater sa passion débordante de générosité ; le second parlait avec calme, distinction et une certaine préciosité accentuée par l'intonation anglaise. Anatole Barfleur avait connu John Turbe au tout début des années cinquante lors d'une tournée à Londres. John était un jeune musicien de vingt ans qui traînait dans les boîtes de Frith Street. Anatole lui avait proposé d'animer la cafétéria du théâtre de Caen et de participer à des spectacles musicaux dont le projet qui lui tenait à cœur : *L'Opéra de quat'sous* de Bertolt Brecht sur la musique de Kurt Weil. Il avait accepté, ils ne s'étaient plus quittés.

L'assurance-vie de mon père, à laquelle s'ajoutait une indemnité versée par l'Etat au titre, curieux, de « réparation de dommages de guerre », plus la retraite de Maïka et une petite pension de l'Education nationale, nous permettaient de bien vivre, sans luxe ni trop de restrictions. Nous devions juste surveiller de près nos dépenses. Les nombreuses soirées au théâtre et au cinéma ne grevaient pas notre budget. Elles étaient gratuites. Anatole Barfleur avait décrété que, pour mon éducation, je verrais toutes les pièces, celles que montait sa compagnie ou que jouaient des troupes invitées, et la plupart des films qu'il projetait dans la salle d'art et d'essai attenante au théâtre. Grâce à Anatole, j'ai avalé tout le répertoire classique, Racine, Corneille, Molière, Shakespeare, et découvert, très jeune, Anouilh, Giraudoux, Camus, Sartre et Brecht, Tennesse Williams, Beckett, Miller et Adamov. J'ai vu et revu les vieux films, les premiers John Ford, Hitchcock, Capra et Kazan, mes préférés, les débuts d'Orson Welles acteur quand il était beau et svelte, ou de James Stewart dans *Monsieur Smith au Sénat*, toutes les œuvres de Poudovkine et d'Eisenstein, de *La Moisson* et *Ivan le Terrible* au landau du *Cuirassé Potemkine*, les Carné, les Renoir, les Duvivier, les Becker, puis Godard, Truffaut, Rivette, Rohmer, Chabrol, sans oublier le cinéma tchèque, polonais, mexicain et indien. Maïka Dibrochka a ingurgité plus de films en cinq années que durant toute sa longue vie précédente. A soixante ans passés, elle découvrait, grâce à moi, le cinéma et le jazz. Nos après-midi au théâtre et dans la salle d'art et d'essai se terminaient, souvent très tard dans la soirée les mercredis et les samedis, à la Cafétéria où nous écoutions John Turbe à son piano.

Le théâtre, le cinéma et le jazz étaient une sorte de triple rampe sur laquelle je m'appuyais. J'avais acquis, dans ces trois cultures, des connaissances qui étonnaient mes professeurs du lycée Malherbe et m'éloignaient des autres élèves. Un orphelin, quand il parvient à surmonter l'épreuve de la disparition, est souvent plus mûr que les enfants « normaux ». Je l'étais d'autant plus que je vivais dans un monde d'adultes ouvert sur des choses que j'estimais passionnantes, quand les autres adolescents les préjugeaient ennuyeuses et rébarbatives. J'aimais bien Johnny Hallyday, davantage les Beatles et les Stones, mais je préférais parler de Dizzy Gillespie et de Thelonious Monk, de Charlie Parker, de Miles Davis et de Chet Baker, ces héros de mon père, inconnus des cours de récréation. Mes copains discutaient du *Ben-Hur* de William Wyler, ce monument du cinéma avec Charlton Heston, je répondais *Ben Hur* (1927) de Fred Niblo avec Ramon Novarro. J'étais identifié snob et distant. Pas grave. Je cultivais cette différence et m'en amusais. Plus tard, assez vite, elle séduirait les filles.

Cette triple passion, à laquelle s'ajoutait mon goût pour la lecture – tous les livres –, était due, j'en suis maintenant persuadé, à la mort de mes parents et de ma sœur. Il y avait dans le théâtre, le cinéma et le jazz une sorte de retrouvailles intellectuelles et spirituelles avec les disparus. Mon imagination, dont les débordements me paraissent, aujourd'hui, impressionnants, atteignait une sorte de plénitude extatique dans les salles obscures. Combien de fois ai-je vu l'un des trois morts vivre au travers d'un personnage et d'un acteur. Mon père était Monsieur Smith au Sénat bataillant contre l'injustice et la corruption des sénateurs. Les actrices de la nouvelle vague avaient le style de ma mère. Shirley Temple était ma sœur. Les œuvres de fiction exerçaient sur moi une sorte de magie. Puisque rien n'était vrai, tout devenait vraisemblable. Je pouvais calquer mes propres souvenirs sur la pellicule, les intercaler entre les images. J'étais libre – comme autrefois à la messe – de laisser aller mes divagations, et cette ivresse n'entraînait aucune nostalgie, aucune tristesse, au contraire, je détenais et exerçais ce pouvoir de ressusciter les morts, de les voir bouger, s'aimer, s'embrasser, changer de visage, de personnage, d'aventures. Mon imagination redoublait lorsque le film ou la pièce m'ennuyait. Je me souviens de ces deux longues heures de délire personnel quand Madeleine Renaud, le corps enfoncé dans le sable, interprétait, seule sur scène, *Oh les beaux jours* de Samuel Beckett. Je ne me suis pas endormi comme Maïka Dibrochka et une bonne moitié de la salle, l'autre moitié bien éveillée et subjuguée par l'extraordinaire talent de l'immense comédienne ; j'ai laissé mon esprit dériver vers la plage. J'étais moi aussi jusqu'à la taille puis jusqu'au cou dans le sable, je revoyais les trois corps près de moi, ils ne m'effrayaient pas, je sentais la chaleur du sable, j'étais le sable, l'un des grains du sable de la plage Blanche. Je me trouvais bien. Au chaud. J'imaginais les employés du théâtre aller sur cette même plage, pelleter et emplir leur camion de sable, le déverser ensuite sur la scène. Je n'ai rien entendu de la pièce, du texte récité par Madeleine Renaud, le titre seul m'importait, il était un hommage aux disparus et à mon drame : *Oh les beaux jours.* Samuel Beckett l'avait choisi pour moi.

Ces divagations n'entraînaient aucune suite. Elles étaient éphémères et successives. Dès que le rideau tombait ou que le mot Fin – plus souvent : The End – apparaissait à l'écran, je revenais dans le monde réel, à peine groggy, et la tête pleine d'images que je gardais et rangeais précieusement entre les pages de l'album de famille. Elles ressortaient à ma demande quand je passais des heures, des après-midi ou des soirées entières à écouter du jazz, John à son piano ou un 33-tours sur le nouveau tourne-disque du baraquement américain, un gros Ducretet-Thomson beaucoup plus performant que le vieux Teppaz. Il est impossible, du moins pour moi, d'entendre du jazz sans y superposer des images. Plus tard, j'ai privilégié la technique et l'écoute critique sur la réception passive, mais entre douze et dix-huit ans, mes années d'apprentissage à la complexe culture du jazz, j'ai reçu cette musique comme un choc émotionnel. Elle était la musique de mon père, elle me transportait avec lui, ailleurs, ouvrait dans ma tête cette mystérieuse trappe qui libérait les images des disparus. Ils revivaient sur des airs de Miles Davis ou de Thelonious Monk. Cher Thelonious, ta musique était la bande-son préférée de ma mémoire. Sheila, Johnny ou Adamo ne pouvaient produire le même effet. Peut-être la musique classique aurait-elle été un bon accompagnement de la mémoire ? Mais Mozart, Beethoven et les grands compositeurs perruqués m'ennuyaient. Je les trouvais lointains, trop dispersés dans leurs œuvres, tantôt sautillants, tantôt graves, sans trop savoir pourquoi ils passaient d'un extrême à l'autre. Le jazz seul a un langage constant et global, il peut être entraînant ou se languir, son origine est la même, profonde, vraie, humaine. Il parle à l'âme.

Les Rowland m'écrivaient souvent de New York. Ils me racontaient leur vie américaine. Les livres de Judith, qu'elle enchaînait avec une fréquence impressionnante, me parvenaient avec une dédicace en français. Je les rangeais les uns à côté des autres dans la bibliothèque, attendant pour les lire d'avoir appris l'anglais. Selon John, ils étaient un peu répétitifs mais bien faits dans leur genre. Pour moi, ils avaient autant de valeur sinon plus que les ouvrages de Steinbeck et de Hemingway, mes auteurs américains favoris avec, plus tard, Miller et Faulkner. Grâce aux nombreuses lettres de Judith et d'Henry, je faisais connaissance avec New York, des années avant de m'y réfugier.

Ils habitaient Upper East Side, le quartier le plus chic de Manhattan, entre Madison et Park Avenue sur la 77e Rue. Henry était l'un des rares scénaristes de Hollywood à vivre sur la côte Est, « pour éviter », disait-il, « de dîner tous les soirs avec les gens les plus insupportables d'Amérique, les producteurs ». Il préférait New York, à mi-chemin de Los Angeles et de Paris, « l'enfer et le paradis ». Judith avait écrit leur adresse, en lettres rondes et larges à l'anglo-saxonne, sur une grande enveloppe blanche que Maïka avait épinglée dans la cuisine du baraquement :

Mr et Mrs Henry Rowland
26 E. 77 th Street
NEW YORK (NY)
USA

Je n'ai jamais très bien su si Judith n'avait pas eu le temps d'avoir des enfants, si elle n'en voulait pas ou si elle ne pouvait pas en avoir. J'en faisais fonction. Le ton des lettres des Rowland était de plus en plus affectueux. Je le leur rendais bien, sans pour autant franchir la limite de la relation filiale, les laissant là où je les avais mis, à l'une des meilleures places du deuxième cercle.

La fréquence des lettres pouvait atteindre un rythme hebdomadaire. Le minimum ne tombait jamais en dessous de deux par mois. Je savais tout de leur vie. Les sorties à New York, les concerts à Carnegie Hall et au « Met », les vernissages dans les galeries de Greenwich Village, les expositions du MoMA, du Whitney et du Metropolitan, les spectacles de Broadway ou de l'Apollo Theater de Harlem, les *brunches* le dimanche, les promenades à Coney Island, le métro, les taxis jaunes... Tous les endroits, les bruits et les couleurs de New York étaient décrits minutieusement. Ils essayaient de me faire partager leur vie pour tisser des liens étroits avec moi. Un jour, j'irais les voir là-bas, ils me l'avaient promis cent fois. En attendant, New York m'était conté à longueur de lettres que j'apprenais par cœur. A ma demande, ils m'avaient envoyé un plan qui avait rejoint, sur le mur de la cuisine, leur adresse. Je m'amusais à suivre les mondanités et les déplacements des époux Rowland à travers les rues et les quartiers de Manhattan. Je récitais le nom des ponts : Brooklyn Bridge, Williamsburg, Queensboro, George Washington Bridge... Je savais que la 5e Avenue longeait Central Park et j'enchaînais le nom et les numéros des avenues, à hauteur de la 77e Rue, qui descendaient toutes parallèles les unes aux autres vers l'East River : Madison, Park Avenue, Lexington, 3e, 2e, 1re ; la même chose de la rive ouest de Central Park à l'Hudson River : la 9e ou Columbus Avenue, la 10e ou Amsterdam Avenue traversée par Broadway, la 11e ou West End Avenue. Au sud de Central Park, trois nouvelles avenues, la 6e, la 7e et la 8e, s'ajoutaient aux autres puis la mémorisation devenait de plus en plus difficile quand, tout en bas de Manhattan à partir de la 14e Rue qui frôlait Union Square, la rectitude des lignes explosait dans tous les sens, les avenues s'arrêtaient, changeaient de nom et se perdaient dans un entrelacs de rues étroites coincées entre les gratte-ciel de Downtown. Ce plan de New York accroché dans la cuisine exerçait sur moi les mêmes effets que le jazz, le cinéma ou le théâtre, il laissait mon imagination libre de déambuler dans des lieux inconnus, forêt vierge urbaine que j'habitais et peuplais avec mes souvenirs. Les avenues coupées par les rues dessinaient des carrés et des rectangles réguliers qui ressemblaient aux cases du cerveau délimitées par les vaisseaux sanguins. Je me promenais dans ce cerveau, cette mémoire épinglée sur la cloison de carton du baraquement. Des heures de promenades délirantes de Little Italy à Gramercy Park, de Tribeca à SoHo, Greenwich Village, Chelsea, Upper East Side en remontant vers Harlem et le Bronx, toutes ces « cases » irriguées par les artères et les veines qui striaient le plan à angle droit. J'ai lu plus tard dans les livres traitant de la littérature française du XVIIe siècle que Mlle de Scudéry avait imaginé une Carte du Tendre où elle plaçait les sentiments. Mon plan de New York était ma carte du Tendre. J'écoutais Thelonious Monk jouer avec Miles Davis, et je voyais Paul, Apolline et Anna sur les trottoirs de New York, dans une allée de Central Park ou tout en haut de l'Empire State Building. Mille fois, je les ai croisés sans bouger de la cuisine en regardant le plan.

Henry Rowland annonçait dans une de ses lettres que le tournage du *Jour le plus long* commencerait en août 61. Il cosignait le scénario et les dialogues avec Cornelius Ryan, l'auteur du livre, James Jones, David Pursall et Jack Seddon. Cinq scénaristes, engagés par Darryl F. Zanuck, pour écrire l'une des aventures cinématographiques les plus folles. Jamais un film n'avait réuni au générique autant de stars internationales : John Wayne, Robert Mitchum, Richard Burton, Henry Fonda, Mel Ferrer, Robert Ryan ; pour les Français : Bourvil, Arletty, Jean-Louis Barrault, Madeleine Renaud, Jean Servais... ; pour les Allemands, quelques noms moins célèbres sauf celui de cet acteur que j'avais vu dans *Michel Strogoff* : Curd Jürgens. Le mélange des nationalités me plaisait, il correspondait à l'idée du Débarquement, cette marée de soldats étrangers qui montait à l'intérieur d'un pays, découvrait et libérait sa population. L'importance de la distribution, le budget astronomique et les difficultés à monter le film me semblaient coïncider avec l'événement historique, sa dimension et sa folie. En revanche, j'étais surpris d'apprendre que beaucoup de scènes extérieures seraient tournées en Corse près de Bastia et sur une grande plage de l'île de Ré. J'étais surpris et soulagé.

Des impressions ou sentiments contradictoires se bousculaient en moi. D'un côté il y avait une double fierté : le film, par sa distribution prestigieuse, était une sorte d'hommage international à un épisode historique qui s'était déroulé dans ma région, et la participation active d'un ami très proche à ce film-événement, le scénariste Henry Rowland, donnait à l'hommage un caractère intime. J'étais, pour ces deux raisons, l'une générale l'autre personnelle, fier de ce film, du moins tel qu'il m'était présenté dans les lettres. Mais cette double fierté était contrariée par un vague malaise. J'étais inquiet de voir, d'imaginer des acteurs, des cameramen, des script-girls, tous ces gens venus d'ailleurs s'installer avec leur matériel sur la plage, à l'endroit, ou près de l'endroit, du drame. Je redoutais, sans jamais l'exprimer, cette violation de territoire et j'associais à ma douleur tous les morts de la plage, les milliers de jeunes soldats, américains, canadiens et anglais, dont le sang avait rougi le sable. Je n'ai pris conscience de ce malaise qu'en ressentant du soulagement à la lecture de la lettre d'Henry qui parlait de Bastia et de l'île de Ré. Le film serait tourné sur beaucoup de plages du Débarquement, mais la plage

Blanche ne serait pas piétinée par des acteurs faisant mine de mourir et d'agoniser. La vision des images de l'Histoire s'en trouverait modifiée, je préférais cette déformation à la profanation d'un cimetière.

Henry s'est rendu plusieurs fois en France sur les lieux du tournage. D'abord en Corse, puis en Normandie, à Port-en-Bessin et dans l'arrière-pays de Ouistreham, là où le célèbre Pegasus Bridge enjambe le canal de l'Orne. Le soir, au baraquement, il racontait comment Zanuck, sautant d'un hélicoptère à l'autre, coordonnait le travail entre ses différents réalisateurs, exigeait de retoucher le scénario, tournait dix fois la même scène, comment des centaines de soldats, de vrais soldats et non pas des acteurs, avaient passé au lance-flammes le haut de la falaise de la pointe du Hoc pour libérer les blockhaus de leur forêt de ronces, comment les artificiers faisaient sauter des charges de dynamite entre les milliers de figurants qui jaillissaient des barges. Son récit remuait le souvenir du drame – les charges de dynamite sur la plage.

Henry m'a emmené avec lui, en septembre ou octobre, sur le tournage de l'une des scènes les plus célèbres du film : la prise de Pegasus Bridge, ce pont métallique auquel sa machinerie de levage donne l'allure bizarre d'un cheval ruant vers le ciel. Zanuck était assis sur un siège de toile où s'inscrivait son nom, au côté d'Elmo Williams, le *supervisor* des quatre autres metteurs en scène. Ils étaient comme deux généraux assistant au déroulement d'une bataille, leurs ordres claquaient, et des aides de camp se précipitaient au milieu des soldats-acteurs. Les énormes caméras montées sur des plaques tournantes se confondaient avec les mitrailleuses disposées à l'entrée du pont. Henry m'avait lu le script de la scène : des soldats alliés, transportés de nuit par planeurs, se battaient depuis des heures contre les Allemands qui gardaient le pont stratégique, un bataillon écossais arrivait de Ouistreham en renfort pour participer au combat et à la prise de Pegasus. Une armée de figurants habillés d'uniformes verts ou bleu marine, coiffés de casques américains, anglais et allemands, certains le visage peint en noir, se massaient de chaque côté du canal. Par petits groupes, ils rejoignaient la zone de combat selon les ordres répercutés par les estafettes de Zanuck et de Williams. Les caméras-mitrailleuses visaient la route de Bénouville où la colonne des Ecossais s'apprêtait à avancer vers le pont. Il y avait un désordre incroyable, tout le monde courait dans tous les sens, des techniciens, des maquilleuses, des accessoiristes. Elmo Williams s'égosillait dans son porte-voix... J'étais assis derrière lui avec Henry et un monsieur élégant et mince, à fine moustache, portant un chapeau en poil de chameau et une longue écharpe blanche, une cigarette anglaise et un sourire amusé aux lèvres. Henry m'avait présenté : « Voici Frank, mon ami français dont je vous ai parlé. » Zanuck et Williams étaient trop occupés à préparer la scène pour m'accueillir au-delà d'un « Hello boy », accompagné d'une poignée de main rapide, mais l'homme à l'écharpe blanche s'était intéressé à moi : « Alors, tu es Frank, je suis très heureux de te connaître, c'est donc à toi qu'Henry écrivait ces lettres de New York. Tu sais que j'en ai posté une pour toi de Paris. » Henry m'avait écrit que son ami, un grand écrivain engagé par Zanuck comme conseiller – un conseiller très détaché et très critique –, lui avait servi une fois de « facteur ». « Installe-toi à côté de moi, le tournage va commencer dans quelques minutes, je crois qu'ils ont des problèmes avec la cornemuse. » L'Ecrivain riait. L'instrument de musique, indispensable à la scène, était crevé. Depuis vingt minutes, des assistantes fébriles essayaient de coller une rustine pour colmater le trou de la poche. « C'est la cornemuse la plus chère de l'histoire du cinéma », hurlait Williams, qui en réclamait une autre. Pas d'autre cornemuse... « C'est bon, ça marche, la rustine tient. » L'aide de camp criait aux deux généraux que tout était prêt. Coup de sifflet. Silence. Et l'ordre de Zanuck, amplifié par le porte-voix de Williams : « Action. »

La rustine a tenu. Sur l'air pleureur de la cornemuse, la colonne d'Ecossais s'est mise en marche vers le pont, les caméras glissaient à reculons sur un rail. Tous les techniciens, le matériel et les projecteurs géants empêchaient de croire à l'authenticité de la scène. La cornemuse, pourtant bien réelle dans les faits et relatée dans la description historique de la bataille de Pegasus Bridge, ajoutait à l'invraisemblance. J'étais fasciné par le spectacle du film, ses à-côtés et l'ampleur des moyens mis en œuvre, mais je ne parvenais pas à imaginer que ce qui se tournait était la réalité de la guerre telle que je l'avais vue dans les yeux de ma mère sur la plage Blanche. Ce ne pouvait être la guerre, c'était un semblant de guerre, une guerre d'opérette au son d'une cornemuse trouée.

J'en parlai le soir au baraquement américain. Henry

avait invité à dîner l'Ecrivain et un jeune acteur britannique qui jouait dans la scène de la colonne écossaise, le rôle du 2e classe Flanagan. Maïka Dibrochka avait préparé son traditionnel *koulibiac*.

« C'est excellent, madame », dit l'Ecrivain et, se tournant vers moi : « Tu sais Frank, Darryl Zanuck était surpris de toutes les questions que tu posais, il a trouvé que tu étais très intéressé par le cinéma et par la guerre.

— J'aime bien le cinéma mais c'est dur de faire un film sur une vraie guerre. Il y a des gens qui vont dire que les choses ne se sont pas passées comme ça.

— Tu as sans doute raison. Les Américains ont une vision très " américaine " de la guerre. Ils jouent aux cow-boys. N'est-ce pas, Henry ?

— Je ne suis qu'un modeste scribouillard aux ordres de Zanuck, répondit-il à l'Ecrivain.

— Je trouve, poursuivis-je, que les acteurs ne montrent pas que les vrais soldats ont sans doute beaucoup souffert et qu'ils avaient très peur.

— Eh bien moi, j'ai eu vraiment peur la semaine dernière », enchaîna avec son accent le 2e classe Flanagan. « Un artificier a fait sauter une charge d'explosifs dans l'eau juste au moment où je sautais d'une barge. J'ai été assommé par le choc, j'ai coulé comme une pierre et on m'a repêché in extremis. »

J'aimais bien l'acteur qui jouait le rôle du 2e classe Flanagan. Il a effectivement failli mourir pendant le tournage. Peut-être y avait-il moins d'attention et de précautions autour des acteurs qui n'étaient pas des grandes stars ? Personne en 1961 ne connaissait Sean Connery, l'interprète britannique du 2e classe Flanagan.

« Vous avez eu peur, lui dis-je, mais aujourd'hui ça ne se voyait pas, vous faisiez semblant. »

Sean se mit à rire.

« C'est vrai que tu as un sacré œil de cinéma. La prochaine fois je travaillerai plus mon rôle. »

Le futur James Bond et l'Ecrivain à la fine moustache m'ont fait parler du film et de la guerre. Je me doutais qu'Henry avait prévenu ses deux amis du drame de la plage et de la mystérieuse connaissance que j'avais du Débarquement. Ils auraient pu se taire, glisser sur d'autres sujets, mais Henry leur avait dit qu'il m'était insupportable de ressentir cet apitoiement des adultes et que je préférais affronter les souvenirs de face plutôt que de les esquiver dans un silence où tout remuait, bouillonnait, m'étouffait comme au soir du premier Noël. Alors je répondais, soulagé de répondre, d'abord de façon désordonnée et hésitante, puis de plus en plus vite, décrivant les images qui défilaient dans ma tête. Maïka Dibrochka me regardait avec inquiétude et cherchait à calmer le flot de mes paroles. Mais je continuais. Et ils m'écoutaient. Sean et l'Ecrivain pour la première fois. Je décrivais, avec des détails d'une précision chirurgicale, les corps des soldats plaqués sur la plage, leurs ventres éclatés, leurs membres disloqués, la rougeur du sable, les cratères rouges de sang, les mines qui explosaient sous les pieds, les arrachant, les lambeaux de vêtements qui volaient au-dessus de la plage dessinant des franges tout autour des corps projetés en l'air et retombant au ralenti dans une longue chute. Je retraçais le parcours des obus de marine tirés de la mer, au large, leur sortie hurlante des canons, les sifflements au-dessus des soldats avançant cassés en deux sur les plages, le survol des dunes, de la campagne, des villages, de la banlieue de Caen et leurs explosions en plein centre de la ville. Je racontais comment les avions suivaient la ligne droite du canal pour atteindre leur objectif, remontaient brusquement vers le ciel à l'approche des DCA du quartier Claude-Decaen, ouvraient les soutes et lâchaient leur cargaison de bombes. Je parlais des habitants qui couraient dans les rues vers les abris, de ceux qui mouraient écrasés sous les décombres, du grand incendie qui a éclaté dès le 6 juin à treize heures trente dans le quartier Saint-Jean et autour du château, des rues en flammes, la rue Saint-Louis, la rue des Carmélites, la rue des Jacobins, la rue de Bras, du quartier où nous sommes aujourd'hui, autour de l'emplacement du baraquement américain, tout ce quartier Saint-Gilles frappé le premier jour par les bombes, à l'exception, miraculeuse, de l'Abbaye aux Dames. Je détaillais le bombardement du 7 juillet, les centaines de Halifax et de Lancaster qui survolaient la ville par groupes de douze, le feu roulant de la DCA, j'imitais, en sifflant entre mes dents, le miaulement mortel des bombes, je racontais l'incendie du Palais de l'université, l'une des plus vieilles d'Europe, et de l'Hôtel de Ville, les maisons qui s'écroulaient rue Saint-Pierre, rue du Gaillon, rue aux Juifs, la vieille église Saint-Julien et le couvent des bénédictines frappés de plein fouet. Je parlais des gens qui couraient, trempés par les gouttes de sang, des autres qui criaient sous la terre. Leurs bouches avaient la forme de trous noirs emplis de cendres et de gravats… *Etait-ce moi qui m'exprimais ou un autre – ou une autre – qui prononçait les mots à ma place, caché dans l'enveloppe de mon corps, empruntant ma voix ?...* Je parlais, je n'arrêtais pas de parler, de décrire la panique des emmurés vivants, la manière dont ils économisaient l'air dans les abris, je les mimais respirant à peine, allongés les uns contre les autres, parlant entre eux... Ne pas s'affoler... Vivre au ralenti comme dans un film... L'amour plus fort que la mort... Vis, ma chérie... Vis... J'arrêtais net la projection du déroulement intérieur de mes images. Exténué.

L'Ecrivain fut le premier à reprendre la parole.

« Henry m'a raconté que ta famille a vécu le Débarquement à Caen. Tout ce que tu viens de dire est vrai. Mais tous ces détails... C'est tes parents qui t'ont donné tous ces détails ? »

Je regardai Maïka et Henry à tour de rôle, bien dans les yeux, pour les rendre complices de mon mensonge.

« Oui, ils m'en parlaient très souvent. Ils m'ont tout dit... Et puis, il y a le livre que maman a fait relier. »

Je me dirigeai vers la bibliothèque. Le livre – celui qui est en ce moment près de moi sur ma table de l'Arizona – était à sa place, rangé sur le troisième rayon, entre les œuvres de Michelet et les douze tomes de la *Géographie universelle* d'Elisée Reclus. Sa reliure verte frappée en diagonale des lettres rouges cerclées de jaune, sentait encore très fort l'odeur du cuir. Je le tendis à l'Ecrivain.

« Je vous le prête. »

Je l'ai revu avec Sean Connery un an après le dîner du baraquement américain. L'Ecrivain m'avait renvoyé le livre assez vite avec ce petit mot que j'ai gardé :

« *Cher Frank. J'ai lu le livre en une nuit. La description ressemble beaucoup à ce que tu nous a raconté l'autre soir. Mais ton récit était encore plus vrai. Tu détiens en toi une vérité. Continue de l'exprimer. Il n'y a pas de meilleur remède pour calmer les assauts de la mémoire surtout quand elle t'a été transmise par des êtres chers.* »

Sean et l'Ecrivain sont revenus à Caen pour la première du *Jour le plus long*. Le film avait déjà été projeté la veille à Paris, le 25 septembre 1962, au Palais de Chaillot devant un parterre de stars. Du premier étage de la tour Eiffel, Edith Piaf avait interprété la chanson du film avant le feu d'artifice et un gigantesque banquet qui réunissait, autour de Darryl Zanuck, cinq cents personnalités du spectacle et de la politique. Les critiques du monde entier saluaient l'audace, l'ambition et l'authenticité de l'œuvre en noir et blanc, l'une des plus grandes aventures du cinéma. La première caennaise fut plus modeste. Zanuck, qui venait d'être nommé président de la Twentieth Century Fox, était reparti pour Hollywood. Il avait dépêché à Caen Elmo Williams, Henry Fonda, Mel Ferrer, Sean Connery et quelques stars françaises : Jean-Louis Barrault, Madeleine Renaud, Daniel Gélin. Sean Connery passait encore inaperçu. C'était sa dernière année d'anonymat avant son envolée vers la constellation des étoiles hollywoodiennes grâce à *James Bond contre Docteur No* et à la célébrissime série qui avait suivi.

L'entrée du Majestic, sur le boulevard des Alliés, était noire de monde. Nous sommes arrivés par petits groupes au milieu des photographes. Mel Ferrer, Robert Mitchum, Madeleine Renaud et Jean-Louis Barrault gravissaient en tête les marches, recouvertes d'un tapis rouge, sous les éclairs des flashes et les applaudissements de la foule contenue de chaque côté de l'escalier par deux cordons de policiers. Elmo Williams suivait avec Sean Connery, d'autres interprètes américains, anglais et toutes les vedettes françaises, puis l'Ecrivain et sa femme Joan, une jeune actrice américaine, qui me tenait par la main, Henry et Judith Rowland suivaient avec Maïka Dibrochka dans une impressionnante robe longue en lamé vert amande achetée à La Gavotte, le magasin élégant de l'avenue du 6-Juin. Les personnalités politiques de la ville, le préfet, le maire, des députés, rejoignaient en haut des marches quelques invités privilégiés dont Robert et Jeanne Delmas et toute l'équipe de direction de *La Liberté*. Le couple Anatole Barfleur et John Turbe fermait le cortège.

Sean m'avait installé près de lui dans le rang des stars, à côté de Joan, qui était pour moi, ce soir-là, la plus jolie femme du monde. Ses cheveux blonds coupés très courts, sa peau blanche, son sourire, son allure fragile... Belle et vivante.

Le début du film était un peu ennuyeux. Les allées et venues entre la côte normande, Paris, l'Allemagne, l'Angleterre et l'Amérique, me semblaient trop longues et fastidieuses. La grosse machinerie hollywoodienne se mettait lourdement en place avant de démontrer son efficacité dans les scènes de batailles, la pointe du Hoc, l'assaut contre le casino de Ouistreham filmé en fait à Port-en-Bessin, la pluie de parachutes de la 82e division aéroportée au-dessus de Sainte-Mère-Eglise avec Red Buttons accroché au clocher... Les coups de gueule de John Wayne, cow-boy égaré en Normandie, les cigares de Mitchum, le jeu décalé de Sean Connery qui me lançait des coups de coude à chacune de ses apparitions – « alors, je fais mine... » – pendant trois heures le film débobinait ses images. C'était un spectacle instructif dans la relation des prises de décision et le déclenchement des opérations, mais un spectacle, rien qu'un spectacle bien fait et aseptisé, sans émotion, sans âme, et oublieux d'une tragédie. Comment pouvait-on filmer le Jour J en faisant l'impasse sur une ville détruite, sur la peur et les souffrances d'une population ? Comment pouvait-on oublier la maison du château et l'Abri Bonheur, ou du moins, pour respecter la chronique d'un seul jour, les rues et les immeubles de la ville qui, le 6 juin 1944, ont reçu des tonnes de bombes et d'obus ? Comment pouvait-on rogner tout un pan de la vérité historique qui, au-delà de la bravoure des soldats américains, britanniques et canadiens, désignait héros et victimes, des milliers de gens ordinaires ? Comment pouvait-on séparer, par oubli délibéré, les militaires morts des civils morts, les uns et les autres tués pour la même raison, la même cause, avec un courage et une peur comparables, tous réunis dans un sacrifice et un héroïsme communs ? J'en voulais à Henry Rowland, instruit des témoignages dont celui de mon père, d'avoir écrit le scénario dans la pièce du haut du cabanon de pêcheurs en regardant « la » plage. J'en voulais au 2e classe Flanagan de débarquer sur une plage où les soldats-acteurs tombaient les bras en croix dans un mouvement théâtral au lieu d'exploser comme les hommes l'avaient fait dans la réalité, les membres disloqués, les têtes rejetées au milieu du dos, pantins de chiffon désarticulés, lambeaux de chair hachée par les balles des mitrailleuses allemandes, vêtements arrachés par le souffle des mines, corps enfoncés dans le sable où ils laissaient la même empreinte rouge que celles des trois morts de la plage Blanche. A la fin du spectacle, la salle a applaudi et fredonné la chanson de Paul Anka et Mitch Miller. *It's a long way...* J'étouffais.

« Tu es déçu ? » Henry Rowland me cherchait depuis dix minutes dans le grand hall du Majestic où les invités sablaient le champagne. L'atmosphère était joyeuse. Mitchum, Ferrer, Barrault et sa femme distribuaient des autographes.

« Pas grave... »

Je n'avais pas envie de parler. Il savait. L'Ecrivain et Sean Connery savaient. Je leur avais raconté mon film l'autre soir, j'avais exprimé l'insoutenable violence de la vérité partagée par tous ceux qui avaient connu et vécu le Jour J et les jours qui suivirent. Pourquoi redire ce que j'avais déjà dit ?

Henry se justifiait : « C'est un film à grand spectacle, un film grand public. On ne peut pas tout montrer dans un film comme celui-ci.

— Pas grave. »

Judith, l'Ecrivain, Joan et John Turbe nous avaient rejoints. John se lançait dans une grande analyse critique. Il avait « globalement » aimé le film mais il lui reprochait une chose à laquelle je n'avais pas pensé.

« On pourrait aller plus loin, renchérissait Joan, et dire que le film est raciste. Il n'y a pour ainsi dire pas de Noirs qui débarquent et meurent sur les plages. Aucun acteur noir n'a un rôle important. Or, on sait que les soldats des premières vagues n'étaient pas tous blancs. »

— C'est Hollywood ma chérie, répondit l'Ecrivain. Là-bas, Bronco Apache est joué par Burt Lancaster, le roi Fayçal dans *Lawrence d'Arabie* a les traits d'Alec Guinness, et Yul Brunner dans *Les Dix Commandements* est un Ramsès blanc et chauve. Je suis sûr que tu pourrais jouer le rôle de la Reine de Saba. A Hollywood, tout est beau, tout est propre, donc tout est blanc... Tu es d'accord, Henry ?

— Frank est déçu. »

L'Ecrivain m'attrapa par l'épaule. Je ne voulais surtout pas en faire une histoire. Quelle importance que je sois ou non déçu ? C'était mon affaire. Pas grave. Pas grave. Pas grave.

« Tu es déçu parce que tu as en toi quelque chose que n'ont pas les autres. C'est ta richesse, celle du livre que tu m'as prêté et des choses intimes qui t'ont été transmises. Un jour tu les écriras ou tu en feras peut-être un film. Et tu seras furieux contre toi-même, insatisfait de mots et d'images qui n'expriment pas le centième de ce que tu as dans la tête. Il te faudra arranger, mentir, tordre la vérité pour la faire rentrer dans un livre ou dans un film. L'âme n'a pas de langage traduisible avec des mots ou des images. Il te faudra supporter cette épreuve ou abandonner. »

Je n'ai pas compris le dernier mot. *Abandonner.* Etait-ce ne rien dire ou arrêter de vivre ? L'Ecrivain connaissait la réponse. Il ne me l'a jamais dite.

Sean s'approchait de nous. Il tirait par la main Maïka Dibrochka engoncée dans sa robe fourreau verte. Elle était la plus belle des James Bond girls.

6

Cinq années s'étaient écoulées depuis la sortie du *Jour le plus long*. Le baraquement américain montrait d'inquiétants signes de faiblesse. Il avait deux ans de plus que moi. Vingt ans ! Ce genre de construction en préfabriqué, faite de matériaux agglomérés, supportait mal de vieillir. Surtout dans une région pluvieuse. Le vert extérieur avait pris une couleur indéfinissable, il tournait au gris avec, à la base des murs, une ombre marron qui remontait de la terre, premier signe d'un pourrissement progressif des cloisons. Les plaques goudronnées du toit se décollaient les unes après les autres et rebiquaient à chaque extrémité comme des croûtes épaisses. Le porche d'angle était soutenu, depuis l'année dernière, par un gros étançon métallique qui donnait l'impression que tout le baraquement s'appuyait sur une béquille. Le volet gauche de la façade, coincé depuis longtemps sur son rail, était condamné à rester mi-clos. Vu de la rue, le baraquement américain avait mauvaise mine. Il était malade, estropié et borgne.

Dans la seconde moitié des années soixante, toutes les constructions provisoires de l'immédiat après-guerre avaient quitté les centres urbains. On les avait installées dans des zones dont certaines portaient des numéros, résultat de l'addition des bicoques, comme le « quartier des 43 » à la limite de Caen et de Fleury-sur-Orne. Il y avait une logique dans ces changements de lieux et d'affectation. Les baraquements américains et les maisons suédoises continuaient d'abriter d'autres sans-logis, les victimes des injustices sociales et économiques, ces nouvelles guerres.

Notre baraquement était, en 1967, le dernier du centre-ville, ce qui provoquait quelques problèmes avec la municipalité et les voisins. La mairie nous avait invités, par de fréquents courriers, à « mettre aux normes » notre habitation, en d'autres termes à la mettre par terre. Les aides au logement et les prix élevés des terrains incitaient à construire ou à réaliser une excellente opération immobilière, mais ce genre de calcul, rappelé par les lettres officielles de la municipalité, ne nous intéressait pas. Mme Dibrochka et moi avions fait le choix, irrationnel, de vivre le plus longtemps possible dans le baraquement, au grand désespoir de nos nouveaux voisins de la rue de Calix, des Parisiens mutés à Caen qui avaient acheté la maison de Mme Mélissa à sa mort l'année précédente.

Le jardin tentait de sauver, un peu, les apparences extérieures. Il était bien entretenu. Une large pelouse occupait toute la partie centrale, deux massifs de roses jaunes couraient sur les côtés, un chèvrefeuille grimpait le long de l'étançon métallique et en masquait la laideur. L'ensemble, baraquement compris, avait du charme mais l'époque était au faux moderne, au mélange de faïence et de carrelage sur la façade des nouveaux immeubles. Dans le paysage architectural, froid et criard, de la seconde moitié des années soixante, une baraque en voie de délabrement ne pouvait être qu'un taudis et ses habitants des marginaux, appellation qui n'était pas pour me déplaire.

L'intérieur avait meilleur aspect. Maïka s'était résignée à se débarrasser de son horrible buffet Henri II pour le remplacer par un meuble art déco acheté à la salle des ventes du château. Il était superbe, incrusté de chrome et de verre qui brillaient sous le lustre monumental. L'essentiel des transformations concernait la cuisine équipée de placards en chêne clair, d'une machine à laver la vaisselle et d'un réfrigérateur moderne. La table rouge était toujours là, face à la même cuisinière électrique, notre vieille Edison. Ma chambre avait été repeinte en blanc. Le lit, un bureau en faux Louis XIII – le nouveau roi à la mode –, une bibliothèque anglaise et l'ancien fauteuil club de mon père refait à neuf composaient le nouveau mobilier. Le tableau à la vache faisait face à un poster du Che Guevara et à une affiche d'un film de Godard, avec Joan en tee-shirt blanc. Elle ressemblait à ma mère, le dernier été.

L'ombre marron remontant du sol avait transformé la bonne odeur de carton en remugle de moisissure. Le baraquement américain pourrissait par les pieds.

J'y étais bien. De mieux en mieux même. Jamais l'hypothèse – invraisemblable – d'un déménagement n'était évoquée entre Maïka et moi. Les autres en parlaient à notre place. Les Delmas, les Lévy, Anatole et John s'inquiétaient de me voir grandir dans une masure qui se décomposait à vue d'œil et de nez. Ils pensaient que mon obstination était une maniaquerie fétichiste qui m'empêchait d'évoluer et engluait mon cerveau. Mais aucun symptôme ne venait étayer leur crainte. Je n'étais ni enfermé dans mon passé, ni triste, ni nostalgique. Et le baraquement américain m'aidait à m'épanouir. De là, je voyais mieux l'extérieur. Seule Maïka le comprenait et l'expliquait aux autres quand ils lui conseillaient, pour mon bien, d'envisager de déménager.

L'extraterritorialité de cette habitation lui donnait une sorte de statut d'ambassade. Elle était inviolable, protectrice, rassurante et en même temps originale. J'avais besoin de cette originalité. Caen était une ville ordinaire marquée par un événement extraordinaire. Mon baraquement était extraordinaire. Mon épreuve personnelle était extraordinaire. Comment aurais-je pu vivre dans un appartement ou une maison ordinaire alors que ma vie était liée à des choses extraordinaires ? La question et ma réponse m'ont rendu légèrement mégalo. Le baraquement américain était un double héritage : celui de l'histoire du monde et celui de mon histoire. Il était le trait d'union entre les deux histoires. Il était *extraordinaire, extraterritorial, extraterrestre.* A l'intérieur de ses cloisons de carton, j'ai appris à regarder vers l'extérieur, calmement, sans panique, sans appréhension. J'étais un ambassadeur, venu d'Amérique ou d'une autre planète, qui observait la ville, l'écoutait, fréquentait ses écoles, ses cinémas, ses salles de concert, puis retournait dans son ambassade décrépite et sublime. J'y recevais nos amis et un courrier venu de l'étranger, les fréquentes lettres des Rowland, quelques-unes de Joan et des cartes postales de Sean Connery postées sur les lieux de tournage des James Bond : Thaïlande, Japon, Mexique, Inde. J'étais différent, vivant dans un lieu différent, centre de gravité de mes fameux cercles affectifs : Maïka Dibrochka proche du centre, puis le second cercle amical plus éloigné, puis d'autres ellipses recoupant parfois le second cercle. Le baraquement n'était pas une enveloppe – un fœtus – où je restais recroquevillé, au chaud, mais un quartier général en pleine ébullition où je réfléchissais, analysais, décidais, écrivais, plaçais en perspective, aimais. Il était le bulbe rachidien, le cœur de mon système nerveux. Tout partait de lui.

J'aurais dû m'inquiéter des taches sombres qui montaient du sol. Le baraquement américain pourrissait et ses moisissures rongeaient les structures sociales et affectives sur lesquelles j'avais posé ma vie. En équilibre.

Je commençais à me débrouiller aussi bien en anglais qu'au piano grâce à mon ami John Turbe. Il avait décidé, dans ces deux domaines, de faire mon éducation. Mes progrès en anglais étaient d'ailleurs indissociables du jazz. Je pensais que pour maîtriser cette musique, l'apprivoiser ou plutôt se laisser apprivoiser et prendre par elle, il fallait bien connaître sa langue, celle de Charlie Parker, de Duke Ellington, Lester Young, Billie Holiday ou Nat King Cole, dont les noms déjà étaient des mots d'anglais. Après l'apprentissage le plus ennuyeux, l'enseignement des rudiments de la grammaire et les premières listes de vocabulaire, j'ai appris la langue du jazz à travers les textes des chansons et la biographie des plus grands musiciens. C'était une idée de John. On travaillait mon anglais au piano, il jouait et nous racontions la vie de Charlie Parker surnommé *Bird*, raccourci de *Yardbird*, à cause de son indépendance, de sa marginalité, du caractère insaisissable de sa musique, de ses problèmes psychologiques qui ruinèrent sa vie à trente-cinq ans. Nous parlions de Joe Oliver, le *King* de La Nouvelle-Orléans, de Louis Armstrong, « Satchmo » les grosses lèvres, de Charles Mingus renvoyé de l'orchestre du Duke pour s'être battu sur scène avec un autre musicien. Je connaissais leur vie et les paroles des chansons les plus célèbres, je pouvais, en anglais, raconter les premières et réciter les secondes que j'accompagnais ensuite au piano. La méthode était efficace. John était un excellent professeur. Et un très bon ami.

Il avait une vingtaine d'années d'écart avec Anatole Barfleur. En 1967, John devait avoir trente-cinq ans et Anatole près de soixante. Ils étaient faits l'un pour l'autre. Un couple parfait. A tel point qu'il semblait impossible qu'Anatole ait pu être marié, impossible que John ait pu un jour embrasser une femme sur la bouche. Bien que je n'aie aucune attirance pour l'amour entre hommes, j'aurais trouvé malsain une aventure sexuelle entre John et une femme tant le naturel chez lui était d'être homosexuel et de vivre avec son compagnon, mon autre très grand ami, Anatole. Quand j'ai appris, par la rumeur, qu'ils étaient tous les deux « pédés », j'ai juste été surpris qu'il y ait là matière à moquerie. Pourquoi se moquer d'une relation, d'une certaine manière, exemplaire ?

J'étais heureux de partager l'intimité d'Anatole et de John. J'irais même plus loin ; j'étais plus à l'aise avec eux qu'avec les couples, disons « normaux », qui essayaient, plus ou moins consciemment, d'établir une relation filiale avec moi. C'était bien sûr le cas des Rowland, mais aussi des Delmas et, dans une moindre mesure, des Lévy. Or, je ne voulais pas entretenir ce genre de confusion sentimentale que je percevais comme une trahison vis-à-vis de mes parents et de ma sœur. Que les Rowland, les Delmas, les Lévy m'aiment comme un fils pourquoi pas, je ne pouvais pas les en empêcher, j'étais ému de ressentir les sentiments qu'ils éprouvaient à mon égard, mais je m'interdisais la réciprocité, je luttais dans des combats intérieurs très vifs et douloureux pour ne pas succomber à la tentation – que je jugeais être une facilité et une lâcheté – de retrouver un père ou une mère, et je m'imposais une discipline sentimentale qui laissait ces couples amis dans mon deuxième cercle. Toujours ma théorie des cercles. Avec Anatole et John les risques d'identification à mon père et à ma mère étaient impossibles. Il n'y avait pas ce danger. Mais un autre.

J'avais constaté que je ne laissais pas John indifférent. Il était difficile de faire la part entre la grande affection qu'il avait envers moi et l'attirance physique. Les deux se confondaient. Quand j'ai atteint mes dix-sept ans – et peut-être avant – il était devenu amoureux de moi. Je n'en étais pas du tout gêné et pensais normale cette évolution puisque j'avais admis son homosexualité. Je trouvais juste que ma vie affective était devenue plus compliquée. Entre des couples homme-femme qui m'aimaient comme un fils et un couple homme-homme dont l'un m'aimait amoureusement, il me fallait contrer les assauts sur plusieurs fronts. J'y veillais et parvenais à les repousser tant bien que mal.

Anatole, au début, n'était pas trop inquiet de la glissade sentimentale de John. Sans doute n'étais-je pas le premier jeune garçon à provoquer chez son compagnon ce genre de transport amoureux. Parmi les comédiens et les danseurs qui fréquentaient le théâtre, devenu Maison de la Culture sous le ministère d'André Malraux, John avait l'embarras du choix. J'ai d'ailleurs assisté plusieurs fois à des scènes de jalousie au sein du couple, suivies de longues bouderies qui se terminaient par des réconciliations démonstratives. Mais les sentiments amoureux que John éprouvait envers moi ne cessèrent de s'amplifier. Anatole en prit conscience. Nos conversations, nos sorties fréquentes au théâtre et au cinéma, les dîners au baraquement avec Maïka, les promenades le dimanche dans la Prairie en compagnie d'autres amis, toutes ces petites choses de la vie ordinaire perdaient de leur insouciance naturelle. Un calcul amoureux contrariait et compliquait nos relations. Anatole en souffrait.

J'aimais Anatole plus qu'un meilleur ami – jamais comme un père. Sa bonhomie, sa chaleur, sa force de caractère, son extraordinaire culture, sa voix assurée lui donnaient l'épaisseur d'un Cyrano qui m'apprenait à regarder la vie avec la vérité du poète. Je lui dois des heures et des heures de bonheur passées à lire et déclamer à voix haute des milliers de vers : Baudelaire, Rimbaud, Prévert et Rostand avec la tirade de la lune – ma préférée –, si folle, si vraie. Aujourd'hui encore, en Arizona, quand je regarde la lune je pense à Anatole de Bergerac debout dans le baraquement, Cyrano bedonnant et gracieux tombé de la lune au milieu du salon, appelant Maïka Dibrochka, sa Roxane, et moi son Christian. Je lui dois une hiérarchie de valeurs qui place l'argent au dernier rang, la respectabilité professionnelle à l'avant-dernier et la poésie, synonyme de l'amour et de toutes les passions de la vie, au premier. Je lui dois surtout une attitude, une forme de philosophie face à l'épreuve et à la mort. Lui seul savait parler des disparus – de mon père qui avait été son ami, de ma mère qu'il aimait, de ma sœur qu'il faisait rire si souvent – sans que la tristesse ni un flot de regret ou de chagrin envahissent la gorge et les yeux. Il les faisait revivre, parler, chanter, pleurer. Il avait le pouvoir des poètes. A chaque dîner, lors de chaque promenade, il les installait parmi nous. Un souvenir, un rappel, une évocation, un mot, et Paul, Apolline et Anna apparaissaient non comme des fantômes mais comme des personnes qui ont marqué nos existences au-delà de la mort. Anatole retrouvait les traces qu'ils avaient laissées. Il puisait dans le patrimoine familial des objets, des phrases, des comportements, des réflexions, des souvenirs. Et il savait que j'attendais de lui qu'il agisse ainsi, avec naturel. Jamais ses paroles qui réveillaient la mémoire n'ont provoqué de malaises. Paul ou Apolline ou Anna, ou les trois à la fois, dînaient grâce à lui, de temps en temps, au baraquement américain. Anatole les plaçait parmi nous. Il était le plus fantastique des metteurs en scène.

J'étais triste de le voir inquiet. Un jour, c'était vers la fin de l'année 1967, j'ai voulu le rassurer sur mes relations avec John. L'exercice était assez difficile. Outre que nous n'avions jamais évoqué ensemble la nature de leur couple, je devais, d'une certaine manière, mettre en cause la fidélité de John à son égard, presque le dénoncer et l'accuser. Si entre Anatole et moi la liberté de parole était très grande, j'avais conscience de franchir là une limite et de m'aventurer dans des sables mouvants où notre amitié risquait de disparaître. Convaincu que ce risque était préférable à la persistance d'une ambiguïté, je profitais d'une absence de John pour aborder le sujet, remerciant le cinéma, François Truffaut et le film que nous venions de revoir, pour leur aide précieuse à la pitoyable parabole que j'avais mise sur pied.

« Tu crois que Jules et Jim sont pédés ?

— Je ne crois pas, me répondit Anatole. Il y a une forme d'équivoque dans leur relation mais, non, je ne crois pas. S'ils l'étaient ils ne pourraient pas être autant amoureux de Marie.

— Parce qu'on ne peut pas être pédé et, de temps en temps, aimer passionnément une femme ?

— Oh, ça dépend. Si bien sûr. Mais...

— ... Pas toi, ni John.

— Eh bien voilà, Monsieur Frank se mêle maintenant de ma vie privée. »

C'était dit en riant. Mais c'était dit.

« Imaginons quand même que Jules et Jim soient pédés, et que Jim, par exemple, soit amoureux de moi...

— C'est le cas, Jim est amoureux de toi et tu veux m'expliquer que Jules n'a rien à craindre parce que, petit un, tu n'es pas homosexuel, petit deux, même si tu l'étais, tu ne ferais pas de peine à Jules, petit trois, Jim est un salaud qui risque de tout gâcher. C'est ça ?

— Un peu. Sauf que le petit trois dépend aussi de toi. Si tu as confiance en moi, on continuera de bien s'entendre tous les trois.

— Mais j'ai confiance en toi, Frank. Le petit un est suffisant pour que j'aie confiance en toi. Et puis le petit deux. Mais crois-moi, je suis bien placé pour connaître les pédés et je connais John par cœur. Il n'arrêtera pas. Oh ne t'inquiète pas, il ne va pas te violer, mais il gardera toujours l'espoir qu'un jour peut-être tu tomberas dans ses bras. J'ai suffisamment dragué les garçons pour savoir comment ça se passe.

— Mais je ne tomberai jamais dans ses bras, comme tu dis.

— John est amoureux de toi depuis des années, tu le sais. Il ne raisonne pas avec ta logique. Il attend. Il espère. Il ne lâchera pas. Et à un moment, c'est toi qui en auras marre des deux vieux pédés, de son insistance et de ma jalousie. Je ne suis pas jaloux de toi mais tu as déjà remarqué que j'étais inquiet. Je suis inquiet parce qu'un jour, à cause de cet imbécile de John, tu vas nous quitter. Tu vas partir, Frank.

— Jamais.

— C'est un mot qui n'existe pas. »

Anatole avait raison. John n'a pas renoncé à me séduire. Si ses attaques directes, du genre main sur la cuisse pendant les leçons de piano, attaques repoussées de ma part par un : « Arrête tes conneries, tu veux ? », se sont faites plus rares, il a adopté une stratégie sur le long terme, utilisant un procédé insidieux pour tisser entre lui et moi des relations qui, purement intellectuelles, excluaient petit à petit Anatole. Quand nous parlions jazz, musique qui nous unissait tous les trois, il s'exprimait le plus souvent en anglais, langue dans laquelle son compagnon n'était pas à l'aise. John se moquait de ceux qui prétendaient apprécier Nat King Cole ou Cab Calloway sans rien comprendre aux paroles, et discutait, avec moi, pendant des heures de Minnie the Moocher, Smokey Joe, Tarzan de Harlem et tous les personnages mythiques de Calloway qui parlaient l'argot américain et hantaient le Cotton Club. J'éprouvais du plaisir dans ces dialogues en anglais, techniques et passionnés, dont Anatole était évincé. Je ne voyais rien à la méchante manœuvre de John. De même je ne le soupçonnais d'aucune mauvaise intention lorsqu'il scotchait une bande de papier au bas de l'écran de télévision pour m'obliger à regarder un classique américain sans avoir la tentation de lire le sous-titrage. Anatole regardait l'image et ne comprenait rien de ce que pouvaient dire Humphrey Bogart, Montgomery Clift, Lauren Bacall, Marlon Brando ou Gary Cooper. Je pensais que John faisait cela par gentillesse pour moi et non par cruauté envers lui. Il y avait des deux.

L'habileté de John était redoutable. Patiemment, il entretenait avec moi une forme de complicité dont Anatole était écarté. Ainsi : Joan.

Elle était devenue, pour nous deux, une amie lointaine. Ses lettres parlaient de sa vie à Paris et à Majorque où son mari, l'Ecrivain, travaillait sur un roman, des Indiens qu'elle aimait, de son dernier film, à Marshalltown, sa ville natale dans l'Iowa : *« Je suis contente d'y retourner »*, me disait-elle dans l'un de ses courriers, *« j'ai le mal du pays. Je vais jouer le premier rôle féminin dans un film de Joshua Lang. Ça se passe dans l'Oregon. Je t'écrirai bientôt de là-bas. »* John recevait d'autres lettres de Joan, moins personnelles, plus axées sur le cinéma. Ils avaient longtemps parlé ensemble le soir de la première caennaise du *Jour le plus long*. Depuis, ils s'écrivaient et se voyaient de temps en temps quand Joan et l'Ecrivain passaient quelques jours de vacances dans une villa qu'ils louaient à Honfleur et venaient dîner au baraquement américain. John était très fier de sa correspondance avec la star américaine de la Nouvelle Vague, révélée par Otto Preminger et Jean-Luc Godard. L'engagement politique de l'actrice contre la guerre du Vietnam, ses prises de position pour les Indiens d'Amérique et les Black Panthers avaient accru sa notoriété, lui donnant un côté star de gauche – authentique d'ailleurs –, qui déclenchait la polémique ou l'enthousiasme. John parlait souvent d'elle dans les dîners et se tournait toujours vers moi pour que nous échangions nos commentaires et nos impressions.

Si j'estimais que l'attitude de John, citant en public Joan à tout bout de champ, était prétentieuse, je n'avais aucune objection, bien au contraire, à parler d'elle quand nous étions seuls avec Anatole. C'était l'une des nombreuses manœuvres manigancées par John pour entretenir avec moi une complicité excluant son compagnon. Anatole n'était pas un intime de l'actrice, il trouvait son parcours d'abord prometteur puis sans grand intérêt, trop cahotique et inconstant. En homme de théâtre, il considérait sa carrière comme un gâchis. Et John me prenait à témoin, récupérait la grande amitié que j'éprouvais envers elle, pour traiter Anatole de conservateur vieux jeu qui n'avait rien compris.

Joan était une pièce maîtresse dans la stratégie de John. Elle exerçait sur moi une telle fascination amoureuse que mes arguments pour dire tout le bien que je pensais d'elle se transformaient en attaques virulentes contre ceux qui la critiquaient. John se délectait de me voir, parfois, insulter Anatole à mon tour. Je le faisais avec d'autant plus de violence que j'en voulais à Anatole d'être un vieux pédé jaloux d'une très belle femme. Je lui en voulais de vivre avec un jeune pédé qui me draguait et m'obligerait, peut-être un jour, à fuir. J'en voulais donc aux deux, au couple avec lequel j'étouffais de plus en plus et qui se détachait, sans que je m'en rende compte, du deuxième cercle affectif. Et grâce ou à cause de Joan, du jazz, de l'anglais, des films américains en VO et de centaines de petits détails insignifiants, je m'éloignais d'eux. Je les voyais toujours. J'allais dîner. Ils venaient dîner au baraquement américain. Nous allions toujours ensemble au cinéma et au théâtre. Je parlais encore avec John de Thelonious ou de Parker et avec Anatole de Beckett ou de Miller. Mais ils s'éloignaient.

Jamais n'existe pas. Anatole avait raison.

Robert Delmas est mort au début de l'hiver 67, à soixante-treize ans. Sa femme, Jeanne, devait le rejoindre quelques mois plus tard. Les humains sont comme les bambous. J'ai lu un jour que ces plantes meurent au même âge, quel que soit l'endroit où elles poussent sur la planète. Les Delmas avaient l'âge des Rowland, ils sont morts tous les quatre à six mois d'intervalle, les premiers à Caen, les seconds à New York. Leur disparition m'a fait énormément de peine, mais sans comparaison avec le drame de la plage. Outre la distance affective qui séparait ma famille disparue des personnes du second cercle, la mort des Delmas et des Rowland me semblait naturelle. C'était la première fois que des proches quittaient « naturellement » mon univers. J'ai eu très mal mais ma douleur n'était pas aggravée jusqu'à l'insupportable par la colère et un sentiment d'injustice. Les vieilles personnes, avant de mourir, informent par des petits signes de faiblesse qu'elles sont en route. Quand elles s'en vont, le choc est atténué par les préparatifs du départ.

Ces disparitions m'ont permis, après coup, de vérifier une autre chose. Je ne rêvais plus la mort des gens. Mon cauchemar, quelques jours avant le drame de la plage, ne s'était pas reproduit. Il avait été exceptionnel, unique, annonciateur d'un événement exceptionnel et unique. J'en déduisais que ma vision, comme celle qu'avait eue Apolline allongée sur la pelouse du château, était indissociable des morts de la plage. Le phénomène avait disparu avec eux. J'étais soulagé de dresser ce constat définitif mais je cherchais à savoir pourquoi, comment j'avais pu avoir cette prescience du drame. La seule « explication » – je ne sais pas si c'est vraiment le mot – qui me satisfaisait, était la suivante : j'avais rêvé la mort parce que c'était celle de mes parents, je venais de leur chair, j'étais leur chair donc je ressentais la douleur annoncée de leur chair ; comme ma mère avait ressenti l'écrasement de la ville et, au sein de la ville, l'écrasement de la chair de Georges et d'Amélia. Peut-être. Je pensais à cela lors des funérailles de Robert Delmas qui se déroulèrent à Saint-Etienne, dans l'Abbaye aux Hommes, tout près de l'endroit où Apolline et Paul avaient soigné des blessés pendant le Débarquement. Le don que j'avais hérité de ma mère était lié aux circonstances mêmes du drame. Les morts de la plage comme les morts de la maison du château n'étaient pas morts de mort naturelle. Evidence. Donc il n'était pas irrationnel de croire qu'un don surnaturel se manifestât – une seule fois – pour entrevoir une mort également sur-naturelle. Peut-être. Et si ma mère dans son unique vision avait vu, aussi, sa propre mort – « nous allons tous mourir » ? Et si j'avais vu, aussi, ma propre mort, dans mon unique cauchemar ? N'est-ce pas cela le lien qui nous unissait et expliquait notre don commun : une vision fulgurante et unique annonciatrice d'un même destin tragique ?

La disparition de Robert Delmas a entraîné la fermeture de *La Liberté*. Le journal n'était pas en très bonne santé financière. L'achat d'une nouvelle rotative en 1965 avait grevé son budget, et les investissements rédactionnels de *Ouest-France* pour contrer le quotidien de Rouen *Paris-Normandie* réduit son lectorat. *La Liberté* était prise en tenaille par la concurrence des deux grands régionaux. Chaque année, l'ancien journal de mon père perdait des lecteurs, tombant d'un tirage de soixante mille exemplaires à la fin des années cinquante à moins de trente mille en 1967. La publicité rentrait mal, seules la notoriété de Robert Delmas et sa fortune personnelle réussissaient à convaincre les banques de maintenir le journal à bout de bras. A la mort de son fondateur, elles ont coupé les vivres.

La Liberté était, pour moi, une sorte de succursale du baraquement américain. Elle faisait partie de ma vie, de ma mémoire et de mon avenir. Je ne comptais plus le nombre de stages et de petits boulots que j'y avais effectués pendant les vacances. Bien sûr je voulais devenir journaliste et y travailler plus tard. En 1967, mon press-book était d'ailleurs loin d'être ridicule. J'avais couvert un nombre incroyable de kermesses, de ventes paroissiales, de fêtes de villages, de quartiers, d'élections de Miss Bourguébus et de rosières de Crèvecœur-en-Auge.

Dans les derniers mois, je tenais la rubrique jazz. Les lecteurs savaient tout des derniers 33-tours de Dizzy Gillespie et de Bill Evans. Mais les articles dont j'étais le plus fier étaient trois longues interviews, celles de Joan lors du tournage d'un film de Chabrol, de l'Ecrivain pour son dernier livre dont le titre parlait d'étoiles, et de Sean Connery qui, des Etats-Unis, avait répondu au téléphone à mes questions le jour même de la première mondiale d'*On ne vit que deux fois.* J'ai longtemps conservé l'article et l'appel de première page : *« Notre journaliste en direct avec James Bond. »*

L'équipe de *La Liberté* m'avait accepté parmi elle d'abord en souvenir de mon père puis par amitié et complicité. Je faisais partie de la famille, Raoul le vieux chef rotativiste était un ami depuis longtemps. Il avait laissé escalader à l'enfant que j'étais l'énorme machinerie et « masser » la bande de papier lors de la mise en route. Christian Barthel, le grand reporter, me racontait ses voyages – il avait quitté *La Liberté* pour *L'Express* en 1966 quand le journal de mon père avait abandonné les reportages à l'étranger –, Jacques Casaurice, rédacteur en chef adjoint, et Albert Kléber, rédacteur en chef chargé des pages « France et Monde », m'ont appris le métier sur le tas, critiquant et corrigeant mes papiers. Casaurice avait le talent de réécrire l'attaque d'un article et de le titrer. Quant à Raphaël Lévy, j'étais toujours ému de le voir installé dans le bureau de Paul Merced où le canapé de skaï rouge était encore là, un peu fatigué comme les finances du journal.

Raphaël Lévy était différent de Paul Merced – plus petit, un peu gros, plus autoritaire pour compenser peut-être sa taille et ses rondeurs – mais empreint de la même rigueur professionnelle. Il avait une vraie générosité et donnait aux autres autant qu'il exigeait d'eux. J'ai connu peu d'hommes qui incarnent à ce point l'honnêteté et la franchise. Robert Delmas, peut-être ? Mais « le patron », comme l'appelaient tous ses collaborateurs, du gardien du parking au rédacteur en chef, était à part, hors comparaison, un sage qui exerçait une autorité morale incontestée. Je l'admirais. Il suivait mes études et m'encourageait à les pousser le plus loin possible : « Les meilleurs journalistes, me disait-il souvent, sont ceux qui ont le plus de connaissances. La pratique, le terrain, tu l'apprends ici, c'est ta chance. Pour le reste, lis, cultive-toi, apprends l'histoire, l'économie, le droit, fais une grande école de journalisme. Je t'ouvrirai les portes des grands journaux. » Et cela voulait dire : « *La Liberté* va fermer. N'y pense pas. Ne rêve pas. Ta carrière ne se fera pas dans le journal de ton père. »

La fermeture de *La Liberté* puis sa reconversion en hebdomadaire local, sans grands reportages ni rubrique jazz, m'ont autant ému que la disparition de Robert Delmas. Je lui en voulais des mauvaises décisions qu'il avait prises. Ma déception était inversement proportionnelle à l'admiration que je vouais au grand homme de presse de l'après-guerre. Les rumeurs que j'avais entendues à l'atelier et à la rédaction étaient vraies. Il s'était trompé dans ses choix, avait acheté trop cher une rotative déjà démodée par l'arrivée de l'offset. Il avait laissé mourir le journal de mon père.

Raoul a pris sa retraite. Albert Kléber et Jacques Casaurice se sont recasés, très vite, à *Ouest-France*. Raphaël a assuré une transition d'une année pour aider à la transformation du prestigieux quotidien en modeste hebdo local, différant son départ prévisible à la rédaction en chef de *France-Soir*. Lors de la vente aux enchères des meubles du siège social de *La Liberté*, au quai Vendeuvre, j'ai acheté le canapé de skaï rouge 75 francs. Il a rejoint dans le baraquement le fauteuil club.

La mort du journal a commencé de fermer la première partie de l'histoire de ma vie, celle qui regroupait les années passées avec mes parents et ma petite sœur, le drame et l'après-drame. *La Liberté* était, depuis ma naissance jusqu'à la fin 67, le point commun entre toutes ces années. Elles s'arrêtaient sur un échec. Je n'avais plus envie de devenir journaliste. Pour travailler où, avec qui, pour quel autre patron, dans quel bureau ? Je comprenais que ma seule ambition avait été de m'asseoir dans le canapé en skaï rouge pour discuter avec Raphaël des manchettes et des reportages à lancer. Tout, d'un seul coup, se contrariait, se compliquait, s'évanouissait, disparaissait, pourrissait.

Les taches marron s'agrandissaient sur les cloisons en carton du baraquement américain.

J'ai connu Elsa Finkel chez les Lévy. Depuis le procès contre le sénateur Raymond Barzoche en 1960, la famille Finkel s'était liée d'amitié avec le journal. Simon, l'un des deux fils de Rébecca, était venu me voir au baraquement, quelques mois après le drame de la plage Blanche, pour me dire combien il était reconnaissant à mon père de ses articles et de la campagne de presse qu'il avait orchestrée. J'ai relu les papiers, plus tard, dans les archives de *La Liberté*. Les enquêtes sur Barzoche et les éditoriaux signés Paul Merced appelant à une nécessaire justice étaient engagés et soutenaient les Finkel dans leur demande de réparation. Quand Simon Finkel m'a exprimé sa sympathie pour le deuil qui venait de me frapper, j'ai revu Fachard-le-Mondain, rouge de honte, fuir par la cuisine du baraquement comme un voleur. Voleur d'Histoire. Simon était accompagné de sa petite fille. Elle devait avoir dix ans en 1960. Peut-être l'avait-il emmenée pour donner à sa visite un côté moins solennel. Il était difficile de présenter ses condoléances à un garçon de onze ans.

En 1967, Elsa était devenue une jolie fille. Brune, d'allure fragile, les cheveux longs coiffés en queue de cheval ou tressés en deux chignons qui dessinaient deux écouteurs de chaque côté de la tête, les yeux verts, la peau légèrement dorée, elle ressemblait, en plus petite et beaucoup plus frêle, à Jennifer Jones jouant le rôle d'une Indienne métisse dans *Duel au soleil* de King Vidor. Est-ce pour cette raison que je l'ai surnommée « Oklahoma » ? Elle avait un petit côté sauvage, perdu, ébloui. Jennifer Jones est née à Tulsa, en Oklahoma.

La conquête d'Elsa m'a posé un problème de conscience. Elle était l'amie de Patrick, le fils des Lévy. L'amie, pas la petite amie, « pas encore », disait Patrick qui espérait. Les Finkel et les Lévy se fréquentaient, ils allaient ensemble à la synagogue de la rue du Vaugueux et se recevaient à tour de rôle. J'ai croisé les Finkel chez les Lévy, j'ai même déjeuné ou dîné avec eux mais Elsa n'était pas là.

Notre vraie première rencontre a eu lieu à l'automne 67, pour les dix-huit ans de Patrick. Il avait organisé une surprise-partie dans son garage. Elsa portait une jupe blanche qui lui moulait le ventre, un corsage bleu ciel, ses cheveux étaient noués en écouteurs. *Sergeant Pepper* passait en alternance avec *I'm Going Home* des Stones et le tube de l'été, *San Francisco* de Scott Mackenzie, un slow. La sangria et le punch planteur avaient fait des ravages. L'excès d'alcool se manifestait chez moi par une accélération du langage, je n'arrêtais pas de parler de tout et de n'importe quoi – comme Anna –, Scott Mackenzie était nul, les Beatles n'arrivaient pas à la cheville des Doors et de Hendrix, mais Ringo avait le tempo d'un Jo Jones, le batteur de Count Basie – « Tu connais Jo Jones ? » –, la guerre du

Vietnam était une saloperie impérialiste, Sean Connery, Joan, Franco, Castro, la révolution culturelle... Tout y passait... Elsa m'a raconté plus tard qu'elle n'avait jamais entendu un garçon parler autant pendant des slows. Elle ne savait pas si je cherchais à la séduire en la noyant dans un flot de paroles ou si je vérifiais que l'alcool n'entraînait pas une perte de mémoire. En fait, ma position était délicate. Je la draguais tout en m'interdisant de le faire à cause de Patrick.

Le fils Lévy était mon meilleur ami, du moins parmi les garçons de mon âge. Depuis le premier Noël après le drame, nous ne nous étions plus quittés. Même lycée. Promenades le dimanche dans la Prairie. L'été chez Maës, la piscine de l'Orne de plus en plus polluée. Et à la rentrée prochaine, l'université, tous les deux en première année de droit, tous les trois avec Elsa.

Vers deux heures du matin, nous avons passé un accord ensemble, Patrick et moi. L'amitié entre garçons, dans ce genre de circonstance, se mesure à la possibilité ou non d'aboutir à un pacte. Notre amitié était solide, l'accord envisageable. Toute la difficulté consistait à ne pas froisser Patrick. S'il avait du charme auprès des filles c'était dû à son intelligence plus qu'à son physique. Il était un peu trop gros et mou. J'étais plus grand, plus séduisant, bref plus beau. « Ecoute, disais-je avec quelques difficultés d'élocution, je crois que j'ai des chances et toi aucune. Laisse-moi y aller et je te promets de t'aider la prochaine fois, peut-être avec elle si ça ne marche pas.

— Tu penses que je ne peux pas...

— Vous êtes deux amis d'enfance. Elle danse avec toi comme si tu étais son frère. Il faut la laisser filer et voir plus tard. Occupe-toi plutôt de Françoise, elle n'arrête pas de dire que tu es un type génial. »

J'ai toujours estimé que ces accords, quoi qu'en pensent les filles, étaient la chose la plus raisonnable. Si la séduction est affaire de conquête – terme guerrier –, il n'est pas choquant que la manœuvre d'approche et d'encerclement soit précédée d'alliances, de traités, ou de la signature de pactes bilatéraux voire trilatéraux.

My sweet Lady Jane... La voix sensuelle et douloureuse de Jagger a accompagné notre premier baiser. Je connaissais sa joue depuis quelques heures. Nos peaux ont doucement glissé sur la sueur, nos bouches à quelques millimètres l'une de l'autre... Je respirais son haleine avant d'effleurer ses lèvres, un long, très long baiser, doux, chaud, profond, merveilleux... *When I see you again...* Sa main caressait ma nuque... Je la serrais fort, mon bras dans son dos, juste au-dessus des fesses, nos deux corps collés... Je l'aimais déjà. Jagger enchaînait : *Under my thumb...*

L'amour était pour moi une découverte. J'étais sorti avec beaucoup de filles, j'avais couché deux fois avec la même à trois mois d'intervalle, Geneviève, une étudiante en médecine, mais sans aimer, plus exactement sans trop savoir ce que voulait dire aimer. Et ce soir-là, dans le garage, j'avais un début d'explication. Aimer signifiait plusieurs choses que je ressentais en même temps : désirer, donner, s'abandonner, tout oublier et coller. Le dernier verbe est important, aimer c'est avoir tellement envie et besoin de l'autre qu'il est impossible de se séparer. Dans le garage, nos bouches restaient collées. D'habitude, quand j'embrassais une fille, je m'écartais pour parler ou boire, puis je la réembrassais et ainsi de suite. Là, on s'embrassait et on s'embrassait, rien d'autre. Nos corps étaient immobiles, seules nos têtes bougeaient légèrement et parfois le bras, le mien, tout près de ses fesses mais timidement. Nous étions une seule sculpture installée dans le garage des Lévy.

Je l'ai reconduite chez elle, à pied, vers cinq ou six heures du matin. Les Lévy habitaient près de la place Saint-Martin, les Finkel dans un grande maison de la rue Bicoquet, pas très loin. Nous avons fait un détour par l'église Saint-Nicolas pour allonger le trajet. La grille du vieux cimetière était ouverte. « Il faut que je rentre », dit-elle. Je l'ai embrassée encore pendant une bonne demi-heure entre les tombes recouvertes d'herbes folles. Le cimetière Saint-Nicolas était l'endroit le plus romantique de la ville. Il n'évoquait pas la mort mais le calme, le silence, la tendresse, avec ses vieilles pierres recouvertes de mousse qui jonchaient les allées et ses petites colonnes posées sur des tombes, au-dessus d'elles des têtes d'anges où s'entrelaçaient lierre et chèvrefeuille. Un cimetière désaffecté n'a rien à voir avec un cimetière en activité, il n'a pas la même odeur, pas les mêmes bruits de gravier crissant, pas ces fleurs en pots, pas ces gens qui avancent courbés, pas ces marbres froids et brillants gravés de lettres fraîches, il est reposant sans être triste, les morts allongés sous la terre ne sont pas des cadavres mais des statues de pierre, invisibles et rassurantes, il est hors du temps et de l'espace, un musée en plein air avec des dates qui racontent l'Histoire, les derniers siècles, il est un poème dans lequel on marche, s'assoit n'importe où, sur un vieux tombeau recouvert d'herbes Saint-Jean, sur une racine d'arbre centenaire... Ma main était moins timide. Je crois que cette nuit-là, dans le vieux cimetière, nous aurions fait l'amour si un petit interdit ne nous avait obligés à attendre avant d'oser le faire. Pas la première nuit.

Nous nous sommes revus le lendemain puis tous les jours suivants. Patrick ne m'en voulait pas de l'accord passé entre nous et assumait les conséquences de son acceptation. Je sentais chez lui un peu de tristesse. Il n'était pas jaloux mais inquiet de ses capacités à séduire les filles. Françoise, dont la facilité était légendaire, ne l'avait pas rassuré sur ce point. Il compensait en se vantant : « C'est un coup formidable, une vraie bombe sexuelle. » Je l'encourageai à poursuivre l'expérience jusqu'à l'épuisement complet de toutes les possibilités qu'offrait Françoise, l'étudiante de première année la plus diplômée, catégorie sexe, de toute l'université.

Oklahoma-Elsa Finkel était fille unique. Ses parents ont compris très vite la nature de nos relations. Ils n'y faisaient pas obstacle. Ma qualité de « goy » posait d'autant moins de problèmes que j'étais ami avec les Lévy. Le souvenir de Paul Merced et de son engagement dans le procès contre Barzoche a facilité les choses. C'était assez étrange pour moi de fréquenter une fille dont le père me remerciait de ce qu'avait écrit le mien. Son dernier éditorial – le dernier avant le drame – était encadré dans le bureau de Simon Finkel, la fin soulignée en rouge : *« Ce procès a permis à une famille juive d'obtenir une réparation matérielle. Mais l'argent ne règle pas tout. Maurice Finkel est mort des conséquences d'une délation. C'est un assassinat. Qui, dans notre ville, a livré Maurice Finkel aux bourreaux nazis ? Qui est responsable de son arrestation, de sa déportation à Auschwitz, de sa mort ? Qui ? Tant que la question n'aura pas de réponse, justice ne sera pas faite.* »

« Les juges savaient que Barzoche avait prévenu le milicien Mancheron », me dit Simon Finkel. « Et ils ont choisi le silence. Votre père avait raison : justice n'est pas faite. »

Pourquoi étais-je troublé par ces propos ? J'étais d'accord. Je les aimais bien, lui et sa femme, Jeanne, qui ressemblait tant à Elsa. J'aimais leur fille, et ce retour du passé, mon passé le plus intime, le plus cher, me dérangeait. Pour la première fois, des personnes extérieures visitaient le cœur, l'âme, le saint des saints de mon patrimoine affectif. Pour la première fois, je me trouvais dépositaire de la pensée de mon père. J'aurais pu répéter ce qu'il m'avait dit à propos de ce procès : « Oui, Barzoche était coupable de complicité de meurtre », et j'étais incapable de m'exprimer à sa place, d'être lui sept ans après le drame. J'avais peur. Pourquoi avais-je si peur, pour la première fois, de revivre un autre drame ?

Le cimetière Saint-Nicolas était devenu le lieu habituel de nos promenades nocturnes. Après le cinéma ou de longues soirées passées au Relax, le bar des étudiants en bas de la rue du Gaillon, je la raccompagnais sur mon Solex en faisant un détour par le cimetière. Nous passions des heures à nous embrasser, nos deux bouches collées, chacune aspirant et respirant l'autre... J'avançais soir après soir dans la découverte de son corps, sa minuscule poitrine d'Indienne de l'Oklahoma, puis son ventre caressé à travers sa petite culotte que j'hésitais à glisser le long de ses cuisses dorées. « Je ne l'ai jamais fait, attends », me disait-elle. J'attendais. Jusqu'au fameux soir, était-ce un mois ou deux mois après la surprise-partie de Patrick ? Le délai de décence, qui ne s'appelait pas ainsi, était dépassé, les baisers et les caresses avaient atteint leur limite dans le déclenchement du plaisir et réclamaient un passage à l'étape suivante. « Je t'aime tellement », dit par elle, avait été le signal, elle m'aimait tellement que j'allais être le premier. Nous étions allongés sur un matelas de mousse verte où se cachaient, invisibles comme les statues de pierre enfouies dans les tombeaux, des petites fleurs bleues. Sa robe se déboutonnait devant, de haut en bas, le soutien-gorge était dégrafé, la culotte blanche envolée, j'étais au-dessus d'elle, allégeant mon poids, elle regardait les nuages qui passaient sous la lune, elle souriait, si calme, et moi, par contraste, fou d'excitation, d'une incomparable excitation amoureuse que Geneviève, l'étudiante en médecine, n'avait pu provoquer à deux reprises, j'étais prêt à tout donner du plus profond de moi et, brutalement, comme un retour d'images, de souvenirs, de rêves, de cauchemars, j'ai vu les morts de la maison du château, de l'Abri Bonheur, de la plage Blanche, j'ai tremblé, tremblement nerveux où se mêlaient les derniers soubresauts de l'amour et ceux de la peur. Elsa me serrait dans ses bras. Mes cris étaient ceux d'un enfant de onze ans.

J'ai aimé Elsa comme un fou. Nous avions les

mêmes passions, je lui ai fait découvrir le jazz et Hendrix, elle m'a appris à apprécier Mozart, Brahms, Bach, nous lisions les mêmes livres, regardions les mêmes films, nous discutions des heures de Vian, de Sartre, de Mao, nous souhaitions tous les deux que le régime bourgeois soit renversé par la colère qui montait au début de 1968, provoquant à Caen, dès le mois de janvier, les premières manifestations ouvrières soutenues par les étudiants. L'amour et l'utopie poétique nous unissaient. Et pourtant, je l'ai quittée par peur de la perdre à jamais. Ou de me perdre.

Nous sommes retournés souvent le soir, pendant des mois, au cimetière Saint-Nicolas. Je l'embrassais, la caressais, lui faisais de temps en temps l'amour, malgré le froid de l'hiver, en espérant de toute mon âme qu'à force de le faire mon angoisse disparaîtrait; au contraire, elle s'installait, restait en moi, se manifestait sous des formes diverses, tremblements, fièvre, étouffements ou simple appréhension que l'un des symptômes, parfois imperceptible, ne revienne. L'angoisse ne m'empêchait pas d'aller jusqu'au bout du désir, rien n'aurait pu l'interrompre tant j'avais envie d'elle, de plus en plus envie d'elle, mais l'amour, une fois fait, au lieu d'anesthésier mon corps et ma tête, augmentait ma peur et ma douleur. Plus nous faisions l'amour, plus j'avais peur et mal. Nous en avons parlé. Elle, la première. C'était un soir, après l'amour, tous les deux assis sur le banc de pierre dans le plus joli coin du cimetière, là où un rosier grimpant redescend en pleurs des branches d'un arbre.

« Quand tu fais l'amour avec moi, tu penses à ce qui est arrivé à ta famille ?

— Je ne veux pas mais les images viennent toutes seules.

— Laisse-les venir et pense très fort à moi. Ça ne me gêne pas d'être avec les images des gens que tu as aimés.

— Je n'arrive pas à les ranger côte à côte. J'essaie. Je n'y arrive pas. Les images des morts effacent toujours la tienne. Tout devient rouge dans ma tête... »

Je ne lui disais pas que son visage rejoignait le visage des morts, que je la voyais mourir chaque fois que je la pénétrais. Je ne lui disais pas que son arrivée dans mon premier cercle, là où seuls les trois disparus avaient une place, là où depuis le drame j'avais interdit à d'autres de venir (sauf Maïka Dibrochka), je ne lui disais pas que son arrivée dans ce premier cercle, le cercle des morts, déséquilibrait le système fragile et artificiel que j'avais construit pour résister au choc de la disparition, je ne lui disais pas que ce bouleversement de ma hiérarchie affective, que cet effondrement du rempart derrière lequel j'avais enfermé mes morts, leur vouant là un culte secret et inconscient, m'effrayait, je ne lui disais pas que l'amour que j'éprouvais pour elle l'assimilait aux morts, l'allongeait parmi les morts qui l'accueillaient, lui donnaient une place à l'intérieur de ce premier cercle dans lequel une brèche avait été ouverte. Je ne lui disais pas qu'il fallait arrêter de nous voir, de nous embrasser, de faire l'amour, de nous aimer pour qu'elle ne meure pas et que je ne devienne pas fou.

« Tu sais ce qu'on devrait faire ? me dit-elle un soir de mai sous le rosier pleureur, on devrait faire l'amour ailleurs, dans un lit. Il y a trop de morts ici.

— Ils ne me gênent pas, ceux-là. Je ne les connais pas. Mais d'accord... essayons. »

Chère Mme Dibrochka, chère révolution. Grâce à elles, le printemps a été une saison agréable pour les amoureux. La complicité de Maïka nous a ouvert les portes du baraquement américain, et la révolution a secoué les règles de la discipline familiale. Les Finkel n'étaient pas favorables aux événements de mai, ils l'étaient d'autant moins que l'usine de chaussures des deux frères, Simon et Bernard Finkel, était occupée par les grévistes. Mais dans certaines familles « éclairées », dont la famille Finkel, la révolution était l'occasion de débats intellectuels sur l'évolution des mœurs, la tolérance et le besoin de reconnaissance d'une génération. Plutôt que d'interdire et de risquer de couper les ponts avec leur fille, les Finkel avaient décidé de la laisser vivre l'expérience de la révolte jusqu'à l'échec que Simon jugeait inévitable. Elsa avait donc le droit d'occuper l'université, y compris la nuit. La seule condition était qu'elle retourne de temps en temps chez elle, parfois avec moi, pour parler, s'expliquer et se justifier dans des débats interminables et passionnés qui laissaient les orateurs épuisés, chaque camp convaincu d'avoir bien défendu sa cause, ce qui était l'essentiel. Une seule fois, j'ai réussi, sinon à emporter une victoire verbale, du moins à marquer un point sur Simon Finkel. Je proposais une autre forme d'antagonisme, plus originale que la traditionnelle confrontation droite-gauche : « Le mouvement, disais-je, oppose les poètes aux autres, Rimbaud à Marcellin, les musiciens à ceux qui n'ont pas la sensibilité de la musique, on ne peut pas aimer le jazz et être contre l'idée de ce que représentent les événements. » Simon Finkel avait trouvé mon raisonnement tiré par les cheveux mais pas totalement stupide.

Avec Mme Dibrochka, les conversations sur les événements étaient vite expédiées. Elle était contre : « Vous êtes fous, les enfants ! Avec votre Rrrévolution, vous allez livrer la France aux Bolcheviques. Moi je les connais. Ils ne nous feront pas de cadeau. » Malgré nos divergences irrémédiables, elle était heureuse de voir ensemble « ses tourterreaux révolutionnaires » qu'elle accueillait deux ou trois soirs par semaine à bras ouverts. Elsa aimait le *koulibiac* et trouvait génial mon baraquement. Les taches marron sur les cloisons et l'odeur de plus en plus forte de carton moisi ne la gênaient pas. Je lui avais expliqué ma théorie de l'extraterritorialité et de l'ambassade, elle m'appelait « Son Excellence Mégalo ».

Nos nuits dans ma chambre n'ont pas calmé mes angoisses. Nous faisions l'amour aussi souvent qu'il était physiquement possible de le faire. C'était chez moi une sorte d'obsession, non pas sexuelle – quoique le désir sexuel jouât ici un rôle non négligeable – mais spirituelle : forcer mon esprit à accepter cet amour qui voisinait, dans le premier cercle, avec l'amour voué aux disparus. Je voulais habituer mon esprit à cette nouveauté à laquelle il n'était pas préparé, je n'y parvenais pas. Mes combats pour le dompter m'épuisaient. Après chaque échec, chaque nuit passée avec elle, la certitude de la défaite s'installait.

Quand des gens normaux – je ne suis pas normal – s'aiment, ils entrent dans une vie nouvelle. Ma relation amoureuse avec Elsa me projetait en arrière dans une vie passée vécue par d'autres, un autre couple, celui que formaient Paul et Apolline. Tout, autour de nous, recréait l'atmosphère du passé : le dernier éditorial de mon père encadré dans le bureau de Simon Finkel, le souvenir de ma mère défendant les juifs dans ce baraquement où dormait Elsa, jusqu'aux barricades de 68 qui donnaient à la ville des allures de guerre avec ces décombres au milieu des rues, cette fumée noire des voitures en flammes, ces bruits très particuliers de gens qui courent la nuit sur les pavés et les trottoirs. Quand nous regagnions le baraquement américain, fatigués et sales, convaincus de livrer des batailles acharnées et d'y risquer nos vies, nous étions Paul et Apolline, fatigués et sales, membres des équipes d'urgence, étudiants mûris par l'épreuve, rentrant la nuit dans la maison du château où Amélia les accueillait, préparait leur lit, souhaitant de tout son cœur qu'ils y fassent l'amour.

Ainsi fonctionnait mon esprit malade. Il assimilait notre couple au couple de mes parents. C'était sa manière, dangereuse, d'accueillir Elsa dans le premier cercle. Il la confondait avec ma mère et lui donnait les traits d'une autre morte, Anita : même chevelure noire d'Indienne, même petite taille, même aspect fragile, mêmes yeux de figue. Mon esprit mêlait les destins, celui des disparus et le nôtre. Nous étions condamnés à les rejoindre dans la mort, ou à rompre.

J'ai rompu à la mi-juillet.

La semaine précédant la rupture, dans la nuit du 7 juillet 1968, un bruit de tremblement de carton nous avait réveillés tous les trois. L'étançon métallique qui soutenait le porche à l'angle de la terrasse avait transpercé le toit. Mme Dibrochka, Elsa et moi regardions sur la pelouse le baraquement affaissé et déchiré en son milieu. Le toit, en s'effondrant au-dessus du porche d'angle, avait écrasé la balustrade de la terrasse et l'encadrement de la fenêtre du salon. Une crevasse large d'une dizaine de centimètres ouverte de haut en bas de la façade, marquait l'endroit où toute la partie gauche du baraquement semblait se détacher du reste, comme un morceau de glace sale quittant la banquise. Les plaques de goudron pendaient de la toiture, elles formaient une mantille qui couvrait un visage rongé par une gangrène marron. Le baraquement était à l'agonie, irréparable, inguérissable, détruit par une bombe, vingt-quatre ans après celle qui s'était abattue, dans la nuit du 7 juillet 1944, sur la Maison Bonheur à l'entrée de l'abri. Nous étions là, dehors tous les trois à quatre heures du matin, Mme Dibrochka dans son peignoir beige à brandebourgs grenats, nous deux en tee-shirts et jeans enfilés à la hâte, trois passagers débarqués sur la pelouse contemplant le naufrage d'un vieux bateau en carton-pâte.

Tout ensuite est allé très vite. Je souhaitais que tout aille très vite. La plupart des meubles ont regagné la maison de Maïka Dibrochka, rue de la Délivrande, les autres ont été vendus dans la salle des ventes du château. Anatole Barfleur a accepté d'accueillir le canapé en skaï rouge, le fauteuil club et tous les livres de la bibliothèque rangés dans dix-huit cartons. « En attendant », lui avais-je dit. En attendant quoi ? Ma décision était prise, je fuyais. Enfin je fuyais cette ville où tous les remparts – ces cercles – derrière lesquels je m'étais installé, tombaient les uns après les autres, me laissant sans protection, brisé, cassé, incapable de construire, dans un même lieu, une vie nouvelle. Depuis le drame de la plage Blanche, je vivais dans une bulle. L'étançon métallique l'avait percée. L'éloignement de mes meilleurs amis John et Anatole, la fermeture de *La Liberté*, la mort des époux Rowland et Delmas, l'arrivée d'Elsa, tous ces événements inattendus, incontrôlables, avaient bouleversé mes repères et déséquilibré ma capacité de penser, d'agir, d'aimer, de vivre. Je devais fuir.

Je crois que si le baraquement américain s'était effondré quelques mois plus tard, j'aurais pu vivre avec Elsa. Nous aurions ensemble, malgré mes combats intérieurs, construit un pont imaginaire qui m'aurait aidé à passer d'une vie à l'autre. Mais l'effondrement est arrivé au pire moment, au milieu de cette année maudite où tout s'écroulait autour de moi, ruinait mes défenses et brisait mes barricades. J'étais au bord du vide, pris de vertiges, paralysé. *« Est-ce mon cœur qui bat/Ou la terre qui tremble »*, chantait Nougaro en 68. Mon cœur battait pour Elsa, et la terre bougeait sous mes pieds. Je m'accrochais à elle et je nous voyais tomber ensemble dans le précipice entre les deux vies. L'effondrement semblait me dire, par un symbole absurde, que cette chute était prévisible, que trop de choses étaient semblables à ce qui s'était produit dans le passé pour qu'un nouveau drame, conforme à l'autre drame, pût être évité. Ce n'était pas une vulgaire superstition mais une certitude qui s'imposait à mon esprit malade, troublé par les événements que j'ai vécus cette année-là, des déceptions, des disparitions, une révolution ratée et un amour inattendu. Je devais fuir pour nous sauver tous les deux.

Comme trois enfants sur quatre de la génération du baby-boom, j'avais été réformé l'hiver dernier. Nous étions trop nombreux pour faire tous notre service militaire. Il suffisait de s'inventer une maladie, ce que j'avais su faire en me privant de manger deux semaines avant la visite médicale. J'étais libre et sans problème immédiat d'argent. Les Rowland avaient fait de moi leur légataire universel. J'héritais de leur appartement de New York et d'un pécule appréciable qui, une fois les frais de succession réglés, s'élevait à un peu moins de quarante mille dollars. Je trouvais cohérent que ma nouvelle maison, après le baraquement, soit un appartement américain. Toujours ma logique !

Le bulldozer a réduit en bouillie les cloisons de carton. Il ne restait qu'un petit monticule de moins de trois mètres de haut au centre de la pelouse. Me Chalumeau a vendu le terrain à un promoteur immobilier, cent mille francs. J'ai tout donné à Mme Dibrochka. « En attendant », lui ai-je dit. Anatole Barfleur et Raphaël Lévy m'ont promis de veiller sur elle, de l'inviter et d'aller la voir dans sa maison de la rue de la Délivrande. « Mon annexe », disait-elle du temps où nous vivions au baraquement. Maïka comprenait ma décision. Elle n'a pas cherché à me retenir : « Moi aussi, je suis partie un jour. J'ai fui mon pays pour construire une nouvelle vie. C'est peut-être pour ça que je savais que tu partirais. Promets-moi d'écrire, je suis trop vieille pour venir te voir. » Elle a beaucoup pleuré. J'ai pleuré dans ses bras en l'embrassant de toutes mes forces pour respirer une dernière fois son odeur et sentir les battements maternels de sa poitrine.

La séparation entre Maïka et moi avait été triste mais naturelle, un peu comme une mort qui frappe une personne âgée. Avec Elsa, ce fut une autre déchirure. Je me souviens de ses yeux pleins de larmes, de sa proposition que je rejetais, de me suivre, de la brutalité de mes mots pour l'éloigner. J'étais aveugle, sourd, habité d'une volonté intransigeante de fuir, seul. Je croyais, en agissant avec dureté, nous sauver tous les deux d'un drame, et le drame en fait se nouait à l'instant de la rupture, il était « la » rupture, le meurtre froid d'une relation amoureuse. Je sacrifiais mon amour à ma propre douleur et au souvenir des disparus. J'aimais Elsa et une voix intérieure m'interdisait de l'aimer. Au lieu de la combattre, je lui obéissais, je répétais ce que me dictait cette voix : je ne peux pas aimer Elsa Finkel. « Non, Elsa, je ne peux pas t'aimer, je ne peux pas t'emmener avec moi, je ne peux pas vivre avec toi. » Je ne peux pas trahir les habitants du baraquement, ceux du premier cercle. Elsa m'appelait au secours : « Réveille-toi, me disait-elle, ils sont morts ; ils n'ont pas le droit de nous séparer, j'ai besoin de toi... Je t'aime tellement. »

Nous étions sur le banc de pierre du cimetière Saint-Nicolas. Une belle nuit de juillet, autour du 14. « Je t'aime tellement... » ces mots n'avaient plus le même sens. Je lui en voulais de m'aimer tellement, d'essayer de me retenir dans cette ville où j'étouffais, de vouloir me suivre et d'emmener avec elle des morceaux de mon ancienne vie avec laquelle j'avais décidé de rompre.

« Je suis mort, Oklahoma. Dis-toi que Frank Merced est mort, écrasé sous son baraquement américain. C'est quelqu'un d'autre qui te parle. Quelqu'un que tu n'as jamais connu, avec qui tu n'as jamais fait l'amour, que tu n'as jamais aimé.

— Tu es fou de dire ces choses-là.

— Qui peut dire qui est fou ? Je me sens mieux dans ma tête depuis que j'ai décidé de renaître, ailleurs, sans toi, sans eux, sans personne de cette ville maudite, sans mes angoisses qui me font mal.

— Je pourrais peut-être te rejoindre plus tard, quand tu me diras de venir...

— Je ne te dirai pas de venir. Je dois tout oublier. Je suis en train de t'oublier. Je t'ai déjà oubliée. »

Comment ai-je pu prononcer ces paroles ? Qui parlait à ma place ? Elsa était près de moi, ses mains appuyées sur mes genoux, sa tête penchée vers le sol. Je sentais son corps trembler et devinais ses larmes coulant sur ses joues. Elle disait qu'elle m'aimait, qu'elle savait que je l'aimais. Il n'y avait aucune colère dans sa voix. A la dureté de mes mots, elle répondait par une plainte, une longue plainte de femme qui vient de recevoir une blessure. J'étais celui qui exécutait la sentence. J'étais l'instrument d'un drame que je voulais éviter et qui survenait, là, à cause de moi, dans ce cimetière désaffecté, le rendez-vous des amoureux de la ville.

« Frank... » Sa voix était très faible. « Pourquoi as-tu peur du bonheur ? »

Je n'ai pas répondu. J'ai juste pris sa tête entre mes

mains, j'ai regardé la tristesse dans ses yeux, je l'ai embrassée une dernière fois. Je suis parti à l'automne, sans la revoir.

J'ai *follement* aimé Oklahoma, la femme de mon ami Patrick Lévy.

7

Je suis né pour la seconde fois le 29 septembre 1968 à New York.

La ville que je découvrais, à dix-neuf ans, était une ville rêvée. Elle correspondait à ce que j'avais imaginé en regardant le plan accroché sur la cloison de la cuisine du baraquement américain, au-dessus de la table rouge. Chaque rue était à sa place et coupait les avenues à la perpendiculaire dans l'ordre que j'avais appris par cœur. Quand le taxi de Kennedy Airport, une vieille Chevrolet jaune à damiers conduite par un Haïtien, a traversé Washington Bridge, au nord de Manhattan, je savais qu'il longerait l'East River jusqu'à hauteur de la 72e Rue, puis qu'il tournerait à droite en remontant par Madison, à moins qu'il ne passe par la 110e au sud de Harlem ou la 96e face à Wards Island Bridge, redescende la 5e Avenue et coupe à gauche en face du Metropolitan Museum pour tomber dans la 77e et s'arrêter au numéro 26, chez les Rowland. Chez moi. Le taxi a pris par la 72e et Madison. Dix-huit dollars, pourboire et péage compris.

Ma connaissance de New York allait au-delà du plan. Je pouvais décrire les buildings les plus célèbres, le Chrysler, l'Empire State, le Woolworth et Rockefeller Center, le Theater District de Broadway avec Times Square et sa publicité lumineuse, Greenwich Village, SoHo, Tribeca, le quartier des docks de West Side... J'avais vu la ville à travers les livres, le cinéma, la télévision et les longues lettres des Rowland. Mon imagination m'avait installé dans ses rues et ses parcs. Même l'odeur et le bruit, ces deux caractéristiques de New York, ne me surprenaient pas. J'avais senti la cannelle les soirs de Noël en ouvrant mes cadeaux américains. J'avais entendu les sirènes stridentes des policiers, les cloches hystériques des voitures de pompiers, les klaxons graves des *yellow cabs*, en fermant les yeux devant le plan épinglé dans la cuisine. Je connaissais, avant d'y vivre, New York comme ma poche. Toujours cette idée de poche, d'enveloppe, de fœtus, de naissance et de renaissance. Manhattan était une longue poche où je me trouvais bien, nullement dépaysé au milieu de ses rues qui dessinaient des rectangles empilés les uns au-dessus des autres comme les étages d'un gratte-ciel géant, chaque « block » de rues et d'avenues formait une pièce (le salon, la cuisine, les deux chambres à coucher), les quatre pièces rectangulaires et symétriques du baraquement américain multipliées par mille, par dix mille et juxtaposées, cousues côte à côte pour assembler l'immense patchwork allongé de Manhattan.

L'appartement des Rowland était petit mais luxueux. Situé au huitième étage d'un immeuble qui n'en comptait qu'une dizaine, il faisait face au Mark Hotel, un palace discret de New York. Du salon, en se penchant par la fenêtre à guillotine, on apercevait les frondaisons de Central Park. Des housses blanches recouvraient les fauteuils, fantômes assis devant une bibliothèque en angle qui occupait la moitié de la pièce. Sur un autre mur, un carré sombre autour d'un clou indiquait qu'une toile avait été suspendue là, j'y ai accroché le tableau à la vache, l'un des rares objets, avec le livre de la bataille de Caen, que j'avais emportés. Une salle à manger, meublée d'une grande table dessinée par Frank Lloyd Wright, l'architecte du Guggenheim, et de quatre chaises assorties à haut dossier, jouxtait la cuisine équipée de tout l'attirail technique de la ménagère américaine. La chambre spacieuse où trônait un lit *king-size* recouvert de satin bleu canard donnait sur une cour intérieure. L'appartement était à l'image d'Upper East Side, le quartier le plus chic de Manhattan. Pas fait pour moi.

J'y ai vécu un peu plus d'une année, sur les dix ans passés à New York. Mon déménagement dans un studio minable de Canal Street, à Tribeca au sud de Manhattan, a correspondu avec mes premières difficultés financières. Les quarante mille dollars de l'héritage des Rowland ont été avalés, au sens propre du mot, dans les bars de SoHo et de Greenwich, les boîtes de jazz où je traînais chaque soir, les restaurants de West Side, les *lounges* des grands hôtels de Central Park South : le Plazza, l'Essex, le Parker, le Pierre, le San Regis. J'avais dépensé près de vingt mille dollars la première année, auxquels s'ajoutaient dix mille dollars de charges annuelles et de taxes, pour l'appartement.

Je ne comptais pas. Je dépensais. J'invitais des filles rencontrées à Columbia, l'université de New York où je m'étais inscrit en première année d'histoire de la littérature américaine. J'assistais aux cours, soit dix petites heures par semaine, mais je travaillais peu. L'essentiel de mon activité consistait à préparer mes soirées que je passais en compagnie d'une bande d'amis et de quelques filles séduites par ma générosité et un certain charme de *latin lover* dont l'efficacité m'a surpris. Je ne me trouvais pas spécialement beau. Je n'attachais d'ailleurs aucune importance au physique. Sammy Davis était, selon mes critères, plus beau que Julio Iglesias. On disait que j'étais le portrait de mon père, et la ressemblance me convenait. J'étais à peine plus grand que lui (1,81 m), les traits méditerranéens, seuls les légers reflets rouges de mes cheveux noirs et mes yeux clairs portaient – portent – la trace de ma mère. (Anna avait hérité d'un transfert contraire : chevelure blonde et yeux foncés.) Je plaisais aux filles, sans plus. Mais à New York – était-ce mon attitude différente et décalée d'étranger, mon accent, la réputation légendaire et dérisoire des Français ? – je les tombais toutes.

Je serais incapable de dire le nombre de filles que j'ai pu baiser dans l'appartement des Rowland. J'écris *baiser* parce que l'expression *faire l'amour* me semble mensongère. C'était de l'abattage sexuel. Rien à voir avec les caresses d'Elsa, sa tendresse, la manière dont nous nous endormions ensemble, l'un contre l'autre dans le petit lit du baraquement américain. A New York, je baisais. Et le seul avantage que j'y trouvais – avantage par rapport à Elsa si j'ose comparer l'incomparable –

était dans ma tranquillité d'esprit. Je n'ai plus ressenti les angoisses éprouvées à l'instant de l'amour. Cette disparition me rassurait. Je cherchais donc à confirmer ma guérison mentale en baisant de plus en plus, des grandes, des petites, des maigres, des boulottes, des Blanches, des Noires, des Asiatiques, avec une préférence pour les races de couleur. Les Noires étaient vraies dans les rapports sexuels, authentiquement libérées. Les Asiatiques, comme les Portoricaines, me faisaient penser – l'amour en moins – à Elsa et à sa petite poitrine. Quant aux Américaines blondes platinées, le style le plus répandu sur le campus, je les rangeais en deux catégories bien distinctes : il y avait celles qui bougeaient à peine et les autres qui ruaient et hennissaient comme des mustangs sauvages. Il était impossible – avant – de deviner si elles appartenaient à l'une ou l'autre variété. C'était la surprise. J'ai rarement couché avec une Américaine blanche, blonde et normale. Elles étaient frigides ou volcaniques, coincées ou salopes, confirmant l'idée que j'avais de l'Amérique, pays de forts contrastes.

Je savais pourquoi mes angoisses avaient disparu. D'abord, je n'aimais plus. Je baisais. Ensuite, l'éloignement estompait l'image des disparus. Je pensais toujours à eux, chaque jour, chaque nuit, sans m'en rendre compte, mais ils étaient moins nets. L'océan qui séparait les deux villes m'avait transformé en spectateur. J'étais installé sur une rive regardant le spectacle de mon ancienne vie qui s'était jouée sur l'autre rive séparée par l'océan-précipice. Je n'étais plus sur la scène, au milieu d'eux installés en cercle, mais dans la salle. Je pouvais les observer sans que leurs visages me brûlent les yeux. Il n'y avait plus cette lumière éclatante, ces feux de la rampe qui m'éblouissaient. Je n'étais plus acteur mais spectateur de mon drame.

Ce changement de position par rapport aux disparus s'était accompagné d'un abandon de mon système des cercles. Comme je n'aimais pas et que personne ne cherchait à m'aimer, la concurrence entre les cercles avait disparu et, par voie de conséquence, les cercles eux-mêmes. Ils ne servaient plus à rien puisque j'avais quitté le premier cercle pour le regarder de loin. Aucune candidate ne pouvait prétendre entrer dans un premier cercle qui n'existait plus. Je ne me souciais plus d'installer les gens que je rencontrais dans un deuxième ou troisième cercle, l'instabilité et l'inconsistance de mes relations avait rendu inutile l'organisation d'un système aussi élaboré. Il n'y avait plus de cercles autour de moi, juste un halo informe, une sorte de *hula-hoop* qui me touchait le corps puis s'éloignait, me retouchait le corps et s'éloignait, et ainsi de suite, le mouvement de hanches correspondant à ma nouvelle conception des relations sociales.

New York m'avait rendu ma liberté. J'en jouissais et me soûlais d'elle. L'appartement des Rowland, en moins d'une année, était devenu un lieu de plaisirs où je donnais des fêtes. L'époque facilitait les choses. Le mouvement hippie, la libération sexuelle, Jimi Hendrix, Janis Joplin, Woodstock, les Black Panthers, les manifs contre la guerre au Vietnam, toutes ces révoltes accumulées faisaient bouillonner la société américaine et exploser ses barrages. Ma libération individuelle coïncidait avec une libération collective. Les enfants de Dylan ne voulaient pas ressembler à leurs parents qui venaient d'élire Richard Nixon à la Maison-Blanche. C'était une sorte de grand débordement de colère, d'alcool, de sexe et de drogue. La vodka et la marijuana transformaient n'importe quelle fin de dîner en causerie révolutionnaire où j'exhibais mes galons d'ancien de Mai 68, mon amitié avec Joan, célèbre pour son soutien apporté aux causes noires et indiennes, et terminais la nuit entre les cuisses d'une fille. L'appartement commençait à porter les stigmates de ces beuveries, la moquette était souillée de taches, les tentures des murs étaient imprégnées de tabac froid, la table de Wright avait des traces de brûlures de cigarettes et de joints, un monceau de vaisselle sale s'entassait en permanence dans la cuisine, et la chambre des Rowland sentait le sexe. Je n'en étais pas gêné. Je désirais le désordre, ce tremblement de terre qui secouait tous mes repères et les jetait en ruines sur le sol. Casser pour après reconstruire. J'étais au premier stade.

Afin de ne pas perdre l'équilibre et sombrer dans l'excès de liberté, je m'étais imposé une contrainte. Je crois que sans elle, mon esprit se serait disloqué. Ce besoin d'inventer une discipline, alors que rien ne m'y obligeait, était la preuve que je n'étais pas en train de me livrer à une entreprise d'autodestruction. Ce premier stade obéissait à ma volonté, à une règle, à un système dont je conservais la totale maîtrise.

Cette contrainte consistait à marcher, tous les jours, pendant des heures, dans les rues de New York. Mais pas n'importe comment. Je marchais selon une méthode rigoureuse qui faisait de moi une sorte d'arpenteur-géomètre de la ville. Avant de partir pour accomplir ce rite quotidien, je traçais sur le plan mon parcours et hachurais les « blocks » de rues que j'allais sillonner mètre par mètre. Les blocks étaient rassemblés quatre par quatre, deux l'un au-dessus de l'autre et deux côte à côte, selon la même disposition que les quatre pièces du baraquement américain. Chaque assemblage de quatre blocks constituait une unité de visite, indissociable. En une journée, à raison de six à sept heures de marche, j'arrivais à parcourir les trottoirs de 24 unités de visite soit 96 blocks, avec une exception pour Harlem où j'ai dû ralentir ma cadence pour des raisons évidentes de sécurité et appliquer ma méthode avec souplesse. Mes incursions dans le quartier noir s'arrêtaient à la 125e Rue. Mais tout le reste de Manhattan était minutieusement quadrillé. J'ai commencé par l'Upper East Side, du nord de Central Park en descendant jusqu'à la 59e Rue, puis en remontant par Park Avenue, Lexington, ainsi de suite dans un mouvement sinusoïdal qui zigzaguait entre les blocks. J'ai poursuivi par le sud de Central Park, ensuite l'ouest, Upper West Side et tout le nord entre Columbia et les Cloisters. Puis retour vers le Sud. Middletown m'a occupé pendant trois semaines avant que je n'attaque le plus difficile, l'enchevêtrement de Downtown. En six mois, j'avais terminé et j'appliquais ma méthode à Central Park : le Réservoir, Belvedere Castle, Bethesda Fountain. Je découvrais le Park mètre carré par mètre carré, presque arbre par arbre. Une fois terminé, je recommençais la visite de la ville selon le même schéma avec un nouveau plan. Le premier était noirci par les hachures.

Ces promenades m'ont fait découvrir les New-Yorkais. La population de Manhattan est la plus bigarrée et la plus étrange du monde, tous les livres le disent, mais son exubérance, sa violence, son indifférence et ses comportements sont inimaginables. Il faut la voir, la sentir, la suivre sur les trottoirs, se perdre avec elle dans les couloirs sales du métro pour comprendre que cette foule fascinante est incompréhensible. Aucun cliché ne la résume. Ou plutôt, une succession de clichés absurdes la définit de manière contradictoire. On dit que les races ne vivent pas ensemble, mais côte à côte, enfermées dans des ghettos ou des quartiers. C'est vrai et c'est faux. Il m'est arrivé à l'angle d'une rue, au nord de Manhattan, de tomber sur un groupe de Noirs qui me jetaient des regards agressifs, d'aller vers eux et de faire demi-tour à toute vitesse. D'autres fois, d'autres Noirs marchaient à côté de moi et me servaient de guides. *« Hey man, what ar'you doing ? »* Nous parlions de la ville, de musique, des boîtes de jazz du quartier. J'ai vu les Asiatiques vivre enfermés dans leurs rues chinoises, les riches New-Yorkais barricadés dans leur quartier, des Blancs insulter un Noir égaré sur Madison, l'inverse à Spanish Harlem, et, trois blocks plus loin, les couleurs se mélangeaient... une femme blanche en vison et baskets au bras d'un homme noir, un *businessman* noir dans sa limousine, un *homeless* blanc, un flic noir patrouillant avec un flic blanc ou jaune ou portoricain... Cliché, vrai et faux, du melting-pot new-yorkais. Les gens s'ignorent et vivent ensemble. Ils se méfient, se haïssent, se battent... et ils se tapent sur l'épaule, s'entraident, s'aiment. L'habitant de New York est un individu et une foule. Il est seul et indissociable des millions d'autres. J'appréciais cet isolement dans la cohue urbaine, cette formidable agressivité, cette dangereuse imprévisibilité des réactions, cette excentricité humaine et multiculturelle.

Excentricité : éloigné du centre d'un cercle.

J'étais new-yorkais. L'un des New-Yorkais. Après quelques mois de marche, je connaissais Manhattan mieux qu'un New-Yorkais de naissance. Si n'importe qui peut situer sur le plan une rue ou une avenue numérotée, le chiffrage respectant un ordonnancement Nord-Sud et Est-Ouest, il est autrement plus difficile d'indiquer sans hésiter Old Slip, Pike Street, Mott Street, Jane Street ou Nagle Avenue. J'en étais capable et le vérifiais régulièrement auprès des chauffeurs de taxi.

Ma méthode de ratissage était réservée à Manhattan. Je délaissais les faubourgs, le Bronx, le Queens et Staten Island. Seul l'ouest de Brooklyn m'intéressait, à cause de la vue exceptionnelle sur Manhattan. Assis sur un banc de Brooklyn Heights, je regardais les gratte-ciel dont j'avais fait le tour à pied, puis je rentrais par Brooklyn Bridge en marchant sur la vieille passerelle de bois jetée par-dessus les voitures, satisfait de la contemplation de la ville dans laquelle je m'enfouissais avec un plaisir charnel.

Manhattan était devenu un baraquement américain gigantesque. Au bout d'une année, j'avais fait connaissance avec mon nouvel univers, fouillé dans cette poche allongée qui m'abritait et me protégeait, dans laquelle j'avais accepté de renaître et de revivre. La nuit, je buvais, m'enivrais de jazz et de vodka, fumais de la marijuana et baisais comme un malade. Le lendemain la marche dans les rues coupées à la perpendiculaire ordonnait mon esprit.

J'ai reçu, la première année, beaucoup de lettres de France. Je répondais à Maïka Dibrochka sans trop donner de détails sur mes excès. Je lui racontais la ville. Anatole Barfleur, John Turbe et Patrick Lévy n'avaient droit qu'à des mots très courts écrits comme des télégrammes : *« J'ai assisté hier au concert de Miles Davis : John McLaughlin à la guitare »* ou *« Très belle expo Kandinsky au Guggenheim, le plus beau musée du monde »* ou *« Ai croisé John Lennon lundi à Central Park, au pied du Dakota Building. On dit qu'il cherche un appartement »* ou *« Armstrong, Collins et Aldrin sont tombés de la Lune. Ils ont remonté Broadway le 14 août. Foule en délire. Ci-joint un confetti ramassé par terre »*. Je n'ai jamais répondu aux lettres d'Elsa Finkel. Je ne les ai jamais ouvertes. Je n'en ai jeté aucune.

Ma correspondance la plus nourrie, en dehors de Mme Dibrochka, était avec Joan. Elle avait rompu avec l'Ecrivain mais ils vivaient toujours dans la même maison : *« C'est bien comme ça, pour notre fils, il a son père et sa mère. »* A trente et un ans, elle supportait mal le poids d'une carrière professionnelle entamée à dix-sept ans avec Preminger, mythifiée par la Nouvelle Vague à la fin des années cinquante et, depuis deux-trois ans, désordonnée et médiocre. Son dernier bon film datait de 1967. Il y était question d'oiseaux, l'Ecrivain l'avait écrit pour elle. La suite, un western et un film-catastrophe, était décevante. Plus Joan se laissait aller à tourner n'importe quoi, plus elle se jetait corps et âme, l'un et l'autre fragiles, dans l'engagement politique. Il y avait en elle deux personnages qui s'affrontaient : l'exégérie de la Nouvelle Vague devenue starlette égarée dans des superproductions hollywoodiennes, et la pasionaria de la cause noire. Les combats que se livraient les deux personnages dans son ring intérieur la mettaient KO. Elle chancelait au bord d'un gouffre. J'ai reçu, à la fin de l'hiver 1969, cette lettre d'elle qui, entre les lignes, la décrivait marchant au bord du gouffre.

« *Mon petit Franky* (elle commençait toujours ses lettres par " mon petit Franky " ou " mon petit frère adoptif "), *pardon, je ne t'ai pas écrit depuis longtemps. J'étais au Mexique pour tourner un film de merde dont le titre en français sera " Un mâle nommé Callaghan ". Tu vas encore me dire que je m'éloigne de la Cinémathèque. Je m'éloigne, Franky... A Mexico, le soir du nouvel an j'ai rencontré Carlos, un autre écrivain, intelligent, beau. J'ai vécu avec lui pendant deux mois. Deux mois de passion folle qui se sont terminés, comme souvent chez moi, par un déchirement douloureux. Je n'ai pas l'habitude de te raconter mes aventures amoureuses. Je te parle de Carlos parce qu'il m'a dit une chose vraie, à laquelle je n'arrête pas de penser. Il m'a dit : " Ce qui vous manque peut-être le plus, à vous les Gringos, c'est un sentiment sérieux de la mort, au lieu de nourrir un sentiment tragique de la célébrité. " Il a raison, Franky. Ma vie d'actrice est stupide, je suis dans un monde d'apparences qui n'a aucune raison. Peu importe que je m'éloigne de Godard et des autres, l'essentiel pour moi est de donner un sens à ma vie jusqu'à ma mort, de me battre pour les idées de Malcolm X, pour les Indiens de Wounded Knee, contre la guerre impérialiste au Vietnam. L'Amérique est coupable,*

Franky. Elle ne supporte pas de se regarder en face. Elle est agressive. Mes amis des Black Panthers me disent que des gens à Washington, des politiciens et des flics, voudraient me faire taire. Mais je m'en moque. Tu sais, Franky, ici à Paris, je suis une Américaine qui a un accent marrant mais en Amérique on me regarde comme une étrangère qui vient se mêler de choses qui ne la regardent pas. Je soutiens le combat des Noirs parce que j'ai perdu ma patrie comme eux. Mon radeau va à la dérive, et ils sont mon merveilleux port d'attache. J'ai besoin d'eux. J'ai besoin de cette violence. Je t'embrasse. »

Joan est venue à New York à la fin de l'année 70.

J'avais emménagé à Tribeca, au sud de Manhattan, en janvier ou février. J'habitais sur Beach Street près de West Broadway et Canal Street, dans un petit immeuble qui devait être un ancien entrepôt de papier. Tribeca, en 70, n'était pas un quartier à la mode. Si les artistes avaient quitté Greenwich Village, trop cher et trop snob, pour SoHo, suivis par les galeries et les marchands d'art dont Léo Castelli, l'invasion s'arrêtait à Canal Street. Tribeca mourait avec le port de New York. Les entrepôts et les fabriques avaient fermé les uns après les autres, les rues et les façades étaient sales et noires comme tachées par la vase et la rouille. La municipalité avait le projet de raser tout le quartier pour y construire des immeubles d'acier et de verre, un projet qui n'a pas abouti mais dont la perspective rendait les loyers dérisoires. Je payais quarante-cinq dollars par mois pour un studio d'une trentaine de mètres carrés, très haut de plafond. Dès mon installation, j'avais bricolé une mezzanine en bois où on accédait par une échelle à un grand lit. La pièce était pauvre mais je m'y plaisais davantage que dans l'appartement luxueux des Rowland. Je l'avais mis en vente après l'avoir restauré (peinture, boiseries et moquette) avec l'argent des meubles (deux cents dollars pour la table Wright) et des livres de la bibliothèque. Je voulais que l'appartement fût impeccable pour en tirer le meilleur prix. « Pas moins d'un demi-million de dollars », avais-je dit à l'employé de Smith & Watson, l'agence immobilière de Park Avenue, qui l'estimait à la moitié et me prenait pour un fou. J'avais l'habitude. Le prix astronomique que j'exigeais correspondait à une double nécessité : ne pas brader l'héritage des Rowland par respect pour eux, et vivre l'expérience d'une pauvreté relative d'autant plus acceptable qu'elle s'inscrivait dans la perspective d'une richesse future. Du jour au lendemain, pensais-je, un demi-million de dollars me tomberait entre les mains.

Le choix de Beach Street ne devait rien au hasard. J'avais recherché sur le plan un lieu imbriqué dans Manhattan. Puisque je connaissais la ville, je devais maintenant pénétrer dans son intimité, m'installer entre ses tours dans les recoins grouillants de son corps, quitter le quadrillage impeccable des rues et des avenues entrecoupées au carré pour me glisser dans le fouillis embrouillé du sud de Manhattan où l'enchevêtrement des vaisseaux sanguins alimente le cerveau urbain. Le Village et SoHo avaient été éliminés pour des raisons financières. Le quartier de Gramercy Park m'attirait mais la ville manquait à cet endroit de hauteur. Même veto rédhibitoire pour Little Italy et Chinatown, trop basses et, par définition, trop typées vieille

Europe et Asie. L'extrémité sud de Manhattan, entre Chambers Street et Battery Park, semblait idéale avec ses buildings piqués en désordre sur le sol et ses ruelles étroites et sombres mais le quartier ne vivait que dans la journée, rythmé par les horaires de bureaux et les palpitations de Wall Street, le cœur du monde capitaliste. Tribeca s'imposait et Beach Street était un joli nom, doux et poétique. Etait-ce la traduction en français qui m'avait attiré dans cette rue ? Le destin ? Je n'avais pas remarqué, du moins n'en avais-je pas conscience, que *Beach*, nom du journaliste propriétaire du *New York Sun* et inventeur du « pneumatique » (Alfred Ely Beach : 1826-1896), signifiait *plage*. La rue de la plage.

Le petit immeuble de Beach Street était un *cast-iron*, une maison en pièces détachées construite en fonte et en brique au XIXe siècle. Son aspect délabré et fantomatique ne faisait qu'accentuer sa beauté romantique, avec ses balustrades ridées, ses corniches qui dessinaient des boucles de vieilles femmes et ses colonnes de fonte dont les motifs s'inspiraient d'un palais vénitien. Un monte-charge bruyant, qui autrefois supportait le poids des lourdes bobines de papier, se hissait jusqu'au quatrième étage, le dernier, où se cachait mon studio. Il donnait sur une longue terrasse métallique ajourée qui était en fait une sortie de secours ; à son extrémité les escaliers de fer tombaient en cascade jusqu'au trottoir de Beach Street. L'intérieur du studio était meublé de manière spartiate, juste une table, trois chaises, deux vieux fauteuils défoncés en cuir rouge vif, dont l'un masquait l'emplacement du lavabo-évier à côté d'une gazinière hors d'âge, une télé qui ne marchait – mal – qu'en tapant dessus, un tourne-disque, deux gros baffles et une grande bibliothèque en planches toute simple où s'alignait une centaine de livres choisis parmi le millier d'ouvrages des Rowland. Le matelas à deux places prenait toute la surface de la mezzanine, ce qui imposait de faire un rétablissement risqué au sommet de l'échelle pour se jeter dessus tout du long. La décoration était assez réussie. J'avais récupéré dans un coin de l'ancien entrepôt des chutes de papier peint qui dataient des années trente. Les imprimés à fleurs, à losanges ou arabesques, collés dans tous les sens et mêlés à des photos d'actualité découpées dans *Life*, ressemblaient à une toile géante de Rauschenberg qui couvrait tous les murs. Le tableau à la vache trônait au milieu de l'un d'eux face aux trois hautes fenêtres dont l'opacité des verres jaunis par le temps et la crasse filtrait la lumière extérieure, laissant la pièce baigner en permanence dans une pénombre surnaturelle.

Je me trouvais très bien au sommet de cet entrepôt qui sentait encore le papier, odeur proche de celle des cloisons en carton du baraquement américain. Le seul inconvénient de ma nouvelle habitation new-yorkaise, était les WC uniques, situés au rez-de-chaussée derrière le monte-charge. A mon initiative, les autres locataires avaient accepté de tenir une réunion mensuelle pour « gérer les chiottes » – qui nettoyait quand ? – et organiser la vie commune de notre palais métallique. La plate-forme du second étage, sur laquelle plongeaient les coursives des deux étages supérieurs desservant les appartements, était vide. Deux cents mètres carrés inutilisés, encombrés de débris de machines et de dévidoirs, que je proposai de déblayer. Nous avons récupéré, sur le chantier du World Trade Center, une énorme bobine de bois qui servait à enrouler les câbles ; en la couchant sur le côté elle faisait office de table, une table de deux mètres de diamètre gravée à l'enseigne de la société de tréfilerie : *« N.Y. wire-drawing limited »*. Des bancs, des fauteuils récupérés sur les trottoirs – tradition new-yorkaise – dont un trône de dentiste, une vieille chaîne hi-fi, plus tard un antique piano droit, un frigidaire à usage collectif et une guirlande d'ampoules vertes et rouges piquée sur la terrasse d'un restaurant de Little Italy, complétaient l'équipement de la plate-forme que les habitants de l'immeuble ont baptisée en réunion des chiottes : « Our Pretty Factory ». Référence warholienne. Andy était presque un voisin.

Nous étions huit locataires, répartis dans les deux derniers étages, les deux seuls occupés. Mark Stenson, un peintre d'une cinquantaine d'années, admirateur de Jackson Pollock, vivait dans le grand atelier du troisième étage, avec Yono, une jeune Chinoise qui portait des minijupes de quinze centimètres. Roy Mitchell et sa femme hollandaise, Carla, un couple paumé, gros tous les deux et régulièrement défoncés, vivaient au même étage que Mark et Yono. Je n'ai jamais bien su ce qu'ils faisaient. Alberto, serveur chez Fanelli's, le vieux bar de SoHo à l'angle de Mercer Street et Prince Street, chanteur d'opéra à l'occasion, était le meilleur client de sa voisine de palier, au quatrième, Pamela, strip-teaseuse et prostituée originaire de Grand Junction, dans le Colorado. Et Strawberry et moi.

Elle s'appelait de son vrai nom Angel Washington, mais Strawberry était la couleur et le goût de ses lèvres. Pour une fois, je n'étais pour rien dans l'attribution d'un surnom, ce qui ne m'empêchait pas d'en apprécier l'originalité, la pertinence et la saveur. Ses lèvres étaient superbes, irrésistibles et désirables comme tout son corps, sa poitrine ferme et ses fesses rebondies qui dansaient au-dessus de ses longues jambes. Strawberry était une déesse noire descendue du ciel ou de Harlem directement dans mon lit *king-size* de l'appartement luxueux des Rowland. Elle m'avait suivi dans l'antre de Tribeca, preuve d'un attachement certain à ma personne. Elle m'aimait. Je me souviens qu'à l'époque, je l'aimais bien. Elle était étudiante en première année de littérature américaine et avait plaqué l'Université de Columbia à la dernière rentrée, ce qui était logique puisqu'elle n'y faisait rien. J'avais adopté sa logique.

Strawberry m'avait initié à l'acide. Il me semblait inévitable et naturel qu'une personne dans ma situation, consommateur de vodka, de marijuana, de sexe et d'expériences en tout genre, glissât un jour dans la drogue, la vraie, pas la fumette pour étudiant en révolte passagère. J'attendais que ça vienne. Ma première dose de LSD remontait à l'automne 69. Strawberry m'avait donné un morceau de « buvard » imprégné d'acide, juste avant de faire l'amour. Outre mes capacités sexuelles et sensorielles qui s'étaient décuplées de manière incroyable et délicieuse, j'avais éprouvé une douleur que j'aimais et qui revenait à chaque nouvelle dose, disparaissait pendant le grand délire et reprenait immédiatement après, lors de la longue redescente qui durait des heures. Pour la première fois, je pouvais décider de la douleur, la déclencher, prendre ma dose de souffrance, l'observer avec une acuité d'autant plus vive qu'elle était palpable. J'appréciais cette matérialité de la douleur qui rendait le corps plus sensible, tordait chaque petit muscle, excitait la peau, éveillait les sens affolés par ces milliers, millions, milliards d'attaques infimes et aiguës. L'esprit profitait de cette perturbation généralisée du système nerveux pour s'évader de l'enveloppe corporelle, flotter au-dessus d'elle. Je pensais, avant d'y goûter, que le LSD calmait la douleur par abrutissement de l'esprit. C'était l'inverse qui se produisait. La drogue la réveillait, l'identifiait, la caractérisait, la sublimait lors du « trip », et l'esprit en prenait connaissance, la visitait, la considérait. L'abrutissement arrivait plus tard, une fois les effets hallucinogènes dissipés, laissant le corps meurtri par des millions, milliards d'attaques reçues et l'esprit disloqué par cette fréquentation douloureuse. Le risque de la drogue était là : rester sous l'empire de la douleur, l'étudier sans en ressentir le mal, ne plus en sortir, ne plus souffrir d'en sortir. *Lucy in the Sky with Diamonds...*

L'acide brûlait le corps et faisait exploser la tête. Autodestruction ? Non, visite guidée. Je trouvais qu'il y avait une certaine cohérence entre se droguer au LSD et marcher dans les rues de New York, ce que je continuais de faire après mon emménagement à Tribeca tout en limitant la promenade à quelques heures, parfois même une seule heure. C'était le même genre de découverte systématique et méthodique. Me connaître, connaître ma douleur, mes limites et connaître en détail la ville à laquelle j'identifiais ma nouvelle existence et les limites de ma nouvelle existence. Le rapprochement était tellement dingue que mon esprit avait dû l'imaginer une nuit où j'étais défoncé à mort. Mais ma logique a toujours fonctionné ainsi : sans arrêt fabriquer des cohérences et relier les choses entre elles. Peut-être était-ce totalement artificiel ? J'étais dans un univers – paradis et enfer – artificiel. Seule certitude : mes marches dans Manhattan m'ont aidé à encaisser les ondes de choc dévastatrices du LSD. Je marchais seul, toujours seul, sans Strawberry, les premiers pas étaient difficiles, mécaniques, les articulations de mes jambes gémissaient des séquelles de l'acide qui avait envahi mon sang, puis le corps se détendait, la marche le décrassait des salissures de la drogue. Les rues droites, les blocks tracés au carré remettaient de l'ordre dans mon esprit déglingué. Je trouvais d'ailleurs logique – toujours ma logique – de me droguer avec Strawberry dans le studio de Beach Street, au cœur d'un quartier désordonné avec ses rues et ses avenues qui se croisaient dans tous les sens, et de me désintoxiquer en marchant plus au nord, au-delà de la 13e Rue là où le plan redessinait un quadrillage impeccable.

La drogue a créé entre Strawberry et moi une complicité sexuelle. Je n'avais plus besoin d'autres filles, je me droguais et faisais l'amour exclusivement avec elle. J'ai écrit : *faisais l'amour*. Strawberry était différente des dizaines d'autres filles que j'avais baisées à New York, plus proche de moi, partageant trop mon intimité et ma douleur pour ne pas être installée à part, juste à la limite de ce que je crois être l'amour.

Elle était d'une beauté rarissime. Je n'avais jamais touché de seins aussi vivants, de fesses à la rondeur si parfaite, une peau douce et noire que la transpiration de l'amour rendait glissante et luisante. Elle connaissait tout des plaisirs du corps, m'enseignait des attouchements secrets que mes expériences multiples avaient été incapables de déceler. Elle faisait l'amour avec une énergie destructrice, comparable à la folie de la drogue. Strawberry était accro au sexe et au LSD, liant les deux dans un cocktail d'acide.

Angel Washington-Strawberry est née à Spanish Harlem, au nord de Central Park, à la limite du Harlem black, en 1951. Son père et sa mère appartenaient à la bourgeoisie noire, ils étaient tous les deux avocats. Angel les avait quittés l'année de son entrée à l'université et de sa chute dans la drogue. Son père, Me Charlie Washington lui versait un peu d'argent chaque mois sur son compte. Il cherchait à la joindre. Des étudiants de Columbia lui avaient donné mon adresse chez les Rowland. Le concierge, un Blanc, refusait de transmettre mes nouvelles coordonnées. Charlie lui avait laissé un mot à mon intention : *« Je suis le père d'Angel. Appelez-moi à mon bureau au : 749 5838. »* La conversation téléphonique avait été très brève. C'était tôt le matin, au début du mois de novembre 1970.

« Tu es Franky ?

— … Oui.

— Où est ma fille ?

— Elle est chez moi. Je lui ai parlé avant de vous appeler, elle ne veut pas que je vous donne l'adresse.

— Comment va-t-elle ?

— Bien.

— Elle se drogue ?

— ...

— Je sais qu'elle se drogue. Ecoute, je ne te connais pas mais pour moi tu es responsable de sa vie. Tu acceptes d'être responsable de la vie d'un être humain ?

— ... Oui.

— Cet être humain est ma fille que j'aime. Tu l'aimes ?

— ...

— Je veux que tu m'appelles une fois par semaine pour me donner de ses nouvelles. D'accord ?

— ...

— D'accord ?

— D'accord.

— N'oublie jamais : tu es responsable de sa vie... »

Il avait raccroché. En quittant la cabine téléphonique à l'angle de Broadway et de Canal Street, j'ai marché vers le nord en remontant la 6e Avenue. Pendant sept ou huit heures jusqu'à ce que la nuit tombe, j'ai parcouru les rues au sud de Central Park entre l'Hudson River et l'East River. Une longue marche dans un périmètre tracé au cordeau. Je suivais les bords d'un carré composé d'une vingtaine de blocks, me rapprochais rue par rue jusqu'au centre du carré puis repartais en délimitant un autre carré et ainsi de suite. Vu d'avion, mon trajet dans Manhattan ressemblait à une succession de colimaçons à angles droits qui se superposaient. La rigueur maniaque de l'itinéraire m'aidait à réfléchir, m'obligeait à fouiller au fond de moi, à l'épicentre du carré. Je pensais à la nuit précédente avec Strawberry, à sa réaction quand je lui avais montré le mot de son père : « Ne l'appelle pas, je t'interdis de l'appeler, c'est ma vie. » Elle était entrée dans une colère furieuse que seule la drogue et le sexe avaient calmée. Je l'accompagnais, tombais avec elle dans son délire. « Je comprends Céline, lui avais-je dit au milieu de la nuit, il jetait la matérialité de la douleur dans ses pages et les accrochait sur un fil à linge pour la regarder dégouliner sur le sol et la récupérer ensuite dans d'autres phrases. »

Pourquoi Céline ? La drogue installait ma douleur sur un fil et elle dégoulinait. Je la voyais accrochée au fil, tomber du fil et je la récupérais. Strawberry regardait sa vie suspendue à un fil, dégouliner du fil et elle la récupérait.

« Connerie. » Ma marche méthodique dans le labyrinthe des blocks me révélait la connerie de la drogue. « Elle ne règle rien cette merde, elle te fait voir la douleur mais c'est pour la recevoir en pleine gueule. Tu te tues. Tu la tues... Tu es responsable de sa vie. » La phrase de Charlie Washington résonnait dans mon crâne. Le père de Strawberry devait avoir l'allure d'un brave type. Je ne connaissais pas son visage, je le projetais : cheveux crépus gris, peau très noire, lunettes fines en écaille, regard intelligent. *« Tu es responsable de sa vie. »*

Strawberry avait accepté, au réveil, que j'appelle son père. « Ne lui donne pas l'adresse, parle-lui c'est tout. » J'avais interprété son autorisation comme un appel à l'aide. « Parle-lui. » Je lui avais peu parlé mais mon accord pour le joindre au téléphone une fois par semaine signifiait que je m'engageais à sortir Strawberry de cette drogue de merde. Je marchais et répétais : « Merdique, merdique. » Les New-Yorkais ne s'étonnaient pas de croiser un mec qui parlait tout seul en marchant la tête baissée, rentrée dans les épaules. « Merdique, merdique. » Je ne pouvais rappeler Charlie Washington chaque semaine et continuer mes séances de défonce avec sa fille. *« Tu l'aimes ? »* Je ne me souvenais plus si j'avais répondu à sa question.

Strawberry m'attendait dans la Pretty Factory avec les autres. Mark, le peintre, Yono, sa femme, Pamela la prostituée, et Alberto, l'Italien, mangeaient des nouilles au ketchup autour de la table ronde. Roy Mitchell et sa Hollandaise devaient cuver à l'étage. Strawberry était assise dans le fauteuil de dentiste : « Pourquoi tu n'es pas rentré plus tôt ?

— Il fallait que je marche pour réfléchir.

— Tu as eu mon père ? Qu'est-ce qu'il t'a dit ? »

Une intimité s'était nouée entre les habitants de l'immeuble de Beach Street. Excepté Roy et Carla, coupés du monde extérieur, nous formions une sorte de communauté qui étalait ses problèmes personnels, chaque membre pouvait intervenir et participer à ces grands débats collectifs. C'était encore la mode en 70, l'utopie gentillette et dérisoire du Phalanstère fouriériste revu par Allen Ginsberg, le pape vieillissant de la *Beat generation* qui récitait ses poèmes à St Mark's Church dans le quartier paumé de Bowery. Nous y traînions le soir, Strawberry et moi, parfois avec Mark et Yono.

« Ton père m'a dit qu'il t'aimait.

— J'en ai rien à foutre de son amour. »

Mark s'était levé : « Parle pas comme ça. » Mark, le plus âgé d'entre nous, bénéficiait d'une sorte d'autorité morale. « Vous êtes complètement dingues de vous droguer tous les deux comme des malades. Vous voulez sombrer comme les deux camés du troisième ? T'as vu le résultat, Strawberry ? T'as vu la gueule de Carla ? C'est à ça que tu veux ressembler ? A un monstre qui a la tête d'une otarie albinos ?

— Le hasch y a que ça de vrai », renchérit Alberto, vautré sur Pamela. « Le hasch, rien que le hasch, pas cet acide de merde.

— Vous me faites chier avec votre morale à la con. Vous me faites tous chier. » Strawberry avait jeté en arrière le fauteuil de dentiste, hurlait sur la passerelle, nous insultait en montant l'escalier métallique qui conduisait à notre chambre. Je l'ai retrouvée à quatre pattes. Elle cherchait la drogue planquée sous une latte du parquet.

« Non, Strawberry.

— Tu me laisses tomber. T'es un salaud, comme les autres, comme mon père. »

Elle s'est mise à sangloter. Des sanglots de petite fille. Nous avons fait l'amour. C'était la première fois depuis plus d'un an que nous faisions l'amour sans nous droguer.

J'ai rappelé son père la semaine d'après. Puis la suivante. Sans rien dire. Juste : « Ça va mieux... attendez... ça va mieux. » Notre désintoxication était douloureuse. Si le LSD ne produit pas de réelle dépendance, son arrêt brutal après une consommation régulière provoque des angoisses parfois incoercibles. Les autres nous aidaient. Les conversations, le soir autour du plat de nouilles au ketchup duraient des heures. Parler. Parler. Jouer du piano avec Alberto qui chantait. Et regarder Carla les rares fois où elle descendait dîner. Elle ressemblait à une otarie albinos.

Strawberry est rentrée un mois après, début décembre 1970. « Tu viendras chez moi, Franky ? » Angel Washington s'est inscrite en deuxième année de littérature américaine. Je suis allée la voir en janvier. Son père avait les cheveux gris crépus, la peau très noire, des lunettes fines en écaille et un regard intelligent et bon. Elle revenait de temps en temps dans la maison de Beach Street. J'étais heureux de la revoir. Juste la revoir.

J'ai reçu la lettre de Joan à la mi-décembre 1970... *« Je repartirai de New York l'avant-veille de Noël. On se voit le 22 à 18 h au Plazza. D'accord ? Promis ? Je t'embrasse. »*

Aucune ville au monde ne se décore à Noël comme New York. Londres peut-être. Les grandes avenues de Manhattan brillent sous des guirlandes d'ampoules qui dessinent des étoiles, des sapins et des traîneaux de lumières. Sur les trottoirs, les dames en costume rouge de l'Armée du Salut agitent leur clochette en chantant *Ding dong merrily on high* et des Noirs déguisés en Pères Noël blacks récoltent les pennies dans des chaudrons en cuivre. Le grand sapin de Rockefeller Center est une attraction new-yorkaise, haut d'une quinzaine de mètres, il croule sous les rubans et les boules de toutes les couleurs. Des statues glacées d'anges blancs soufflant dans de longues trompettes, forment une haie d'honneur jusqu'au pied du sapin géant installé entre les gratte-ciel devant la patinoire en plein air. La partie de la ville, à cet endroit, au sud de Central Park, est la plus décorée. Belle, magnifique et obscène dans sa débauche de bonheur électrique. Noël, à New York, est un accélérateur de particules émotives. Si on est heureux, on l'est davantage. Si on est triste et désespéré, les lumières éblouissantes de la ville et les chants bibliques braillés au coin des rues blessent l'âme un peu plus. Je n'étais ni heureux, ni triste. Entre deux. Indifférent à ce Noël américain. L'arrêt brutal de la drogue et le départ de Strawberry m'avaient plongé dans un état quasi catatonique. J'éprouvais la satisfaction d'un certain devoir accompli et un double manque physique et affectif. J'avançais à pas mécaniques vers Central Park, croisant le sapin de Rockefeller Center sur la 5e Avenue sans le voir et les clochettes des générales de l'Armée du Salut sans les entendre. Les passages de la lettre de Joan accompagnaient ma marche. Elle racontait la mort de son bébé à la naissance, une petite fille blanche : *« Blanche, Franky, pas noire. Elle n'était pas noire, ni café au lait. »* La presse américaine, manipulée par le FBI, prétendait qu'elle était enceinte de l'un des chefs des Black Muslims. Sa lettre racontait le bébé installé dans un cercueil de verre pour que la couleur de sa peau – *« blanche, Franky »* – soit bien visible. Elle racontait sa peur d'être tuée, assassinée, sa tentation du suicide, les psychiatres... J'avançais vers Central Park et le Plazza sous les lumières de Noël et les flocons de neige qui recouvraient la ville d'une propreté provisoire.

Le portier m'a fichu la paix. Mes cheveux longs et ma canadienne de cuir fatigué ne me différenciaient pas des rock-stars qui fréquentaient le palace, mélangés aux hommes d'affaires et aux belles New-Yorkaises en robe du soir et vison à trois mille dollars pièce. *« Please, my name is Frank Merced... »* Des couples allaient et venaient dans la luxueuse entrée en marbre du Plazza ; ils avaient rendez-vous à l'Oak Room, le restaurant hors de prix de l'hôtel, ou au Palm Court, le salon de thé que j'avais fréquenté à l'époque de ma vie dispendieuse avec des étudiantes gourmandes qui dévoraient des yeux l'impressionnant buffet de cheesecakes, crumbles et brownies au beurre de cacahuète. « Madame nous a prévenus de votre arrivée, M. Merced. Elle occupe la suite 4032, mais elle est en ce moment en ligne. »

La glace qui occupait un pan de l'ascenseur en cuivre, reflétait ma silhouette en pied. J'avais pris l'habitude de me coiffer et de me raser sans miroir. Peut-être faudrait-il que j'accroche un jour une glace dans mon studio de Beach Street. La dernière fois que j'avais regardé mon visage, c'était il y a un mois ou deux dans le poudrier-loupe de Strawberry. J'avais maigri, mes joues s'étaient creusées, une blancheur maladive faisait ressortir mes yeux, la longueur démesurée de mes cheveux noirs accentuait mon teint livide. J'avais l'allure de ce que j'étais – de ce que j'avais été – un *junky*.

Elle ne répondit pas aux trois petits coups que je frappai. J'entrai et appelai. « Joan... » Le salon était vide, la porte entrouverte de la chambre laissait filtrer le bruit d'une voix. Une voix de femme noire parlait au téléphone, d'abord doucement puis de plus en plus fort. Une voix hurlante, hystérique. Joan était assise sur le lit et parlait en imitant de manière excessive et caricaturale, les accents d'une voix de femme noire. La scène était effrayante. A l'autre bout du fil, j'entendais la colère de son interlocuteur, un Noir qui l'insultait, la rabaissait à son statut de femme blanche, stupide et folle. « Mais Hakim, ton combat est le mien... Tu n'as pas le droit... je souffre assez pour ça... ils vont me tuer... » Joan parlait dans le vide. Le Noir avait raccroché. Je la voyais de dos, voûtée, devinant son regard perdu, fixé sur le combiné qu'elle avait posé sur ses genoux.

« Joan... c'est Frank. » J'avais regagné sur la pointe des pieds l'entrée de la suite et rouvert la porte que je claquai brusquement. « Joan... » « Oh Franky, mon petit Franky. » Elle s'était jetée dans mes bras. Je l'embrassai dans les cheveux.

« Quel look, Franky ! Tu joues dans quel orchestre ? Le Velvet Underground ? Lou Reed est ton meilleur ami ?

— Depuis que je suis à New York, j'ai pas eu le temps d'aller chez le coiffeur. Ça fait quand même plus de deux ans.

— Tu fais destroy. Pas mal... Beau ténébreux... Si tu n'étais pas mon petit frère, je craquerais. »

Elle s'était mise à rire. Je riais aussi. Notre dernière rencontre remontait à mars ou avril 1968, c'était à Caen, dans le baraquement américain, avec l'Ecrivain, Maïka Dibrochka, John Turbe et Oklahoma. Joan avait changé. Elle était toujours belle mais son visage portait les traces de la drogue, de l'alcool et d'une profonde tristesse qui allumait, au fond de son regard, des petits éclairs de panique.

« Champagne, Dom Pérignon... »

Nous avons trinqué à nos retrouvailles. Je lui parlai de mon installation à New York, de l'appartement des Rowland que j'avais mis en vente un demi-million de dollars – « Tu es complètement fou » –, de mon installation à Tribeca, de la Pretty Factory, de Strawberry, sans rien dire de la drogue. Elle me parla de ses derniers tournages, de son projet de film avec Yves Boisset, de sa séparation d'avec l'Ecrivain, de son fils, sans rien dire de sa petite fille morte.

« Si on allait dîner chez Gallagher's ? Appelle Strawberry. Tu veux bien me la montrer ?

— Un, je n'ai pas le téléphone au studio. Deux, Strawberry est allée passer quelques jours chez ses parents. Trois, je suis OK pour dévorer un énorme steak avec toi. »

Gallagher's, sur la 52e Ouest près de Broadway, est réputé pour ses *sirloins* de 12 *oz*. Les quartiers de bœufs sont entreposés dans une gigantesque salle froide vitrée qui longe le couloir d'entrée. Les murs de la salle du restaurant, un ancien *speakeasy*, ces bars clandestins de la Prohibition, sont couverts de portraits en noir et blanc de célébrités américaines. Nous avons pris place dans un coin sous une photo de Sean Connery et Ursula Andress prise sur le tournage de *James Bond contre Docteur No*.

« Tu as revu Sean, Franky ?

— Non. Jamais. Il m'écrit de temps en temps. Des petites cartes. La dernière venait de Bora Bora.

— J'aurais aimé jouer avec lui. Mais je n'ai plus l'âge d'être une James Bond girl. Ni l'âge, ni l'envie, ni le choix... T'imagines une Black Panther communiste dans un film anticommuniste ?

— J'ai lu ta lettre. Ça a été dur ?

— Commande ton steak. On parlera après. »

Je n'avais pas mangé de viande rouge depuis des mois. Le Zinfandel était chargé en tanin mais agréable à boire. Elle fumait cigarette sur cigarette, des Marlboro, ne touchait pas à son assiette et me regardait avaler la mienne.

« Tu veux ma part ?

— Non, je ne peux plus... Plus l'habitude.

— Dis-moi que tu es fauché et que tu ne manges pas à ta faim.

— Je suis fauché mais je mange des kilos de nouilles au ketchup.

— Tu ne travailles pas ?

— J'ai un projet pour piger dans un quotidien français, grâce à Raphaël Lévy, un ami à moi. Je l'ai revu au printemps, ici à New York. Il est devenu rédacteur en chef à *France-Soir*. Je dois l'appeler avant la fin de l'année. Tiens, je vais l'appeler demain. Il faut que je pense à l'appeler demain.

— Mais tu n'as besoin de rien, Franky ? Un peu d'argent ?

— Non. Je t'ai dit que j'étais un futur nouveau-très-riche. En attendant, ça va. Et toi ? Tu as besoin de quoi ?

— De tout, sauf d'argent. Ils m'ont fait tellement de mal. »

Le timbre de sa voix venait de se casser, les petits éclairs de panique clignotaient dans ses yeux. Elle me redit avec plus de détails ce qu'elle avait écrit dans sa lettre. Les fausses révélations des journaux à scandale, sa grossesse, le soutien de l'Ecrivain qui, malgré leur séparation, l'entourait de tendresse et d'amour, la mort de sa petite fille, la blancheur de sa peau, le cercueil de verre... « Maintenant, ils cherchent à me tuer, ça ne leur suffit pas de me salir, ils veulent que je disparaisse, ils s'attaquent à mon cerveau.

— Qui ils ?
— Je ne peux pas te parler ici. Rentrons à l'hôtel. »

Nous avons marché dans la neige, bras dessus bras dessous. Le froid nous dégrisait un peu. Trop de champagne, de Zinfandel et de douleur ! Les smokings et les visons quittaient l'hôtel passablement éméchés. Nous étions un couple frigorifié qui regagnait sa chambre.

« Tu veux encore un peu de champagne ?

— Je préférerais de la vodka. » Mon remède contre le manque d'acide.

« Va pour la vodka... Stolichnaïa ou Priviet ? »

Elle buvait et parlait. Je buvais et l'écoutais. Pendant une heure, peut-être deux, elle m'a expliqué comment le FBI et la CIA étaient en train de la discréditer auprès de ses propres amis noirs. « Ils ont des agents partout ici, à New York, à Paris, à Londres, à Madrid. Ils montent les Black Panthers contre moi en leur disant que je suis une salope de petite bourgeoise blanche qui les soutient par snobisme. Même ça, même le combat de ma vie, ils me le prennent. »

Je la plaignais de tout mon cœur mais je ne la croyais pas. Elle se racontait des histoires. La drogue lui inventait des histoires d'espions. Elle se jouait dans la tête un mauvais film de série B. Non, Joan, je ne te croyais pas. J'ai eu tort de ne pas te croire. J'ai eu tort de me fâcher contre toi. Etait-ce le manque de drogue, le départ de Strawberry et les verres de vodka qui m'ont fait te parler brutalement, pour espérer te réveiller ?

« Si tu arrêtais de te droguer, tu verrais mieux la réalité en face », lui ai-je dit sans que rien dans mon comportement n'ait laissé prévoir ma réaction sèche et réprobatrice. Elle a été surprise, déçue. Je revois aujourd'hui encore sa peine dans ses yeux et j'entends ses mots.

« Stop. Pas toi. Pas ce visage-là qui porte les mêmes marques que les miennes.

— Moi, c'est fini.

— Mais toi, tu as commencé. Or tu n'avais pas de raisons de commencer. Tu as souffert comme moi, autant ou plus que moi. Tu as tes morts. Mais tu pouvais fuir. Tu as fui ta ville, ton baraquement américain. Moi, je n'ai aucun endroit où fuir. La France, l'Amérique... Je suis traquée. Je suis morte, t'entends, je suis morte. Et toi tu vis, tu te drogues et tu donnes des leçons. »

Elle s'est effondrée, le corps agité de spasmes nerveux. Comme moi dans le cimetière Saint-Nicolas ou sur le lit du baraquement américain. Je me revoyais pleurant sur le ventre d'Elsa, embrassant son ventre trempé de mes larmes. « Pardon, Joan, pardon... C'est dégueulasse, ce que j'ai dit.

— Je suis morte. Je suis folle... Franky. Mon petit Franky... Reste avec moi. » Elle délirait. « Qu'est-ce que ça veut dire, dégueulasse ? »

J'ai ôté ses chaussures, des bottines à boucles, et son pantalon en peau doublé de soie. Elle portait une ravissante petite culotte de dentelle avec plein de petites fleurs imprimées. Elle m'avait déjà dit en riant qu'elle aimait la lingerie sexy. C'était la première fois que je le vérifiais. Je l'ai portée dans le grand lit de la chambre. Elle m'a chuchoté à l'oreille : « Je t'aime, comme mon petit frère, Franky. » Je me suis assis dans le fauteuil à côté du lit. Elle s'est endormie en me tenant la main. Je l'ai regardée dormir pendant une heure. Il n'y avait au fond de moi aucun désir, mais un amour troublant. Enfantin. Cette femme, blonde, petite, fragile, était ma mère qui dormait.

Joan a continué de m'écrire. J'essayais de l'aider avec des mots et des phrases pour freiner sa glissade vers la folie. Dans l'une de ses dernières lettres, elle a évoqué notre conversation du Plazza et ma brutalité verbale. *« Ne t'en veux jamais de m'avoir secouée. Il faut que moi aussi je secoue les autres. Ça fait trop mal. Je ne veux pas qu'ils aient mal. Je les aime. »* Elle joignait sa lettre ouverte que *Libération* avait publiée dans le courrier des lecteurs : *« Lettre d'amour aux camés »*. Je l'ai gardée et la relis, comme l'un des plus beaux poèmes, en écoutant *Two For the Blues* de Count Basie.

« Il neige sur Paris... Pied ! Rare. Rien à en foutre, on veut de la neige dans nos veines. On espère qu'entre-temps le môme n'a pas renversé ce qui traînait de Mari sur le canapé sale, à côté du dernier Mandrax. Fixette. Vite. Aiguille sale ? Hépatite ? Rien à foutre. San Sébastien de la Blanche c'est pas notre faute. La société nous a faits comme ça. Mon vieux est un con. Maman n'a rien compris. Leila m'a laissé pour une autre. Trala-la et chiale, chiale. Chier, faites chier. Tous. Salut mes loulous, mes rouleurs de mes deux, kamikazes de la Harley, mes bras restent. C'est bien ? Tu es cool. Cool. Je sais. Si cool que tu peux plus réchauffer les pieds de ta bonne femme. Ecroulés côte à côte, – hmm, hmm, pied – et si on essayait de baiser ? Blff. Tellement mieux le flash, tellement mieux. Sales cons, minables, vous osez vous défoncer en écoutant Dylan et " Lay, lady, lay ". Vous êtes obscènes. Lui, il a ses emmerdes aussi, il doit vivre avec son génie – chose jamais facile, demande à Baudelaire. Et il bosse, le mec. Il est sur pied tous les jours, pour chanter " Hurricane Carter "

pour vous. Vous êtes obscènes. (Putain elle nous emmerde, mettons sa lettre dans les chiottes sales. Rien à foutre. Elle est vraiment trop square.) D'accord, d'accord j'ai rien dit. Mais j'ai quand même envie de causer encore. Vous vous défoncez avec Sonny Criss ? Je vous l'interdis. C'était mon copain, et il essayait avec moi de vous décrocher. Et il jouait presque aussi bien que Yardbird Parker qui, sur son lit de mort, suppliait les jeunes musiciens de le croire quand il disait que son génie ne venait pas du cheval. Ça venait de son génie et de ses efforts au-delà du possible. Point c'est tout. Il travaillait. Ça s'apprend le sax. Tu te shootes avec Miles ? Ça se travaille, la trompette. Des heures chaque jour et des années. Paul Desmond vous branche ? Moi aussi. Il fumait même pas les joints. Et il est sublime. Mick Jagger. Et Keith peut-être plus. Et ils se donnent à n'en plus finir pour vous. Et gracias, de nada, vous restez contre le mur avec le garrot, trop défoncés pour l'enlever. Et Bobby Marley ? Qui ne l'aime pas ? Et il fait de la musique et de la politique et il risque sa vie. Sniffette, sniffette. Et n'écoutez plus, je vous en prie, mon ami Memphis Slim. On est cool, hein ? Et Hakim Jamal, cousin de Malcolm X, ex-toxico, ex-taulard, Muslim Noir, plus bel homme qui a jamais marché sur la terre de notre époque : il est mort mon Jamal – huit balles dans le ventre, assis dans une chaise à bascule, sa famille autour. Trois junkies revenus du Vietnam l'ont fait. Vietnam. OK (circonstance atténuante), mais vous m'avez tué Jamal. Oh, t'en fais pas, je fais pas du racisme à l'envers. J'ai connu des salauds et des minables, des crados et des crasseux de toutes les couleurs. Bon, basta. J'arrête. Je fume une sèche ; je bois une bière. Et je plane. Avec Count Basie. The Count. Je vais prendre un bain et mettre des pétales de roses dedans et écouter " Satin Doll ". Je la boucle. Juste une dernière chose, les copains. André Malraux, connais ? Moi, si. Assez bien. Et de toute sa vie, il a fumé trois boulettes d'opium, juste pour décrire le vieux Gisors. Trois. OK? Salut. Bacci. The Count joue " Two for the blues " et je plane sec! 15 minutes. Me revoilà! Caftan, encens, parfum. The Count joue " Jump for Johnny " (Neal Hefti) et je laisse mes camés avec leur overdose : qu'ils crèvent dans leur vomi – sauf Jean Hugues, pourquoi bon Dieu, Jean Hugues Nelkind? Jean Hugues. Jean Hugues. Je parle encore de temps à autre avec ton père. Il est bien tu sais. La crème des crèmes. Comme toi. Bref... Epitaphe. Et je m'adresse maintenant aux poulets. Calmement. Je sais que vous faites un métier aliénant. Mais ne frappez plus mes potes qui essaient douloureusement de sortir de leur désespoir. Tenez-vous bien, je vous en prie. Alors ne cassez pas les doigts d'un musicien paumé. Soyez des gardiens de la paix : DE LA PAIX. Soyez gentils avec les Arabes et les Noirs en France. Traitez gentiment les Portugais et les Espagnols. Vous aussi, vous seriez tristes et violents si vous dormiez à Barbès. Soyez des samouraïs, pas des tabasseurs d'Algériens tristes ou des victimes d'une société cancéreuse. N'oubliez pas votre premier catéchisme : " Aime ton prochain comme toi-même. " Donc tenue et calme et aimez-vous les uns les autres. Chacun de nous chante ses blues. Merci.

PS : Je n'arrive pas à oublier cette phrase d'André Malraux, " faire connaître aux hommes la grandeur qu'ils ignorent en eux ". »

Elle est morte à Paris en 1979. Son corps a été retrouvé dans une voiture, enroulé dans une couverture, le 8 septembre en fin d'après-midi. L'enquête a conclu au suicide. Moi, je sais qu'elle a été assassinée. Elle ne pouvait pas fuir. Ils l'ont tuée.

Je ne l'ai jamais revue depuis notre soirée au Plazza, trois jours avant Noël. Le lendemain, le 23 décembre 1970, j'ai appelé mon ami Raphaël Lévy.

8

« Happy Christmas on the Beach! » Les lettres reposaient sur le sable entre la mer bleue et une rangée de cocotiers. Des perroquets, quelques singes et une otarie blanche vautrée sur un rocher regardaient une vache sortir de l'eau, tirée par deux enfants habillés en conquistadors, un Blanc à cheveux longs et une petite Noire. « J'ai pensé que ça te ferait plaisir de retrouver ton tableau. » Mark Stenson finissait de peindre la fresque qui faisait tout le tour de la Pretty Factory. Yono l'aidait à barbouiller le bleu du ciel, debout sur un escabeau, les bras en l'air. « Ma femme est la Chinoise la plus impudique de tout l'Extrême-Orient, et la moins frileuse. » Mark suivait mon regard qui glissait sous la minijupe relevée par le mouvement des bras. « La moins frileuse et la plus belle », j'embrassai le mollet jaune de Yono... « Si mes fesses vous dérangent vous n'avez qu'à m'offrir un Levi's, c'est Noël.

— Alors qu'en penses-tu ? » Mark tenait sa palette dans une main, un long pinceau dans l'autre et le menton pointé avec une fausse arrogance vers son œuvre graffiti.

« Très gai. Je suppose qu'il y en a pour tout le monde. Moi avec Strawberry et la vache... L'otarie, c'est Carla. Le singe à moustache qui chante dans le cocotier... Alberto, avec Pamela qui s'accroche à sa queue... Ressemblant. Et Roy ?

— Je vais peindre une seconde otarie. Un gros mâle adipeux.

— Et Yono ?

— Le petit singe à gauche, avec des fesses jaunes... Alors ? Tu as eu Paris ?

— Oui. C'est fait. Je commence dans un mois... Un papier par semaine et peut-être une chronique de jazz dans un autre journal, un mensuel.

— Congratulations, monsieur le correspondant particulier. Demain soir, on fait la fête. On pourrait commencer ce soir, j'ai fini dans une heure ?

— D'accord. Qu'est-ce qu'il y a pour le dîner, Yono ?

— Nouilles ou nouilles. Le champagne et la dinde, c'est pour le réveillon. » Elle ajouta en descendant de l'escabeau : « Les chrétiens c'est vous, moi je m'en fiche de Noël, mais si ça te fait plaisir on ouvre une bouteille maintenant et je peux aller acheter des petits plats qui piquent à Chinatown, chez Wong... Bravo Franky, je suis heureuse pour toi. » Elle m'embrassa en riant et se tourna vers Mark : « Dis-lui aussi la nouvelle.

— Castelli est venu cet après-midi. Il me prend quatre toiles en dépôt. Rien n'est signé. C'est juste comme ça, pour essayer... Je crois qu'il a aimé ma peinture.

— Mais c'est formidable, Mark. C'est Noël à tous les étages. On s'en sort... On s'en sort... », je répétais ces mots, les chantais, ouvrais le grand frigidaire où s'alignaient douze bouteilles de champagne et quatre bouteilles de vodka, résultat de la collecte organisée la semaine précédente auprès des membres de la Pretty Factory. « On en rachètera demain. »

Raphaël Lévy avait longuement demandé de mes nouvelles. Il était inquiet. Je cherchai à le rassurer, à lui dire que j'avais renoncé à la saloperie qui m'infectait le sang. C'est difficile de convaincre quelqu'un à distance, au téléphone, surtout quand le souvenir qu'il garde de vous est celui d'un mec défoncé.

J'avais revu Raphaël en mars dernier lors du voyage de Pompidou à New York et Chicago. Il était descendu au Waldorf Astoria, sur Park Avenue, avec toute la presse française et la suite présidentielle. A l'époque, j'étais au plus bas de l'échelle, coulé par la drogue avec Strawberry accrochée à mon cou. Dans le bar de l'hôtel où d'autres journalistes français étaient installés aux tables, ma mine de déterré l'avait impressionné. Je pouvais raconter tout ce que je voulais, mes yeux ne mentaient pas.

« Il faut que tu arrêtes ça. Tu vas te tuer.

— J'arrêterai. J'arrêterai. C'est juste pour essayer. Sans conséquence.

— Tu es toujours à l'université ?

— Non.

— Tu travailles ?

— Non.

— Ecoute, je peux t'aider. Je viens de prendre mon nouveau job à *France-Soir*. Pour l'instant, je n'ai pas touché au réseau des correspondants étrangers. A la fin de l'année, j'aurai peut-être quelque chose pour toi, rien de génial, juste un travail d'appoint pour renforcer l'équipe d'ici. Mais arrête, mon Dieu. Arrête ça. »

Il était pressé. Le voyage de Pompidou se déroulait dans de mauvaises conditions. La vente de Mirage français à la Libye avait déchaîné la communauté juive américaine qui appelait au boycott de la visite présidentielle et organisait des manifestations. Les journalistes devaient envoyer leur papier pour l'édition du lendemain et couvrir le premier dîner de gala, qui s'annonçait animé et houleux. Raphaël avait eu le temps de me parler de son déménagement à Paris, et de Patrick : « Il est resté à Caen, tu sais qu'il est en troisième année de droit ? Il nous rejoindra peut-être l'année prochaine s'il réussit Sciences Po. Tu ne réponds pas à ses lettres.

— Je vais écrire, promis.

— Et pour Elsa et lui, tu es au courant ?

— Oui, c'est très bien. Je trouve que c'est très bien... Très, très bien.

— Il faut vraiment que je remonte, Frank. Tu m'appelles à la fin de l'année. D'ici là, Patrick t'écrira. Arrête, ... d'accord ?

— OK. Un jour. Avant la fin de l'année. »

Il m'avait serré dans ses bras et appuyé ses deux mains très fort dans mon dos. « Tu as vu, me dit-il avant de nous quitter, le monde est petit : là-bas, près de la sortie, dans le fauteuil club, en train de lire le *New York Times*, c'est le journaliste qui avait dîné chez toi au baraquement américain avec tes parents et les Delmas... Tu sais, Fachard, celui que vous appeliez le Mondain... Il est devenu directeur de *Minute*. Logique. Il doit se défouler en hurlant contre le lobby juif.

— Et Barzoche, qu'est-ce qu'il est devenu ? avais-je demandé en me moquant de la réponse.

— Il refait de la politique et il a toutes les chances d'être réélu sénateur. »

Etait-ce le rappel brutal de Barzoche ? Le visage d'Elsa qui flottait dans ma tête ? La drogue qui me rendait agressif ? En passant devant le Mondain, je me suis arrêté et penché vers lui.

« Monsieur ? »

Il avait abaissé le haut de son journal.

« Je voulais vous dire, de la part d'Oklahoma : Vous êtes un sale con. » Je l'ai entendu, dans mon dos, émettre un bruit d'évier qui se débouchait.

Huit mois plus tard, lors de notre conversation téléphonique, Raphaël s'intéressait plus à ma santé qu'à mon avenir professionnel. J'ai dû insister : « C'est quoi ce job ? » L'intérêt que je manifestais calmait ses inquiétudes, mais je sentais qu'il me cachait quelque chose. Quelque chose de grave.

« Ah, très bien. Tu es prêt à travailler ?

— Oui. Je t'appelle pour ça.

— Tu as arrêté tes saloperies ?

— Je te l'ai déjà dit vingt fois. Alors ?

— D'abord pour *France-Soir*, pas grand-chose. Le journal a un bureau à Washington et on a souvent des envoyés spéciaux aux Etats-Unis. J'ai juste besoin de quelqu'un à New York qui réagirait à chaud sur des faits divers et donnerait un coup de main au bureau de Washington. Il ne faut pas t'attendre à plus de deux papiers par mois, c'est un gros maximum. En plus, tu n'as pas d'autorisation de travail, je suppose ?

— Non.

— En attendant, je te réglerai en liquide. On verra après. Fais installer le téléphone chez toi, je rembourserai tes frais. Autre chose qui devrait te plaire. J'ai parlé de toi à Daniel Marnay, le directeur de *Jazz Magazine*. Il a beaucoup de pigistes aux Etats-Unis mais il serait preneur d'une chronique mensuelle genre : descente dans les clubs de jazz new-yorkais. Il faut que tu l'appelles. Ça te va ?

— Am I dreaming ? ...

— Fais de beaux rêves mais ne t'endors plus dans ton enfer artificiel. A propos d'enfer, il y a eu un drame hier à Caen... » Il a marqué un temps, sa voix est devenue grave... « Barzoche a été assassiné.

— Par qui ?

— ... Simon... Simon Finkel, le père d'Elsa. »

J'ai juste répondu, mécaniquement, après quelques secondes de silence durant lesquelles le visage d'Elsa apparaissait : *« Justice est faite. »*

Trois jours après le coup de téléphone, le lendemain de Noël, un long article du *New York Times* relatait toute l'affaire. Les correspondants étrangers de la presse internationale suivaient toujours ce genre d'histoire qui dépassait le cadre du fait divers. Il y avait les ingrédients du bon papier qui intéressait les lecteurs au-delà des frontières françaises : la guerre, la collaboration, le génocide juif, la mémoire blessée et insultée, la vengeance, le tout sur fond de vie quotidienne et banale qui reflétait l'atmosphère d'une ville semblable à toutes les villes moyennes de France, d'Amérique ou d'ailleurs.

Bob Douglas, le correspondant à Paris du *New York Times*, décrivait l'assassinat de Raymond Barzoche, cet ancien sénateur condamné par la justice pour spoliation de biens juifs pendant la guerre, puis candidat non inscrit aux prochaines sénatoriales. Simon Finkel s'était fait passer pour l'adjoint d'un maire d'une petite ville du département. Il avait obtenu un rendez-vous le 22 décembre, tôt le matin, à la permanence électorale du candidat. Là, seul avec Barzoche, Simon Finkel l'avait abattu de deux balles tirées en plein cœur puis s'était rendu à la police : « Je viens de venger la mémoire de mon père. » Bob Douglas revenait sur la guerre, la collaboration, Jacques Mancheron, le milicien de Caen, mort d'un cancer en 1967, et ami de l'ex-sénateur pourri. Le journaliste du *Times* expliquait comment Barzoche avait acheté pendant des années le silence de Rébecca, la veuve de Maurice Finkel disparu à Auschwitz. Caen était bien décrite, ville martyre, meurtrie par la guerre et ses séquelles, héroïne du débarquement allié de 1944. L'article se terminait en citant mon père, Paul Merced.

Lire son nom à New York, avec ses phrases entre guillemets traduites en anglais ! Son nom, ses phrases, dix années après ! Son souvenir, intact, son visage, l'accent de sa voix dans le baraquement américain et le cabanon de la plage Blanche, le bruit de la vieille Underwood sur laquelle il avait écrit ses derniers éditoriaux ! Les images se mélangeaient aux caractères minuscules de l'article du *Times*, elles flottaient dans le gris du texte, bougeaient devant moi, compliquant la lecture. Bob Douglas parlait de mon père, mort tragiquement avec sa femme et sa petite fille, et citait son éditorial, encadré dans le bureau de Simon Finkel. « Pour ne pas oublier », disait Finkel. « Pour ne jamais oublier », avait-il répété devant les policiers, « que la justice n'était pas allée jusqu'au bout. » L'article reproduisait en anglais le dernier paragraphe de l'éditorial de mon père : *« Who delivered Maurice Finkel into the hands of the nazi torturers ? Who ? As long as this question is not answered, justice will not be done. »* (« Qui a livré Maurice Finkel aux bourreaux nazis ? Qui ? Tant que la question n'aura pas de réponse, justice ne sera pas faite. ») Douglas concluait son papier : *« Simon answered the question Paul Merced asked in 1960. »* (« Simon a répondu à la question posée en 1960 par Paul Merced. »)

J'ai beaucoup marché dans les rues de New York ce jour-là, retrouvant le rythme effréné des promenades méthodiques des premiers mois. Les fantômes du baraquement et de ma ville française avaient débarqué sur les docks de Manhattan, remonté Broadway, traversé Washington Square, Union Square, Times Square jusqu'au Mayflower Hotel à l'angle de la 8e Avenue et de la 59e Rue, face à l'entrée de Central Park Ouest. Là ils m'avaient suivi dans les allées enneigées, s'étaient arrêtés avec moi devant le Carrousel des chevaux de bois. Ils posaient leurs questions qui tournaient dans ma tête. « Pourquoi n'ai-je pas parlé avec Simon Finkel ? » « Pourquoi, à mon tour, ai-je choisi le silence ? » « Pourquoi, me suis-je enfui ? » « Simon Finkel aurait-il assassiné Barzoche si j'étais resté ? » « Pourquoi n'ai-je pas dit oui je t'aime, oui je reste avec toi, à Elsa la fille de Simon ! » « Comment est-elle aujourd'hui ? » « Comment vit-elle avec Patrick ? » « A-t-elle peur ? » Les chevaux de bois du Carrousel de Central Park tournaient, tournaient, tournaient devant moi, la musique, hurlée par les haut-parleurs, semblait accélérer leur rotation, ils tournaient de plus en plus vite comme les images saccadées d'un film de Fellini projeté à petite vitesse, les fantômes étaient assis sur les chevaux, ils riaient, hurlaient, leurs bouches déformées par des grimaces clownesques. Je regardais le film de Fellini, debout à l'entrée du Carrousel au milieu d'enfants et d'adultes qui attendaient leur tour. Je suis resté là deux heures, planté devant les chevaux de bois, plus longs et gros que ceux des manèges de France, à les regarder tourner et avec eux les questions posées par les fantômes grimaçants, assis sur leurs selles. Je retrouvais l'impression de la drogue, mêmes images troublées, mêmes couleurs trop fortes, le rouge, le jaune, le vert, mêmes bruits déformés à la bizarre résonance métallique, aiguë, perçante, douloureuse. Douloureuse... J'observais la douleur qui tournait sur le Carrousel, dégoulinait des crinières des chevaux et tombait par terre sur le sol de ciment derrière les grilles qui me protégeaient des éclaboussures. J'étais observateur de ma douleur. Je répondais aux questions qui d'abord me heurtaient, m'agressaient, m'effrayaient et, petit à petit, depuis deux heures debout devant le Carrousel de Central Park, se débarrassaient de leur agressivité, devenaient banales et ordinaires.

« Pourquoi n'ai-je pas parlé avec Simon Finkel ? » Parce que je ne connaissais rien à cette affaire. Pour cette raison, évidente, j'ai gardé le silence. « Pourquoi me suis-je enfui ? » Mais qui a dit que je m'étais enfui ? Il faudrait arrêter de dire que je me suis enfui. J'ai choisi librement de vivre à New York où un bel appartement m'attendait. J'ai été attiré par cette ville sans qu'aucun instinct de fuite ou de survie m'ait obligé à le faire. Arrêter de dire que je suis malade, que mon esprit est malade. « Simon aurait-il assassiné Barzoche si j'étais resté ? » Oui. Bien sûr oui. En quoi ma présence aurait-elle modifié le destin de Simon, son besoin compréhensible de vengeance ? Il a tué Barzoche, assassiné une ordure, débarrassé la société d'un immondice. Il avait sa raison de le faire. Arrêter de croire, d'avoir la prétention de croire que ma présence ou ma non-présence, que mes actes, mes décisions, mes comportements changeraient le destin des autres. « Pourquoi n'ai-je pas dit oui je t'aime, oui je reste avec toi, à Elsa la fille de Simon ? » Mais je lui ai dit je t'aime plusieurs fois. Et j'ai choisi de partir, m'arracher à elle parce que cet amour, sans doute, arrivait trop tôt. C'était la raison, la vraie raison, la seule raison de mon départ. Elsa avait eu mal au début, et Patrick, respectant notre accord passé dans le garage le premier soir, s'était substitué à moi. Ils s'aimaient. Elle était heureuse avec lui. Arrêter de dire que ma manière d'aimer serait supérieure à celle d'un autre, que je serais inoubliable. Ils s'aimaient. Elle ne pouvait avoir peur puisqu'il la serrait fort dans ses bras, collé à sa bouche, à ses petits seins, à son corps. Et les chevaux continuaient de tourner, montant et descendant sur leur hampe de métal chromé dans un lancinant mouvement sexuel. Le Carrousel agissait, devant mes yeux, comme une centrifugeuse géante qui lavait mon cerveau des traces laissées par la douleur.

J'avais trouvé à New York ce que j'étais venu y chercher. Le calme, l'apaisement, un regard extérieur sur mon univers intérieur, une observation de ma douleur depuis l'autre rive. J'en ai eu la preuve ce jour-là, 26 décembre 1970. Il me fallait cette preuve. J'aurais pu sombrer, emporté par les fantômes débarqués sur les docks, ils ont troublé mon esprit et New York a organisé ma défense. J'étais immunisé contre la douleur, capable de la regarder tourner sur le Carrousel sans ressentir cette émotion qui, autrefois, m'étouffait. J'avais vaincu la drogue et cet autre poison, destructeur du cerveau : l'obsession aliénante du passé. J'étais libre, conscient d'être libre. Je répondais aux questions avec distance et froideur. Je regardais les fantômes regagner les docks, embarquer vers l'autre rive, convaincu qu'ils ne reviendraient plus s'immiscer dans ma vie. Je regardais la douleur dégouliner des crinières et disparaître dans les profondeurs de la ville. Je marchais tout droit sur la 5e Avenue – pour la première fois : *tout droit* –, descendais vers Downtown et Beach Street sous les guirlandes éclairées de Noël, *tout droit* sans déambuler entre les rues. J'étais désintoxiqué. Depuis deux ans à New York, j'avais réussi à me débarrasser de mes angoisses en brûlant ma vie. Les excès de sexe puis de drogue étaient les artifices dangereux de cette vie nouvelle qui rompait avec l'ancienne. Depuis deux mois, j'avais retrouvé une existence normale sans excès, sans drogue, sans trop de sexe, et malgré cette normalité je résistais aux assauts de la mémoire, j'en contrôlais l'émotion. Je n'avais plus besoin des « artifices dangereux ». J'étais désintoxiqué. Je vérifiais en descendant *tout droit* la 5e Avenue, l'authenticité de cette désintoxication. J'étais bien. Mon esprit, la force de mon esprit, sans aides artificielles, avait remporté le combat contre les fantômes. Je faisais connaissance avec un état qui était le contraire exact de ce que j'avais toujours éprouvé : la lucidité cynique. New York m'avait sauvé.

« ... Vous avez raison, ce n'est pas sa plus grande période. L'année d'après oui, en 25 à Chicago avec le " Hot Five ". Mais ne sous-estimez pas sa rencontre avec Fletcher Henderson à New York en 24. »

Daniel Marnay, le patron de *Jazz Magazine,* avait une connaissance encyclopédique et intime du jazz. Il pouvait en parler des heures au téléphone, débattre d'un détail, d'une date, d'un enregistrement, il revenait toujours à l'homme, à ses relations, ses rencontres, sa fréquentation des lieux. Je partageais avec lui cette croyance – acte de foi du jazz – que la musique s'explique, si toutefois elle est explicable, du moins se ressent-elle en fouillant dans l'âme de son interprète. Le jazz ne s'écrit pas sur une partition musicale, il est gravé dans la tête, il vient de l'esprit, il est mystérieux, il est la musique de l'homme, ou de Dieu ce qui revient au même, d'ailleurs il n'est pas une musique, « il est », comme l'homme peut dire « je suis », le jazz est le jazz, le jazz est la parole, la parole est du jazz, musique humaine – et divine – branchée sur l'âme, il suffit de fermer les yeux, faire le vide, laisser sortir les mots, la plainte, les notes de l'âme, et le son produit est le jazz.

Louis Armstrong venait d'être hospitalisé au Beth Israel Medical Center de New York.

« ... Même si l'orchestre de Henderson n'est pas le meilleur, Armstrong devient en 24 le musicien noir le plus populaire d'Amérique, poursuit Marnay.

— Je pourrais centrer ma chronique sur Harlem, le Cotton Club de Lennox Avenue et l'Apollo Theater. Armstrong, récupéré ensuite par l'Amérique blanche, fait la conquête de Harlem en 24...

— Important, Harlem. Pars de Harlem si tu veux. Mais laisse tomber l'aspect politique et racial. Ce n'est pas un Noir qui est en train de mourir. C'est Dieu. Et tous les amoureux du jazz savent que Dieu est noir. »

J'ignorais si je devais dire « tu » en réponse à son tutoiement qui intervenait une fois sur deux. La seule fois où je m'étais lancé, avec un « tu » bien appuyé, il avait enchaîné par un « vous ». Donc je le vouvoyais, espérant un « tu peux me tutoyer » qui n'arrivait pas.

« J'écris la chronique sur Armstrong et Harlem...

— Non. Tu pars de Harlem et tu poursuis sur les femmes. En 24, Armstrong enregistre à New York avec les plus grandes chanteuses de blues : Clara Smith, Ma Rainey, Eva Taylor, Maggie Jones et surtout Bessie Smith. Essentielle, Bessie Smith ! La plus grande des chanteuses de blues. C'est avec elle que l'Amérique découvre la voix d'Armstrong, n'oublie pas : *Reckless Blues* ou *Sobbin' Hearted Blues*... L'histoire entre Armstrong et New York c'est moins les lieux que des rencontres... Je vous laisse, Franky. Salut. »

J'aimais cette conversation téléphonique mensuelle, dix jours avant le bouclage, sorte de rituel auquel je me préparais en recherchant plusieurs idées. J'aurais pu écrire des centaines de pages par mois, ma chronique signée *Franky Merced, correspondant à New York* se limitait à trois feuillets, chacun de 25 lignes et 50 signes par lignes. Le temps consacré à *Jazz Magazine* n'avait aucun rapport avec le montant de la pige : 500 francs. Ramené à l'heure, compte tenu des nuits entières passées dans les clubs, mon salaire était misérable. L'argent n'avait rien à voir. Depuis mon installation à New York, je baignais dans le jazz, achetais des disques ou les volais – le plus souvent, je les volais –, fréquentais les caves dont la plus proche de Beach Street, le Village Vanguard, une salle exiguë qui tremblait à chaque passage du métro. Aux pires moments de ma liaison dangereuse avec le LSD, je passais le soir, au moins deux fois par semaine, au Vanguard, Strawberry accrochée à mon bras, droguée comme moi. En rentrant nous faisions l'amour avec Armstrong, Coltrane, Parker, Hampton ou la voix douloureuse de Billie Holiday chantant *Strange Fruit*, l'histoire des esclaves noirs pendus comme des fruits aux arbres du vieux Sud. Ma chronique me donnait un prétexte pour m'immerger davantage dans le jazz et le sous-sol new-yorkais. Je passais mes nuits au Vanguard, j'étais un habitué de tous les clubs : le Five Spot, le Blue Note, Nick's Tavern, le Minton, le très snob et très cher Birdland sur Broadway, le Small's Paradise ou le Count Basie's Bar. J'y écoutais les grands dont l'un d'eux, gigantesque, Miles Davis.

La première fois que je l'ai vu, c'était en 1969, au

Fillmore East, le temple rock de Manhattan. Sous l'influence de John McLaughlin, il fusionnait le jazz et la pop. Déjà, dans *Filles du Kilimandjaro*, Miles, accompagné par Chick Corea au piano électrique et le bassiste Dave Holland, avait amorcé le rapprochement. Son dernier album, *Bitches Brew* consacrait la naissance du jazz-rock.

Daniel Marnay avait accepté qu'en plus de ma chronique, je réalise une grande interview de Miles Davis. Je l'ai rencontré à l'été 71, quelques jours après la mort d'Armstrong. Il m'a reçu chez lui dans son duplex délirant qui ressemblait à un château espagnol, sans meubles ni portes, avec des passages voûtés en pierre ocre et des peaux de bêtes suspendues aux boiseries précieuses. Il était vêtu d'un pantalon en lézard – « C'est du crotale, mec » – et d'une longue chemise satinée rose, brillante, sur laquelle pendaient une lourde chaîne en or et deux ou trois foulards de soie multicolores. A quarante-cinq ans, il était au sommet, superstar, collectionneur de Ferrari, de Lamborghini et de filles, ami des Beatles, de Dylan et Picasso. Il m'accueillit en me donnant une grande claque dans le dos.

J'étais là, debout, frigorifié, ratatiné, rétréci d'une vingtaine de centimètres, devant lui, « The Prince of Darkness ».

« J'ai aimé ton papier sur Louis en avril. Pas mal pour un Blanc. C'était bien de parler de Bessie Smith, une grande, Bessie, comme Aretha. Tu as eu une bonne idée de commencer l'article par les jeunes qui jouaient de la trompette sur le trottoir du Beth Israel Hospital. Je suis sûr que Louis les entendait de son lit.

C'est ça la vraie musique, l'amour qui vient du trottoir comme la plus belle des putes. »

Il m'avait fait asseoir par terre sur un tas de coussins, et se tenait vautré à mes côtés.

« Allez, vas-y. J'ai une demi-heure pour toi.

— On a reproché à Louis Armstrong de tomber parfois dans une facilité commerciale et d'oublier ses origines. Est-ce qu'on ne peut pas vous adresser aujourd'hui le même reproche avec votre évolution vers la pop music ? »

En prononçant ma question, je savais qu'elle était stupide et convenue. Une question à la con. Miles m'avait adressé un compliment qui exprimait son émotion après la mort d'Armstrong, il me recevait avec simplicité dans son décor exubérant, il était vrai, naturel, ému, gigantesque, grandiloquent et moi j'étais incapable de me hisser à sa hauteur, je lui posais une question de journaliste médiocre, une question d'autant plus conne, plate et faussement agressive, qu'elle ne reposait sur aucune conviction personnelle. Je me trouvais nul. J'étais nul face à un homme auquel je vouais un respect considérable. Je n'attendais même pas de réponse, mais une sanction.

« Ecoute, mec... » Il s'était levé d'un bond, le doigt pointé sur moi. « Ecoute mec, tu veux me faire dire quoi ? Qu'Armstrong était l'amuseur des Blancs ? Et que moi je me prostitue en branchant ma trompette sur des amplis et une pédale wah-wah ? C'est toi qui as écrit le bel article sur les trottoirs de Beth Israel ? C'est toi qui parlais de Bessie ? C'est toi ? Ce mec qui maintenant me pose des questions de connards de Blancs ? J'aime pas les connards de Blancs. Ne m'interroge pas.

Je t'interdis de m'interroger... Parle-moi. Discute avec moi. Déboutonne-toi. Laisse tomber ton métier de pisseur froid. Chauffe-toi, mec. Réchauffe-toi. Range ton carnet de scribouillard de merde. Ouvre ton cœur et écoute ce que mon âme va te dire. »

Il ne m'a pas viré. Pourquoi ? Je ne sais pas. Nous avons bu une bouteille de vodka entière et avalé des mètres cubes de fumée. Pendant la moitié de la nuit, il m'a parlé, je lui ai parlé, sans poser de questions, sans prendre de notes, juste discuté. Un long dialogue décousu où sa vie et la mienne se racontaient. « J'ai vécu avec Parker à New York dans le même appartement pour tout connaître de lui. J'étais dans son ombre, l'ombre du Bird, mais je m'en fichais, j'avais besoin de lui. » Je lui donnai mon avis sur ses premiers enregistrements avec Charlie Parker : *Now's the Time*, *Billie's Blues*, *Ko Ko* : « Il y a des maladresses, disais-je, tu te fais critiquer et puis tu t'affirmes et tu plaques le *be-bop* pour te lancer dans le *cool*. Avec *Birth of the Cool*, tu renais et tu tues le père.

— C'est des conneries tout ça. J'ai jamais tué personne. D'ailleurs je ne quitte pas Parker, c'est lui qui me vire pour me remplacer par Red Rodney. Et plus tard, d'autres m'ont quitté. Coltrane m'a quitté. Est-ce qu'on peut dire que John Coltrane a tué le père ? Non. Connerie de journaliste. T'as tué ton père, toi ?

— Peut-être. En venant vivre ici j'ai peut-être cherché à tuer mon père. Il est mort avec ma mère et ma sœur il y a dix ans. Mais s'il n'était pas mort... je ne sais pas ce que j'aurais fait. Peut-être...

— Avec tes conneries, tu me fais dire n'importe quoi. Pardonne, mec, si je t'ai fait mal.

— Ça va, ça va. » Je trinquai avec lui pour dissiper la légère brume qui flottait entre nous, et poursuivis : « Je n'ai pas dit une connerie. Il y a une filiation entre toi, le père, et par exemple : Chick Corea, Ron Carter et Herbie Hancock. Et si on remonte aux origines, ce n'est pas totalement stupide de dire que vous descendez tous de King Oliver, le " Papa Joe " du jazz.

« Cliché. Clic-clac. On met la photo de Joe Oliver sur le piano et on lui dit tous les soirs " Thanks Dad ". Evidemment que le King nous a apporté beaucoup. Armstrong aussi. Louis nous a installés sur des fondations solides, il a coulé le béton avec sa voix et sa trompette. Et moi je construis dessus ma bicoque espagnole. Je fais ce que je veux. Aujourd'hui Hendrix est mort, mais je l'écoute et le son de sa guitare m'intéresse. J'ai envie de discuter avec lui, de m'engueuler avec ses notes électriques. Je ne suis pas son fils, il n'est pas mon père. On fait tous les deux, tous les trois avec Louis, tous les quatre avec Charlie, tous les dix, les cent, les mille avec le Duke, Monk, Hawkins, Mingus, Calloway, Coltrane, Gillespie, on fait une musique de Noirs jouée par des Noirs et quelques Blancs. C'est la musique de l'Afrique et du trottoir. Elle est éternelle, sans commencement ni fin.

— OK. Pas faux. » J'acceptai l'idée et la développai. « Le jazz est une conversation avec Dieu. Tu Lui parles quand tu joues et Il te répond en t'inspirant. Tu Le pries ou tu L'insultes, et la conversation remonte à l'origine de l'homme, disons à son premier cri de souffrance. J'ai toujours pensé que le jazz est une musique trop humaine pour ne pas être divine. Dieu me parle quand j'écoute du gospel dans une église de Harlem et

Il ne me dit pas un mot quand les orgues de Saint-Patrick jouent du Mendelssohn. Donc OK, le jazz est une musique divine, humaine, éternelle etc. Mais tu peux dire ça et reconnaître en même temps qu'il y a eu des évolutions et des styles qui se sont succédé : New Orleans, swing, be-bop, hard bop, free et maintenant jazz-rock...

— ... Je comprends rien à ton charabia. Je ne sais pas ce que veulent dire ces mots-là, c'est des mots de Blancs qui se branlent. Enferme la musique dans des mots-ghettos et tu la tues. Il n'y a qu'une seule musique noire, elle regroupe tout. En 56 ou 57, je sais plus, j'ai formé un nouveau quintette avec Coltrane. J'avais arrêté de jouer à cause de la drogue et de la mort de Parker, le public me retrouvait ; je me souviens, c'était au festival de Newport, on a fait un triomphe ; alors j'ai dit à Coltrane : " Mais qu'est-ce qu'ils ont ces cons à m'applaudir aussi fort ? Il y a quinze ans que je joue comme ça. " Aujourd'hui, des mecs comme toi écrivent que je fusionne le rock et le jazz. Je ne fusionne rien. On ne peut pas fusionner et mélanger des bruits. Il faut être blanc et fêlé pour dire des trucs pareils. Moi, je confronte mon style à celui de McLaughlin et lui me répond. Comme le saxo de Coltrane me répondait. C'est tout. N'essaie pas d'expliquer ça avec tes théories à la con, de génération, de père, de fils et d'arrière-petit-fils du King et de Louis... T'as un problème, mec. Parle-moi de ton père. »

Je connaissais Miles Davis depuis moins de trois heures. La vodka et notre conversation délirante sur le jazz avaient créé entre nous une complicité forte et étrange. Tout semblait fort et étrange ce soir-là : cet appartement espagnol dans un gratte-ciel new-yorkais, cette longue conversation d'initiés sur une musique humaine et divine, cet homme noir en crotale allongé sur des coussins et l'autre, l'homme blanc, qui l'écoutait, qui parlait à son tour, obéissant à son ordre fraternel, dans le sens : de frère à frère, de Noir à Blanc ! « Parle-moi de ton père ». Je racontai tout, sans craquer : l'été 44, Caen, le baraquement américain, le cauchemar prémonitoire, la plage... Miles me disait : « T'arrête pas, joue ta musique à fond... Souffle, souffle... » Je continuais : l'odeur de moisi qui inondait le baraquement, Elsa Finkel, la fuite, New York, le sexe, la drogue, Strawberry, les fantômes de Central Park... J'étais épuisé. J'avais parlé longtemps, très vite, déballé mon histoire, soulagé de la raconter devant Miles qui la recevait. Il était mon public. A la fin de l'histoire, il prit sa trompette et joua. Je ne connaissais pas le morceau, il improvisait, sa musique répondait à mes paroles, interprétait ma vie, je la voyais défiler devant moi, je l'entendais, réentendais ma vie quelques secondes après que je l'eus exposée. Sa version était différente de la mienne, plus coulée, moins hachée. Les ruptures avaient disparu, Miles remettait tout en cohérence, pas en harmonie – mot d'autrefois, mot à la con – mais en cohérence dans un déroulement continu et plaintif.

La musique, au bout de quelques minutes, changea d'accent, les notes s'assemblaient, formaient un air connu, difficilement identifiable, puis cet air fut introduit par une bouffée de notes échappées de la trompette, suivie d'une autre bouffée, plus longue, bribes d'un air célèbre qui envahissait la pièce par à-coups, s'adressait à la mémoire qui devinait et reconnaissait le *Concerto d'Aranjuez* arrangé par Gil Evans, joué à sa manière baroque par Miles. Le trompettiste noir interprétait le concerto espagnol dans un appartement espagnol, à New York, pour moi descendant d'Espagnols, pendant une heure, le temps exact du récit de mon histoire.

« Je n'ai pas connu les mêmes épreuves que toi. » Il était revenu s'asseoir sur le tas de coussins. « Je ne suis même pas un pauvre nègre sorti de Harlem. Mon père était dentiste à Saint Louis, mes oncles ont fait leurs études en Europe, moi j'ai travaillé la musique à la Julliard School de New York. Mais j'ai eu ma dose de souffrance : la mort de Charlie, la mort de Coltrane, la drogue, la prison, la déprime, des échecs. J'ai fui comme toi. J'ai baisé dans tous les coins tout ce qui bougeait, il fallait que je baise, je baise encore pas mal mais je ne pose plus mes lèvres à un million de dollars sur des chattes à vingt dollars. J'ai connu la drogue, pire que toi, avec Charlie on s'est défoncés à mort pendant cinq ans, et puis j'ai voulu arrêter, je suis rentré chez mes parents à Saint Louis, je me suis couché par terre et j'ai regardé le plafond pendant douze jours. J'avais envie de hurler tellement ça me faisait mal, je n'osais pas à cause de mon père. Quand je me suis relevé, c'était fini. Quelques mois plus tard, Charlie est mort, je ne pouvais plus jouer, puis j'ai repris ma trompette, engagé Coltrane, et les connards de Newport m'ont fait un triomphe. On parlait de résurrection dans la presse. Je n'étais pas mort, je réfléchissais. Aucun critique de jazz ne peut comprendre ça, ils te posent des étiquettes, inventent des périodes, des ruptures, des renaissances. Comme toi. Ils n'ont rien compris. Ma musique n'a pas de contours précis. Tu me parles de jazz-rock et de pop music, moi je te réponds : Aranjuez et Karlheinz Stockhausen. Aranjuez, c'est ton passé, la moitié de ton sang si j'ai bien compris. La moitié de ta vie vient d'Espagne, ton père, l'autre moitié vient de France, ta mère; tu es leur prolongement, tes parents sont le prolongement de leurs parents et ainsi de suite, il n'y a pas de naissance, de renaissance et de rupture, il n'y a pas de début, pas de commencement, mais un ensemble, tu fais partie à un moment donné, global, inséparable, d'un ensemble : ta vie. Elle forme le présent qui s'explique et existe par le passé, comme la musique. Stockhausen, c'est le plus grand de tous les compositeurs, lui, il apporte la vision de l'avenir, il m'a appris une chose qui a transformé ma conception de la musique : ne plus jouer de huit mesures en huit mesures pour ne pas mettre un point final aux thèmes. Depuis, grâce à Stockhausen, je laisse filer les thèmes, je les laisse continuer, je donne au public une musique qui ne s'arrête pas. Je sais d'où elle vient, des autres, de très loin, je ne sais pas où elle va. Je suis à un moment donné que des abrutis de scribouillards s'amusent à enfermer dans une période. Ne fais pas comme eux avec ta vie. Regarde d'où elle vient et ne l'arrête pas. Laisse-la continuer, essaie de l'améliorer par rapport à ce que tu as appris et surtout, ne la classe pas en trois rubriques séparées par des murs : avant, pendant et après ton drame. Si tu coupes ta vie en morceaux et si tu les enfermes dans des compartiments, un jour tu en ouvriras un et il t'explosera en pleine gueule au moment où tu t'y attendras le moins, quand tu auras relâché ta garde. C'est un tout, Franky. »

Il reprit sa trompette et me fit signe de le suivre dans la pièce d'à côté, vaste, sans meubles, juste un piano en plein milieu et sur les murs des tableaux modernes, Warhol, Diebenkorn, Levine, Pollock, d'autres toiles inconnues et quelques photos de boxeurs dont, plus grande que les autres, celle de Jack Johnson, le boxeur noir révolté du début du siècle qui défiait la société blanche. « J'aime jouer ici en regardant mes tableaux et Jack Johnson. Il n'y a pas de différence fondamentale entre la musique et la peinture, c'est la même sensibilité qui s'exprime avec des notes ou des tubes de couleurs. Johnson aussi s'exprimait avec ses poings. C'est un tout, Franky. Tout est lié. Je vais boxer dans le Bronx avec Bob Allah parce que la boxe c'est comme la musique, on apprend tous les jours. Boxer me donne de la force, chasse des poumons la fumée de la nuit et ça m'aide à rester collé à l'embouchure, pas comme ces musiciens bidons qui s'arrêtent à intervalles réguliers pour respirer et qui font toujours des phrases de deux ou quatre mesures. Ce sont des types qui s'arrêtent, qui baissent leur garde. Moi, je ne baisse jamais ma garde quand je joue. Dans un groupe, il ne faut pas laisser à celui qui est derrière toi la possibilité de deviner quand tu vas retirer ton biniou de tes lèvres et faire une pause. Tu dois toujours harceler l'adversaire. Au début de ma carrière, à un moment où j'étais complètement à la ramasse, le grand Gerry Mulligan m'a invité à improviser à ses côtés. Je jouais mon solo et voilà que ce mec-là glisse un contrechant, je lui ai lancé en public : “ Tu joueras quand ton tour viendra. ” Il ne m'a pas viré, et moi j'avais montré que j'avais plus de souffle que lui. Le souffle, Franky, le souffle de Jack Johnson quand il boxe, de Jackson Pollock quand il peint, d'Armstrong quand il joue et que des cons appellent l'Oncle Tom du jazz, le souffle, la respiration, la vie. Les cons ne peuvent pas comprendre. Il n'y a pas de jazz-rock, pas de jazz, c'est plus grand et plus intelligent que les mots. Si tu veux entendre ma musique, viens avec moi discuter avec des peintres, viens me regarder boxer avec Bob Allah, viens écouter ma vie. Ne m'enferme pas dans des ghettos. Et toi, ne t'enferme pas dans un baraquement qui s'est effondré et dans une ville qui va s'écrouler sur toi... Tu sais jouer ? » D'un mouvement de menton, il m'indiquait le piano.

« Mal.

— On s'en fout. Donne-moi la réplique. Je vais jouer en pensant à la petite Noire que tu as quittée, comment tu l'appelles ?

— Strawberry... Pourquoi elle ?

— Vous avez une brûlure commune, la drogue. Les autres personnages de ta vie sont des observateurs ou des protecteurs. Morts ou vivants, ils t'étouffent. Strawberry est vivante, elle t'aime et elle est noire, c'est trois raisons suffisantes. »

Je connaissais par cœur *The Man I Love*, la célèbre conversation entre le pianiste Thelonious Monk et Miles Davis. Dans ce morceau d'anthologie, Monk laisse de larges espaces – ce qui limitait mon numéro au minimum – et le trompettiste s'exprime dans un solo devenu légendaire. Puis le piano reprend, accompagne et s'efface à nouveau. Je jouais et l'écoutais répondre à mes notes. Sublime instant de pureté. Sa musique animait les tableaux et les photos des boxeurs. Ils étaient le public qui le regardait dressé comme un serpent dans son costume de crotale au milieu de la pièce, la trompette vers le haut, droite, crachant un air plaintif qui semblait sortir du ventre, remonter par les poumons, l'œsophage, la gorge, les tubulures de cuivre, jaillir de l'instrument et transpercer le plafond, les plafonds jusqu'au toit, retomber dans la ville, sur les trottoirs, longer les avenues, les allées de Central Park, le Carrousel, franchir les limites de Spanish Harlem où Strawberry dormait, réveiller Strawberry. La trompette, lentement, redescendait vers moi, me soufflait au visage les paroles d'une jeune femme noire à la peau brillante : *The Man I Love*.

Le lendemain, dans le studio de Beach Street, j'ai écrit l'interview pour la double page de *Jazz Magazine*. Douze feuillets d'un seul jet. Le soir, Daniel Marnay m'a appelé, je lui ai lu le papier. Depuis, je le tutoie.

Mes autres piges, qui constituaient l'essentiel de mes ressources, me prenaient beaucoup moins de temps. Raphaël Lévy et le bureau de *France-Soir* à Washington me commandaient un article par mois, puis ce fut un par semaine, en général à propos d'un fait divers. La matière étant abondante, j'accélérai la cadence, proposai à mon tour des sujets et passai très vite, en moyenne, à deux publications hebdomadaires. Grâce à cette collaboration officielle à un grand quotidien français, je décrochai une *green card*, le sésame des travailleurs étrangers exerçant aux Etats-Unis. Je n'étais plus un marginal. Pour la première fois depuis mon arrivée à New York, je me réveillais le matin avec un emploi du temps précis, quelque chose à faire ou à envisager de faire, ce qui revenait au même. J'étais occupé et payé, la somme de mes piges correspondant en gros à mes besoins : le virement des charges et des taxes de l'appartement des Rowland (dont le prix de vente restait fixé, malgré les conseils de l'agence Smith & Watson, à un demi-million de dollars), le loyer de Beach Street soit 45 dollars par mois, la nourriture, la vodka et des dépenses diverses. Les 300 ou 400 dollars que je touchais en moyenne mensuelle, selon le nombre et l'importance des faits divers, étaient d'autant plus suffisants à mon existence qu'ils se complétaient d'un remboursement généreux de notes de frais. *Jazz Magazine* prenait à sa charge l'achat de quelques disques et mes descentes nocturnes dans les clubs, et *France-Soir* trois ou quatre déjeuners ou dîners par mois que je prétendais prendre avec des policiers, des confrères et de mystérieux agents de renseignement. Tous les habitants de l'immeuble de Beach Street profitaient du système à tour de rôle, Mark et Yono découvraient avec moi les meilleurs chinois de Chinatown, Alberto, parfois avec Pamela, m'entraînait dans les Italiens de South Park, SoHo et Little Italy, seuls Roy et Carla n'étaient pas de la fête, ils ne sortaient presque plus de leur chambre et nos efforts pour les aider se heurtaient à une placidité molle et visqueuse. Ils pourrissaient.

Mon argent, versé par *France-Soir*, était vite gagné. Je n'enquêtais pas. Les capacités d'investigation d'un correspondant isolé dans une ville de la dimension et de la complexité de New York sont nulles. Mon job consistait à regarder la télévision et à éplucher les journaux. Quand un fait divers me semblait intéressant, j'appelais Raphaël ou le bureau de Washington. Ils me disaient en général OK, puis je lisais ce qu'avaient écrit ou raconté mes confrères. La seule valeur ajoutée à mes papiers était l'ambiance. J'allais parfois sur les lieux du crime et je notais de petits détails dont la relation et la mise en scène donnaient à mes articles de la couleur, du bruit, de l'odeur. J'écrivais d'une manière très personnelle et impressionniste qui ne réclamait aucun effort. Très souvent, je couvrais un fait divers sans même me déplacer. Je brodais en piquant des éléments dans la presse, j'inventais des situations, des témoignages, des dialogues, je donnais la parole – deux points, ouvrez les guillemets – à des policiers que je n'avais jamais rencontrés et dont les noms se retrouvaient dans mes notes de frais. C'était bien sûr malhonnête, je n'en éprouvais aucune gêne. Mon travail était apprécié, et je ne faisais, après tout, que recueillir les résultats de ma connaissance intime de New York et des longues promenades dans ses rues et ses recoins. Mon écriture était alimentée par la ville, j'étais branché sur elle, en osmose totale, capable d'écrire des pages entières en fermant les yeux; je connaissais le lieu, j'imaginais la scène, les protagonistes du fait divers, le tueur qui montait par les escaliers métalliques accrochés sur la façade, la victime qui s'effondrait dans son sang, le témoin alcoolique de l'appartement d'en face qui a cru voir une ombre se glisser par la fenêtre à guillotine, le policier noir et le procureur blanc – les couleurs pouvaient changer –

dont je recueillais des déclarations exclusives. Chaque petit fait divers était transformé en courte nouvelle que j'écrivais à toute vitesse en y mettant ces précisions qui font vrai et qui d'ailleurs n'étaient pas totalement fausses. Le policier était peut-être gros et adipeux, la rue de toute façon sombre et sale, la cage d'escalier bruyante des cris des voisins qui couvraient le bruit de la détonation ou les appels au secours de la victime. Comme je ne m'éloignais jamais des faits réels reproduits par les journaux new-yorkais, j'avais une grande liberté pour inventer des détails, du moins me donnais-je cette liberté et m'en amusais-je. Autant ma chronique de jazz était rigoureuse, autant mes papiers pour Raphaël Lévy étaient approximatifs, ils ne correspondaient guère à l'éthique journalistique et s'autorisaient toutes les fantaisies de la création littéraire. J'étais un journaliste de jazz et un écrivain de faits divers, les deux me semblaient aller de pair. Je traduisais et arrangeais la réalité comme Gil Evans traduisait et arrangeait le *Concerto d'Aranjuez* de Rodrigo. J'improvisais la relation détaillée des faits comme Miles Davis improvisait à la trompette en partant d'un morceau connu, et moi d'un fait réel. Miles se laissait aller à son inspiration, et moi à mon imagination. J'avais de ce métier une approche artistique et musicale ; j'écrivais sur la musique dans *Jazz Magazine* ou écrivais ma propre musique pour *France-Soir*.

Pendant cinq ans, j'ai couvert, à ma manière, des centaines de crimes, de viols, de hold-up et de prises d'otages. J'avais apprivoisé – j'avais cru apprivoiser – Manhattan. Je connaissais ses cris, ses joies, ses douleurs, ses battements, j'y étais chez moi, à l'aise dans sa longue poche.

Les bruits de France me semblaient lointains, de plus en plus lointains. Raphaël Lévy me donnait des nouvelles. Il m'avait appris que Simon Finkel, après un long procès relaté dans les colonnes du *New York Times* par Bob Douglas, avait été condamné à une peine de cinq années d'emprisonnement dont trois avec sursis. « Tu devrais écrire à Elsa », m'avait dit Raphaël. Je l'ai fait dans une lettre très courte adressée à elle et à son mari, Patrick Lévy. J'écrivais : *« Je pense fort à vous deux et un peu plus fort à toi, Elsa. Ton père est quelqu'un que j'aime beaucoup. Il voulait que justice soit faite, je crois qu'il est aujourd'hui apaisé d'avoir accompli ce geste contre un monstre qui ne méritait pas de respirer, de marcher, de souffrir d'un rhume ou d'une grippe. Ton père n'a pas tué un être vivant, il a tué un mort, une ombre. Dans le "New York Times", un journaliste, Bob Douglas, a écrit : " L'homme qui va passer deux années en prison n'est pas un justicier fanatique mais un homme d'honneur, un mot ignoré par tous les codes pénaux du monde. " Douglas a raison. Je vous embrasse et vous aime tous les deux. »*

J'avais écrit cette lettre comme une formalité. Une lettre de condoléances après l'annonce de la mort de quelqu'un. La France et ceux qui y vivaient ne m'intéressaient plus. Les courriers d'Anatole Barfleur ou de John Turbe restaient sans réponse, juste parfois, une carte griffonnée à la hâte, de plus en plus rarement. Joan avait droit à une attention particulière, mais ses lettres s'espaçaient, tous les trois mois puis deux fois par an, aucune en 1975, une seule en 1976. Elle disait sa douleur de vivre, sa peur d'être tuée par un agent de la CIA, *« Franky, ils vont me tuer »*; elle trahissait avec ses mots tremblés et son style décousu, la poursuite de sa lente glissade dans l'alcool et la drogue. Je répondais en mentant sur le dernier film que j'avais vu d'elle dans une petite salle new-yorkaise : *« Tu étais formidable et belle, le public a applaudi à la fin. »* J'essayais de l'aider, mais je savais mes lettres inutiles. Les lisait-elle encore ? J'en doutais. Sa vie était à bout de souffle.

Seule ma correspondance avec Maïka Dibrochka était suivie. Elle m'envoyait cinq à six feuilles sur papier bible écrites en tout petit, recto-verso, à chaque début de mois pour me relater, par le menu, le mois précédent. Sa lettre mensuelle était devenue un rite auquel je répondais au même rythme. Nous tenions l'un et l'autre une sorte de journal. Elle me racontait janvier à Caen, je lui racontais janvier à New York, février, mars, avril... douze lettres par an se croisaient au-dessus de l'Atlantique avec un décalage de quelques jours. Elle m'écrivait le 1er du mois, je répondais la semaine d'après sans jamais prendre plus de deux ou trois journées de retard. Pendant ma période de consommation excessive de drogue, je faisais des efforts terribles pour ne rien laisser paraître dans mes lettres. Elle devinait. Maïka disposait – et dispose toujours malgré son grand âge – d'un sixième ou septième sens qui lui permet de sentir les choses ; ses origines slaves peut-être ou son amour maternel, grand-maternel, envers moi ? *« Ne laisse pas ton esprit sortir de ta tête et te regarder vivre, il va s'échapper et te perdre. »* C'était le seul reproche qu'elle m'avait adressé. Jamais Maïka ne s'est plainte de mon départ, jamais elle ne m'a demandé de revenir, elle souffrait de mon absence mais elle comprenait et l'acceptait comme une fatalité nécessaire. Son côté slave, toujours. J'aimais lire ses longues lettres, moins pour les nouvelles de la vie caennaise qui m'importait peu, que pour l'imaginer dans sa maison de la rue de la Délivrande, écrivant à sa table sous le grand lustre. Je lisais ses mots et j'entendais sa voix forte, son accent, les « r » enroués et rocailleux qui roulaient en cascade dans ses phrases. A la fin de l'année 1975, elle m'a annoncé son déménagement : *« Je suis trop vieille maintenant pour ma grande maison, je l'ai mise en vente chez Maître Chalumeau. Je vais me trouver un petite maison de retraite à la campagne avec plein de vieux tromblons comme moi. J'ai assez d'argent, j'en ai même beaucoup trop. Tu ne veux toujours pas que je t'envoie l'argent du terrain du baraquement ? »* Je répondais, pour la énième fois, non, lui laissant croire que l'héritage des Rowland m'assurait un train de vie de millionnaire. Elle réitérait sans arrêt sa proposition. Je n'avais pas besoin de cet argent qui dans mon esprit devait lui permettre de répondre à d'éventuels problèmes de santé. Maïka ne devait manquer de rien, c'était la seule consigne que j'avais laissée à Raphaël Lévy et Anatole Barfleur : surtout qu'elle ne manque de rien, qu'elle soit bien soignée et bien entourée. Je l'avais abandonnée, elle qui avait aidé ma mère à me mettre au monde sur la table de la cuisine du baraquement américain et m'aimait au point de m'encourager à partir. Le souvenir de notre séparation est toujours présent dans mon esprit, sa forte poitrine contre moi... sa respiration haletante... ses joues humides... sa bonne odeur de vieille femme. Nos lettres mensuelles obéissaient à un besoin mutuel et vital, elles étaient le cordon qui nous unissait, le dernier cordon qui me reliait au premier cercle. Je m'éloignais, davantage chaque année, de la France, Caen devenait une ville étrangère à mon nouvel univers, mais je n'ai jamais coupé le cordon, le dernier, le plus fort. Maïka, désormais, m'écrivait de sa maison de retraite installée dans un vieux manoir du pays d'Auge au bord de la Dives. Elle y était bien. Je l'avais abandonnée. Il était essentiel pour tranquilliser ma conscience que je pense, que je sois convaincu qu'elle y était bien.

La vie dans l'ancienne manufacture de Beach Street a été perturbée par une mort. Carla s'est pendue le 3 février 1975. Tôt le matin, j'ai été réveillé par des cris. Yono hurlait et appelait à l'aide, pour la première fois elle parlait en chinois ; elle criait des mots incompréhensibles qui s'amalgamaient les uns aux autres en long sifflement suraigu de sirène. Je suis sorti du studio en même temps qu'Alberto et Pamela. Tous les trois, de la coursive métallique qui surplombait la Pretty Factory éclairée par la guirlande électrique, nous regardions la scène et les acteurs qui semblaient jouer dans un drame d'Arthur Miller, chacun à une place précise, Yono près de l'ascenseur à mi-distance du centre de la pièce, Mark à l'autre extrémité accourant vers elle, Carla suspendue au milieu de la plate-forme à l'un des filins qui servaient autrefois à treuiller les bobines de papier, sa tête formant un angle bizarre avec son corps désarticulé, sorte de Christ féminin en chemise blanche ou sorcière de Salem. A ses pieds, nus, assis en tailleur devant deux bougies allumées, Roy vêtu de noir veillait la morte, les yeux sans vie tournés vers elle, un sourire posé sur ses lèvres par une folie définitive. Il avait découvert le corps pendu de Carla à la fin de la nuit, il s'était habillé avec son vieux costume noir, avait allumé la guirlande électrique et deux bougies. Depuis, il attendait. Yono hurlait, Mark arrivait près d'elle. Roy sortit de sa torpeur, les regarda et dit, le doigt posé sur son sourire-rictus : « Chut... il y a très longtemps qu'elle n'a pas dormi. »

Le médecin légiste a estimé que Carla n'était pas morte sur le coup. Le filin l'avait étranglée lentement sans briser ses vertèbres, elle vivait quand Roy était descendu aux toilettes la chercher. Il aurait pu la sauver. Un mort peut-il sauver un autre mort? Roy a été hospitalisé, puis interné dans un asile psychiatrique. Nous ne l'avons jamais revu.

La mort de Carla nous a... troublés. Pas vraiment émus. Troublés. Nous ne l'aimions pas. Nous ne les aimions pas. Ils étaient des intrus qui occupaient une place à part dans notre communauté, la place des morts. Ils représentaient ce que nous risquions de devenir : des épaves, deux otaries flasques qui crevaient sur un rocher, abandonnées par le troupeau. Les animaux sont parfois cruels. Nous avons eu la cruauté des animaux. D'où notre trouble. Le soir de la découverte du corps pendu de Carla, nous en avons parlé ensemble. Mark, comme d'habitude, a pris le premier la parole.

« Je suis le plus vieux de nous tous, dit-il; je n'ai rien fait pour les aider. Je me suis foutu de leur gueule.

— Qu'est-ce que nous pouvions faire? répondit Alberto, ils avaient décidé de crever. Y'avait rien à faire.

— Leur parler, dis-je. Juste leur parler comme vous m'avez parlé à moi et à Strawberry.

— Franky a raison, enchaîna Yono.

— Ils ont rempli leur rôle et ils partent parce que

leur rôle est terminé. Rideau. » Pamela était surprenante. Elle avait une sorte de philosophie spontanée qui lui servait de blindage pour encaisser ou éviter les coups. Une prostituée, si on réfléchit bien, ne peut être qu'intelligente ou très bête. Si elle se situe entre les deux, elle explose. Ce n'est pas rien de quitter son gros bourg de Grand Junction pour aller faire la pute sur Broadway. Il faut du caractère ou un cerveau totalement vide. Pamela était intelligente, elle savait ce qu'elle faisait, pourquoi elle le faisait et comment elle s'en sortirait. Son regard sur le monde était cynique et professionnel, elle jugeait les gens comme ses clients, en un clin d'œil, savait qui faisait quoi, qui était pervers, qui risquait d'être dangereux. Elle avait l'expérience du trottoir que son intelligence avait métamorphosée en philosophie du trottoir. Pamela poursuivait son analyse : « Carla et Roy nous ont servi de repoussoir. Moi, dans la bande, je suis la pute, normalement je suis tout en bas de l'échelle. Ils étaient pire que moi et ça me rassurait de les voir pire que moi, vautrés dans leur crasse. Je les plaignais, surtout Carla, je lui ai souvent parlé, elle n'entendait rien, elle était morte depuis longtemps. Avec son mec, elle nous a tous aidés, moi un peu plus que vous, à nous hisser au-dessus de la merde. Souviens-toi, Mark, de ce que tu as dit à Franky et à Strawberry pour les convaincre de renoncer à la drogue. Tu leur as dit : “ Si vous continuez, vous allez ressembler à deux otaries flasques.” Carla et Roy ont joué leur rôle d'otaries flasques. On ne va pas se mettre maintenant à chialer. Ils sont allés jusqu'au bout et on avait tous envie qu'ils aillent jusqu'au bout. Rideau. »

La philosophie du trottoir a des raccourcis rapides et des conclusions brutales. Personne n'a voulu poursuivre la conversation sur la morte et le fou. Pamela avait tout dit et je partageais son point de vue même si l'exposé me paraissait un peu trop schématique. Sur le fond, j'étais en accord avec elle : nous avons laissé Carla et Roy se suicider parce que leur dégradation physique et mentale nous rendait, comparativement, convenables. Dans notre microcosme, ils ont servi de référence négative. La mort ou la folie étaient l'ultime confirmation que leur destruction était inéluctable et qu'elle n'avait d'autre issue que l'enfer. Comme dans une société primitive qui sacrifie ses éléments les plus faibles, nous attendions tous, sans rien tenter, cette issue dramatique qui symbolisait notre propre survie, notre force et notre volonté. Par humanité et convenance, nous exprimions une émotion et un remords, mais il n'y avait aucune sincérité profonde dans cette compassion. Nous avons utilisé Carla et Roy jusqu'au bout, jusqu'à ce qu'ils n'aient plus, pour nous, de raison d'être.

Carla était la première morte que je revoyais depuis la plage Blanche. Je n'en ai ressenti aucun traumatisme. J'étais capable de regarder la mort avec froideur. N'étais-je pas guéri depuis ce jour dans Central Park, devant le Carrousel ?

A l'exception de cet épisode tragique, les cinq années ont passé sans que rien de notable ne contrarie l'existence des habitants de Beach Street. Le quartier changeait. Les premiers artistes déménageaient de SoHo pour s'installer dans les manufactures de Huston Street et les *cast-iron buildings* dont certains, les plus proches de Broadway, étaient transformés en appartements. Tribeca lavait ses rues sales et grattait sa rouille de carcasse humaine jetée sur les docksides. Des visiteurs venaient de plus en plus souvent dans l'atelier de Mark Stenson. Il était devenu « un peintre-en-voie-d'être-riche-et-célèbre », appellation qu'il s'était donnée à lui-même et à quelques autres, peintres remarqués par Léo Castelli qui, selon le marché, décidait de leur gloire et de leur fortune. J'étais heureux du « succès potentiel » de Mark. Il y avait chez lui une folie calme que j'aimais, un bel équilibre entre la raison et la passion pour toutes les choses de la vie jusque dans sa liaison avec Yono. Mark était beaucoup plus âgé qu'elle, une bonne trentaine d'années les séparait, il paraissait lymphatique, elle était vibrionnante. Il relativisait les problèmes, comme j'avais tendance à le faire, elle en faisait des montagnes. A force de vivre l'un avec l'autre, ils avaient inversé leurs caractères, l'Américain récupérant le flegme de l'Asiatique, l'Asiatique l'exagération de l'Américain, et l'opposition inversée de leurs personnalités s'accordait de façon parfaite. Même leurs peaux, le blanc très pâle et la légère teinte jaune se mélangeaient en deux couleurs pastel.

Le couple formé par Alberto et Pamela était d'une autre nature. Le mot couple d'ailleurs, ne convenait guère pour définir leurs relations. Ils vivaient ensemble par commodité. Je ne crois pas qu'Alberto ait jamais été le mac de Pamela, mais il la protégeait en l'entourant d'une affection et d'une générosité débordantes. Alberto était l'Italien émigré par excellence, le Latin débarqué à New York avec un Vésuve miniature dans sa valise en faux croco. Il était sans arrêt en éruption, sexuelle aux dires de Pamela, spécialiste en la matière, et verbale. Quand il ne parlait pas, il chantait des airs d'opéra qui transportaient Beach Street au fin fond d'un quartier de Naples. Souvent, je l'accompagnais au piano. Son exubérance et sa générosité étaient telles qu'il insistait pour que, de temps en temps, « quand tu en as envie », j'emprunte Pamela. J'avais décliné l'offre jusqu'à cette nuit où elle m'avait rejoint dans mon lit : « Franky, ça me fait plaisir aussi. » Je n'avais aucune raison de contrarier mes deux amis.

Mes relations sexuelles, durant ces cinq années, se limitèrent à Pamela et à une petite dizaine de filles, dont j'ai oublié le nom et le corps, croisées dans des clubs de jazz ou au Dom, l'ex-boîte de Warhol et de Lou Reed près de Tompkins Square. Je n'abusais pas de l'autorisation d'Alberto et des offres permanentes de services de Pamela. Une fois ou deux fois par mois peut-être, rarement davantage. Elle était ni belle, ni laide, ni quelconque, blonde très délavée, un peu grassouillette au niveau de ses instruments de travail : la poitrine, les fesses et un petit ventre rond. Elle ressemblait à une fausse Marilyn engagée dans un remake porno des *Misfits*. Je dois reconnaître, sans trop entrer dans les détails, que son savoir-faire était remarquable. Elle savait tirer de l'homme un maximum de plaisir en peu de temps. C'était parfait, net et rapide. Jamais elle ne passait une nuit entière dans mon lit, habitude à laquelle je tenais pour qu'elle reste la compagne privilégiée et « exclusive », si le terme convient pour une pute, d'Alberto, « exclusive » tout du moins pour les autres habitants de la maison de Beach Street qui ignoraient, autre terme de l'accord passé entre nous trois, tout de nos relations. Mon studio et celui de Pamela étaient au même étage, elle empruntait sans bruit la coursive, se glissait dans ma chambre, passait une heure avec moi puis regagnait son lit. Je l'aimais bien et elle me rendait la pareille en baisant avec moi, amicalement.

J'ai revu Strawberry plusieurs fois, à l'initiative de Yono qui entretenait avec elle une relation suivie dont j'étais l'une des raisons. Yono trouvait ridicule notre séparation, elle me le disait souvent : « Jamais une autre fille ne t'aimera aussi fort que Strawberry. » Elle m'en voulait de son départ et essayait de nous rapprocher. Strawberry venait visiter l'atelier de Mark et restait parfois à dîner. J'étais heureux de la revoir et surtout – c'était curieux – de la regarder. Nous parlions peu. Nous n'avons jamais refait l'amour. La première fois qu'elle est revenue, deux mois après notre rupture, elle a frappé à la porte du studio, Yono était à ses côtés. Elle est rentrée seule dans ma chambre, je l'ai embrassée sur les lèvres, une caresse de nos lèvres plus qu'un vrai baiser, puis elle s'est assise dans le fauteuil rouge, moi sur le canapé, elle au-dessous du tableau à la vache, et nous n'avons rien dit pendant une heure. Je la regardais, elle me regardait, notre contemplation mutuelle, presque notre extase mutuelle, était suffisante. Nous avions besoin de nous voir et de nous dévisager, de nous imprégner du visage et des yeux de l'autre. Je pensais – et je suis sûr qu'elle pensait la même chose que moi –, qu'il était dangereux d'aller au-delà de ce long regard échangé, de replonger ensemble dans un amour qui avait failli nous détruire. Il n'y avait aucune gêne, le silence n'était pas pesant mais agréable et léger, nous flottions dans un silence ouaté comme autrefois dans un autre délire. Je lisais sa vie en fixant ses beaux yeux, démesurément ovales. Notre mutisme nous semblait être le bon compromis entre le déchaînement d'un amour, dont nous nous méfiions l'un et l'autre, et un flot de paroles inutiles qui n'auraient été qu'un comblement fictif, donc vulgaire, du silence. En ne disant rien nous exprimions une vérité, celle de l'instant.

Un soir, quelques semaines après la mort de Carla, j'avais invité Miles Davis à dîner dans la Pretty Factory. Strawberry était là. Yono avait préparé des *sutchis* qui complétaient le repas commandé chez un traiteur de Little Italy, le meilleur selon Alberto, et remboursé sur notes de frais par *France-Soir*. Miles était un fou d'art moderne, il avait entendu parler de Mark, je servais d'intermédiaire. Les deux artistes discutaient avec passion des liens étroits entre la peinture et la musique, Alberto y ajoutait son point de vue en rapprochant Boticelli ou le Titien de l'opéra italien dont il chantait des extraits. La conversation était animée, ponctuée de vocalises et de bel canto, décousue, folle, suffisamment bruyante et arrosée d'orvieto pour composer autour de Strawberry et moi un halo, tremblant et confortable, de mots et de notes. Nous écoutions tous les deux, face à face, bercés par la musique verbale. Miles, Mark et Alberto débattaient d'une question posée par l'un d'entre eux : « Pourquoi les peintres modernes sont-ils des Blancs et les jazzmen le plus souvent des Noirs ? » Les réponses fusaient par bribes dans tous les sens. J'entendais celle-ci formulée par Miles : « On peut vivre avec une trompette mais il faut des années et beaucoup de chance pour gagner de l'argent avec un pinceau. Un peintre blanc qui n'a pas encore réussi est un original, il a sa place en tant que tel dans la société. Un peintre noir qui ne réussit pas est un clochard. Et peut-il réussir ? Jasper Johns est un génie parce qu'il est blanc, il intellectualise l'art. Si un Noir peignait comme Johns, les critiques blancs diraient que sa peinture est de l'art brut, primitif, africain. C'est comme cela que l'Amérique blanche et raciste regarde l'artiste noir. » Miles s'était penché vers Strawberry : « Tu es d'accord, jolie fraise amoureuse du Blanc Franky ? »

Elle a dit oui, rien d'autre. Je me souviens de son regard troublé. « Oui... » *Amoureuse du Blanc Franky*... Et moi amoureux de la Noire Strawberry, m'interdisant de le dire. Tard le soir, j'ai marché sur le trottoir de Beach Street avec Miles jusqu'à sa limousine qui l'attendait sur Canal Street. Strawberry était rentrée en métro deux heures avant, autour de minuit. Il m'avait parlé d'elle : « J'ai rarement vu une Noire aussi belle, vous vous bouffez des yeux, tu l'aimes à t'exploser la tête et tu ne bouges pas. Tu luttes contre quoi, Franky ? C'est pourtant pas la couleur qui te dérange !

— Je n'avais même pas remarqué qu'elle était noire ni que j'étais blanc. Tu me vois de quelle couleur ?

— Blanc comme un malade. Tu es de la couleur d'un mec qui veut maîtriser le monde et les émotions. Laisse-toi aller ou tu vas mal finir. Tout revient un jour, Franky, n'oublie pas, tout va te péter en pleine gueule. »

J'ai regardé les feux arrière de sa Lincoln disparaître au croisement de Canal Street et de Broadway dans l'embouteillage des taxis jaunes.

9

Melany était prête à tout pour sortir un auteur. Même à l'aimer. Elle était directrice littéraire chez Fabinster and Fabinster, l'un des plus grands éditeurs de New York. Melany Hatworth, fille unique de la banque Hatworth dont les présidents successifs depuis quatre générations se prénomment tous Arthur, savait ce qu'elle voulait et parvenait à ses fins, quitte à payer de sa personne avec une conscience professionnelle qui forçait l'admiration et épuisait ses victimes. Quand je l'ai rencontrée pour la première fois, au début de l'année 1976 lors d'une réception au bar du San Regis, elle n'aurait sans doute jamais posé son regard sur moi si l'homme qui nous avait présentés ne s'était appelé Sean Connery. Chez les Hatworth ce genre de détail avait son importance.

Le King Cole Bar était le lieu de rendez-vous le plus élégant de New York. A l'angle de la 5e Avenue et de la 55e Rue, au rez-de-chaussée du San Regis, il accueillait des manifestations mondaines où les invités, compte tenu de l'étroitesse de la salle, étaient triés sur le volet. Le charme et l'intimité du King Cole Bar avaient depuis longtemps séduit les éditeurs new-yorkais, qui donnaient là des cocktails pour célébrer un prix littéraire ou la sortie d'une nouvelle collection. Ce soir-là, Fabinster and Fabinster y recevait à l'occasion de la réédition de l'œuvre complète de Rudyard Kipling, qui coïncidait avec la sortie du film de John Huston, *L'homme qui voulut être roi*, inspiré du grand auteur anglais. Sean Connery, l'un des principaux interprètes du film avec Michael Caine, était l'invité d'honneur de la réception.

J'avais vendu le sujet à Raphaël Levy. Compte tenu de mes relations épistolaires avec Sean Connery et d'une amitié ancienne, qu'aucune retrouvaille n'avait d'ailleurs confirmée, je pouvais espérer décrocher une interview exclusive : la seconde en dix ans depuis le scoop téléphonique de *La Liberté*.

Raphaël s'était chargé lui-même d'en avertir le bureau de Washington et d'expliquer au service Spectacles de *France-Soir*, qui réalisait d'habitude ce genre d'entretiens prestigieux, que mon incursion dans l'univers du show-business était exceptionnelle, un cadeau, avait-il dit, pour récompenser le correspondant en faits divers de New York.

Sean ne pouvait pas me reconnaître. Notre dernière rencontre remontait à une quinzaine d'années. La foule des invités se massait autour de lui près du bar, je m'approchai et essayai de croiser son regard. Ma stratégie était simple : le fixer, attirer son attention, susciter un intérêt ou éveiller un improbable souvenir puis me présenter : *my name is Frank, Frank Merced.* Si le rappel de mon nom était insuffisant, j'enchaînerais sur Henry Rowland, *Le jour le plus long* et le baraquement américain de Caen.

Une grande blonde, à côté de lui, servait d'intermédiaire, distribuait les temps de parole avec l'autorité et la distinction d'une maîtresse de maison habituée à recevoir dans son salon le Tout-New York littéraire. Elle ressemblait, en un peu plus âgée, à Eva Marie Saint dans *La mort aux trousses*, même tailleur, jupe étroite et petit sac de cuir noir verni dont la fine bandoulière dessinait sur l'épaule droite une bretelle de soutien-gorge. Sean et elle parlaient avec la rédactrice en chef d'un magazine américain. Un groupe de journalistes attendaient leur tour. J'étais, en principe, le suivant.

« Vous êtes absolument parfait dans ce rôle de militaire de l'armée des Indes », dit avec préciosité la journaliste américaine, qui semblait ne rien connaître au cinéma. « John (elle parlait de John Huston) a eu diablement raison de vous forcer à abandonner le personnage de James Bond, jamais je ne vous avais vu dans un rôle aussi drôle et si décalé. C'est formidable, Sean, for-mi-dable, mon magazine va faire campagne pour que vous décrochiez l'oscar. » Elle lui serrait la main, il grimaçait un remerciement, puis la blonde, d'un mouvement de bras ferme et gracieux, expédiait la journaliste sur le côté, signifiant la fin de l'entretien. Au suivant.

Il me regardait par intermittence depuis une minute ou deux, ce genre de regard interrogatif : Mais qui est-ce ? Quand j'arrivai face à lui, il attendait que l'annonce de mon nom ouvre l'un des tiroirs de sa mémoire. Par jeu, mais je crois surtout par une sorte de pudeur qui anticipait sur de prévisibles effusions sentimentales, je ne déclinai pas mon identité comme me l'enjoignait de le faire, mi-ouverte, la bouche de la blonde. Je livrai un premier indice qui mettrait sur la voie le regard toujours interrogatif de Sean Connery.

« Vous serez peut-être surpris que je remonte aussi loin, mais votre personnage, le sergent Daniel Dravot, m'a fait penser au 2e classe Flanagan du *Jour le plus long*... » Une petite lumière s'alluma dans le regard... Je poursuivis : « L'année où nous nous sommes rencontrés, en Normandie, vous étiez le 2e classe Flanagan.

— ... Frank... Tu-es-Frank-Merced. » Il détachait chaque mot en les prononçant avec une intonation forte proche du rire... « Bon sang, tu es Frank Merced, mon copain français. » Nous tombâmes dans les bras l'un de l'autre, moi secoué par de grandes tapes. « Frank... ce n'est pas possible... (Cette fois, il riait...) Quel âge as-tu, maintenant ?

— Vingt-six ans, non, vingt-sept depuis hier.

— Melany, je vous présente Frank Merced, mon ami français qui connaît le cinéma américain mieux que moi. » Je saluai la doublure d'Eva Marie Saint qui s'était d'un seul coup départie de sa froideur distante et me considérait avec l'intérêt dû à un « intime » de la star internationale. Les présentations faites, Sean me prit par l'épaule, s'excusa auprès des autres journalistes et m'entraîna vers deux fauteuils, au fond du King Cole Bar, priant la blonde de faire barrage de son corps pour nous garantir une tranquillité d'un quart d'heure.

« J'ai très peu de temps, Frank. Je pars pour Los Angeles juste après cette sauterie. Que deviens-tu ? »

Je racontai ma vie en trois minutes. La mort des Rowland, l'installation à New York, mon nouveau job de correspondant... « As-tu besoin de quelque chose, Frank ?

— Oui, d'une interview de toi.

— Vas-y. En un quart d'heure je te dis tout et tu me connais assez pour en faire une page entière. »

Je le bombardai de questions dont la première faisait le lien entre son rôle de sergent de l'Armée des Indes et celui du 2e classe Flanagan ; même décontraction, même détachement, même ironie amusée. Je lui disais que *L'homme qui voulut être roi* était l'un des plus beaux films de Huston et le meilleur rôle de sa carrière depuis son interprétation sobre et magistrale dans *Pas de printemps pour Marnie* d'Alfred Hitchcock et *La colline des hommes perdus* de Sidney Lumet. Il réagissait à mes commentaires. Faute de temps, l'interview était maîtrisée, construite et rapide, sans rapport – et je le regrettais – avec la conversation décousue que j'avais eue avec Miles. En un quart d'heure, j'avais recueilli ses impressions sur le film, des anecdotes exclusives racontant les conditions difficiles du tournage dans la neige ou au milieu de la foule indienne, en réalité marocaine ; il m'avait expliqué pourquoi James Bond ne l'intéressait plus – « peut-être un dernier, dans quelques années » – et tout dit sur ses projets avec Richard Lester, pour lequel il interpréterait le rôle de Robin des Bois, et avec un autre Richard, Attenborough. Les notes griffonnées à toute vitesse me donnaient matière à écrire une bonne dizaine de feuillets. Les autres journalistes s'impatientaient, la blonde insistait pour que l'entretien se terminât. Je remerciai Sean. Notre séparation fut à la hauteur de nos retrouvailles. Spectaculaire et bruyante.

Elle me rattrapa dans l'entrée du San Regis. « Frank, j'aimerais beaucoup vous connaître. Vous avez une carte ?

— Non.

— Tenez, je vous donne la mienne. » Elle fouillait dans son sac bandoulière. « Appelez-moi sans faute, on essaie de se voir la semaine prochaine. »

« Comment avez-vous rencontré Sean Connery ? »

Melany Hatworth m'a reçu, deux jours après, dans son bureau de Fabinster and Fabinster. Qu'est-ce que je foutais là ? Un petit pigiste, scribouillard de jazz, mal fringué, face à une grande éditrice, snobe et nymphomane. Elle avait fait le tour de son grand meuble bureau et s'était assise à côté de moi, sa jupe remontée au ras de sa culotte.

Je racontai tout. J'ajoutai à mon récit de l'ambiance et du suspense pour passionner mon interlocutrice. Je mettais en scène les disparus de la plage Blanche. Je voulais intéresser la blonde, la captiver. Elle l'était.

« C'est extraordinaire votre histoire. Vous devriez en faire un livre.

— Vous ne savez pas si j'en suis capable.

— Et alors ? C'est mon métier de prendre des risques. J'ai du flair, vous savez. »

Elle décroisait les jambes. Je demandai à réfléchir.

Nous avons dîné le mardi suivant au Club 21 et petit déjeuné chez elle le lendemain matin. Entre les deux, la nuit a été délicieuse et épuisante. Melany avait un appétit sexuel hors du commun, accordé à sa boulimie de travail. Elle se jetait à corps perdu dans tout ce qu'elle entreprenait, établissant une liaison étroite entre son lit et ses activités littéraires. Sa façon de faire l'amour était à la fois méthodique et passionnée, comme son travail ; elle se donnait dans des positions originales et nombreuses qui requéraient une excellente condition physique, une maîtrise parfaite de soi et des années d'entraînement. Melany, quarante-deux ans, mariée et divorcée deux fois, était, en chaque chose, une authentique professionnelle.

Je n'avais pas entretenu de liaisons régulières avec une femme depuis Strawberry. (Excepté Pamela.) Nous avons passé une année entière ensemble. Je ne l'aimais pas au sens : *être amoureux de*, mais une connivence s'était créée entre nous, faite d'intérêts réciproques. Lors de notre premier dîner et plus tard sur l'oreiller entre deux assauts, elle m'avait fait reparler de moi. Notre conversation était dirigée vers un but unique : écrire un livre, un « best-seller » disait-elle sans arrêt, pour la prestigieuse maison d'édition Fabinster and Fabinster. L'amitié amoureuse et une entente sexuelle parfaite s'étaient ensuite greffées sur notre objectif commun.

L'idée m'obsédait depuis que j'avais réussi à maîtriser mes émotions, une fois les fantômes de la plage raccompagnés jusqu'aux docks de New York et rejetés au large vers l'autre rive de l'océan. Je devais écrire cette vie qui avait failli me détruire. L'écriture jetterait sur le papier ces années d'horreur, insoutenables et douloureuses, elle les sortirait de ma tête, je pourrais les voir, les regarder, les contempler comme des choses extérieures, les enfermer dans le livre, puis les étouffer. J'avais acquis cette conviction que ma guérison ne serait totale que lorsque j'aurais eu la force d'écrire ces années, de les donner en pâture au public pour qu'il s'en délecte, les dévore et, les engloutissant dans sa mémoire, en vide la mienne. J'avais vu la douleur s'infiltrer dans les sous-sols de New York. Il me fallait maintenant procéder, avec méthode, à l'extraction des dernières gouttes de douleur, tordre ma mémoire, l'étreindre comme un linge humide pour qu'elle se vide de tout son contenu. Elle jaillirait sur mes feuilles, aucune trace ne resterait en moi, ma douleur serait partagée, je n'en serais plus le seul dépositaire, les autres, tous les autres, la prendraient en charge. Ce besoin d'écrire habitait mon cerveau qui déjà, rangeait, cataloguait, fouillait au plus profond du souvenir et m'ordonnait de me mettre au travail : « Ecris... » « Ecris... » « Ecris... » L'ordre résonnait en écho à l'intérieur de mon crâne.

Melany Hatworth fit son travail d'éditrice. Elle m'aidait à accoucher de mon histoire, me conseillait : « N'écris pas de manière linéaire en respectant la chronologie, les personnages et les faits. Tu dois romancer ta vie. Laisse aller ton imagination. Seul le roman, la puissance du roman peut assouvir ton besoin de dire tout ce qui est en toi. » Je luttais, sans trop de conviction, contre ce qui m'apparaissait une déformation de la réalité : « Je n'ai pas le droit de changer le cours de l'histoire. » Elle s'amusait de ma réticence convenue, me rétorquant que j'avais tous les droits, que c'était mon histoire : « Elle t'appartient, Franky, tu es libre de la faire revivre. Personne ne te demande de faire œuvre d'historien. C'est ton histoire personnelle. Comment veux-tu raconter des choses aussi intimes, aussi profondes si tu n'utilises pas la technique du roman ? Ta pudeur t'empêchera d'aller au fond de toi-même, de décrire tes sentiments, de donner vie à tes personnages. Tu te vois parler de ta mère, l'appeler Apolline, lui donner l'apparence d'Apolline, et la décrire vivant, aimant, riant, pleurant, mourant ? C'est impossible. En revanche, si tu as recours au roman, si tu changes l'histoire et tes personnages, tu te sentiras libre et tu pourras exprimer l'essentiel : tes sentiments, ce qui est en toi et te pousse à écrire. » J'ai hésité quelque jours, puis j'ai accepté les quatre mille dollars d'à-valoir de Fabinster and Fabinster.

« Qu'est-ce que tu fous avec cette blondasse ? C'est une pute de luxe, elle va te sucer l'âme. » Alberto était toujours très direct dans ses commentaires.

« D'abord Melany n'est pas une pute, lui répondis-je, ensuite, même si elle l'était, on est bien placés tous les deux pour savoir que les putes ont de bons côtés.

— T'es dégueulasse de dire ça. Pamela ne se sert pas de son cul pour bouffer les gens. Elle bouffe avec son cul, nuance. Ta blondasse, elle te baise pour te piquer ce que tu as dans la tête. C'est une vicieuse. Pamela, elle, est une jouisseuse, une généreuse, une authentique petite pute.

— J'adore Pamela. Mais fiche-moi la paix avec Melany. Je suis assez grand pour savoir ce que je fais. Je vais vivre chez elle un mois ou deux et puis je reviendrai.

— Elle va te perdre. T'entends, Franky, ce que je te dis : elle va te sucer à mort. »

Alberto me parlait pendant que je prenais quelques affaires dans ma chambre. La veille, j'étais venu dîner avec Melany. Tous les habitants de l'immeuble de Beach Street étaient là, réunis autour de la table ronde de la Pretty Factory. Le dîner s'était très mal passé, ou plutôt rien ne s'était passé. Un dîner plat et ennuyeux. Les manières de Melany, son tailleur en tweed genre Chanel – sans doute Chanel –, sa façon de dire : « Oh ! vous êtes merveilleusement installés, c'est très excitant », n'avaient pas contribué à détendre l'atmosphère. Elle représentait tout ce qu'ils détestaient : la caricature de la *Wasp* friquée qui jette sur les autres un regard condescendant et fait mine d'apprécier un style de vie « merveilleusement excitant ». Au cours du dîner, elle avait annoncé que je viendrais écrire chez elle dans son bel appartement qui donnait sur Central Park West, juste à côté du Dakota Building, « vous savez, là où vit John Lennon ». L'endroit serait idéal pour moi. « N'est-ce pas, Franky ? » Je répondais « oui », et les autres écarquillaient les yeux devant ma soumission, du moins devant ce qui apparaissait une forme de soumission alors que j'agissais ainsi par calcul délibéré et cynique. Elle croyait m'utiliser, et c'est moi – pensais-je – qui l'utiliserais pour écrire, mais il était difficile d'en convaincre les habitants de Beach Street. Tous avaient des raisons de m'en vouloir et de la rejeter. Alberto me reprochait de mettre un terme – « à cause de cette salope » – à notre complicité, qui reposait sur le partage d'une même femme. Pamela était jalouse et prouvait ainsi – peut-être se le prouvait-elle à elle-même ? – que nos relations, amicalement sexuelles, avaient changé de nature. Mark estimait que mon départ était un reniement de notre amitié et des cinq années passées ensemble. Et Yono, surtout Yono, ne comprenait pas pourquoi je préférais cette « vieille Blanche prétentieuse » à son amie Strawberry. A chacun, j'avais essayé d'expliquer. Expliquer quoi ? Mon comportement était si différent de ce que j'avais été.

Alberto me parlait encore en descendant avec moi l'escalier métallique qui conduisait à la plate-forme. « Au moins, tu n'as pas pris toutes tes affaires.

— Ce qui veut dire que je reviendrai.

— Passe de temps en temps prendre un verre chez Fanelli's, même avec elle.

— D'accord, Alberto, d'accord. Maintenant, laisse-moi. » Je l'embrassai. « Les autres ne sont pas là. Dis-leur au revoir.

— Yono t'attend sur le trottoir. »

Elle était assise sur la bouche d'incendie face à l'entrée de l'immeuble. « Il faut que tu saches pour Strawberry », elle parlait tout bas, m'obligeant à approcher mon visage tout près du sien. « Il faut que tu saches pour Strawberry.

— Quoi ?

— Elle t'aime.

— Je sais... moi aussi... je l'aime. Mais elle est vivante. Elle serait morte si elle était restée ici.

— Tu crois sauver les gens en les quittant. C'est pratique... Tu te donnes bonne conscience. Franky le sauveur des âmes ! » Elle s'était levée et sa voix avait pris un ton agressif. « Tu te prends pour qui ? Pour le Saint de Manhattan ? La vérité c'est que tu as peur d'aimer, tu es incapable d'aimer, tu laisses les autres t'aimer et après tu les plaques. Strawberry, moi, Mark... Il t'en faut encore combien, Monsieur Franky ?

— Mais toi et Mark, c'est différent...

— C'est pareil, exactement pareil. Alberto et Pamela c'est pareil. Tous tes amis de France que tu as laissés tomber, c'est pareil. Ta Joan, c'est pareil. Tu ne nous parles plus d'elle. Qu'est-ce qu'elle devient ? Qu'est-ce que tu fais pour elle ? On t'aime, Franky, et tu ne réponds pas. Tu t'en vas. Et cette fois, tu pars avec une femme que tu es sûr de ne jamais aimer. Pas de danger Franky, tu as trouvé le remède, le parfait non-amour. »

La scène se déroulait sur le trottoir de Beach Street au milieu des passants qui regardaient cette petite Chinoise en ultra-minijupe tourner autour de moi, le mot « love » revenant dans chacune de ses phrases. « Love... » « Love... » « Love... » Ma vieille valise posée à mes pieds, je tenais le rôle de l'amant qui abandonne sa bien-aimée et la foule prise à témoin constatait la rupture.

« Tu sais bien, lui dis-je, que je pars pour écrire.

— Ne nous la fais pas dans le genre caprice d'écrivain. Tu pars d'abord pour te détacher des dernières personnes que tu aimes, ensuite pour écrire, c'est vrai, mais sans être dérangé par l'affection des autres. Tant pis pour nous. Tant pis pour Strawberry. Il n'y a que toi qui comptes !

— Tu te trompes. » Je m'étais rapproché d'elle et la serrai dans mes bras.

« C'est toi qui te trompes. Depuis le début tu te trompes. » Elle regardait ma valise. « Tu n'as pas emporté avec toi le tableau à la vache ?

— Non, je le laisse ici. Je reviendrai...

— Tu ne reviendras jamais. » Elle m'a embrassé sur la bouche.

L'écriture de mon livre a duré six mois. J'avais réduit mes activités de correspondant de presse au strict minimum : un papier de temps en temps pour *France-Soir* et ma chronique mensuelle de *Jazz Magazine*. Raphaël s'étonnait. « Ne t'inquiète pas, lui avais-je expliqué, j'ai un travail personnel à faire et après je reprendrai.

— Ce n'est pas la drogue qui...

— Non, ce n'est pas la drogue qui. »

Je commençais à écrire très tôt le matin, vers cinq heures. A midi, j'allais marcher dans Central Park, remontais vite dans le petit bureau de l'appartement, déjeunais d'un sandwich et enchaînais jusqu'à dix-neuf heures. Le soir, Melany m'emmenait dîner, jamais chez des amis, je refusais systématiquement. Nous allions dans l'un des nombreux restaurants de l'Upper West Side avec une préférence pour Le Café des Artistes, si possible près du bar. Elle m'interrogeait sur mon travail de la journée : où en étais-je ?, que devenait tel ou tel héros ?, comment l'intrigue allait-elle se dénouer ? Je racontais. Elle m'encourageait et distillait ses conseils qui démontraient, comme d'habitude, un professionnalisme exceptionnel. Melany était une directrice littéraire remarquable, elle savait se mettre à la place de l'auteur et dans la peau des personnages, elle anticipait la suite du récit, recommandait d'accentuer un trait de caractère, insistait pour que je développe une action qui lui semblait correspondre au goût du lecteur. Je me laissais faire, fasciné par cet exercice qui me transformait en une sorte d'Etre suprême, détenteur d'un pouvoir de vie et de mort sur les autres, doué de la faculté de décider arbitrairement de l'amour, de la haine ou de l'indifférence. J'avais vécu en subissant des émotions, désormais je les dominais, les fabriquais ou les faisais disparaître, j'étais le maître, le chef d'orchestre des sentiments, le compositeur d'une existence que j'ordonnais selon mon bon vouloir et les conseils techniques de Melany, ma comparse dans cette œuvre créatrice et, en même temps, destructrice de ma vie réelle. Les épreuves et les drames que j'avais traversés me servaient de matière, une matière gluante que je malaxais, dont je tirais la trame et les rebondissements du récit, un flot de mots et de phrases qui naissaient, m'échappaient puis s'assemblaient quand ma plume leur en donnait l'ordre. J'étais envoûté par mon nouveau pouvoir.

Ecrire fait mal. Mais la souffrance était presque agréable, elle stimulait mon esprit, l'excitait, le forçait à restituer l'intégralité des images qui coulaient sur le papier et se répandaient dans les pages. L'écriture, comme un filtre, retenait des particules de mémoire. Je les voyais vivre, d'abord effrayé par cette vision, puis les mots agissaient comme les millions de fourmis qui transportent des œufs et d'infimes débris, les mots transportaient les particules de mémoire, celles-ci quittaient mon corps, fuyaient, grouillaient sur le papier et intégraient les personnages. Je transfusais ma douleur en donnant vie à ces figures romanesques, inspirées de mon histoire et nourries de mes émotions.

Le récit remontait à la guerre. Caen, 5 juin 1944. Il mettait en scène – en vie – deux familles françaises, l'une de confession juive, dont les destins se croisaient. La première partie était consacrée au Débarquement. Un couple faisait l'amour sur la pelouse du château. L'homme était catholique d'origine espagnole, la femme était juive, fille d'un industriel de Caen déporté en Pologne. L'étreinte amoureuse entre les deux amants s'étalait sur des pages qui décrivaient en détail les caresses, la robe à petites fleurs bleues ouverte sur le corps, la chemise à carreaux verts et rouges au-dessus du corps nu, en lévitation, les nuages qui traversaient le ciel, la vision de l'horreur dans les yeux de la jeune femme ; le récit se poursuivait avec la relation des bombardements, les maisons éventrées, les morts dans chacune des deux familles, l'héroïsme des deux jeunes gens qui déblayaient, sous une pluie d'obus, les immeubles effondrés. La seconde partie s'ouvrait sur la naissance du narrateur, fils des amants du château : il racontait à la première personne l'après-guerre, la vie de famille dans un baraquement américain, ces maisons en carton débarquées des Etats-Unis, la naissance de sa sœur, le procès contre un politicien véreux accusé d'avoir dénoncé et envoyé à la mort son grand-père, le père de la jeune femme juive. La troisième partie tout entière retraçait le drame, les circonstances du drame, les trois corps déchiquetés sur la plage, le narrateur assis à côté d'eux, les observant et reproduisant avec une minutie maniaque les plaies ouvertes, les yeux retournés à l'intérieur de la tête, les membres tordus. Le héros du livre vacillait au bord de la folie, se reprochant sa propre existence : pourquoi vivait-il? pourquoi n'était-il pas mort avec les trois autres ? pourquoi avait-il tant insisté pour creuser dans le sable? D'autres questions, qui l'aidaient à ne pas devenir fou, appelaient une réponse, et la réponse, un coupable : pourquoi cette mine, seize ans après le Débarquement, avait-elle explosé? qui l'avait déposée sur cette plage déserte la nuit précédant le drame ou quelques jours avant? Qui? Le narrateur répondait dans la quatrième partie du livre. Après des années de recherches et d'errance mentale, des années où l'affection de son entourage l'étouffait, il se libérait de sa culpabilité en tuant le responsable, le criminel, celui qui avait dénoncé son grand-père juif, celui qui avait déposé, sur le sable la nuit, la mine destructrice de trois vies, il abattait de quatre balles dans la tête, une pour chaque mort – le grand-père, le père, la mère et la sœur –, le politicien véreux. Le livre se terminait sur le long procès qui suivait sa vengeance et reposait la même question obsédante : coupable ou non coupable? Les juges, les avocats, les médecins ressassaient la question. Le politicien véreux n'avait pas caché la mine dans le sable. Personne n'avait dissimulé la mine, elle venait de la guerre. Il résultait des débats que le narrateur, choqué par le drame, avait surmonté l'épreuve en imaginant un coupable qui personnifiait l'horreur, la délation, la veulerie, la bassesse, l'injustice, l'oubli, la lâcheté collective. Fallait-il condamner un homme habité, jusqu'à la folie, par un idéal de justice? Fallait-il envoyer en prison un homme qui avait tué un criminel de guerre épargné par une justice complaisante ? *« Faut-il, mesdames et messieurs les jurés, ajouter aujourd'hui l'injustice au drame personnel d'un homme ? »* A la page 378, le dernier mot du livre s'écrivait en lettres capitales : « ACQUITTÉ ».

Le livre est sorti début septembre 1977. J'ai quitté New York pour ma réserve indienne à la fin de cette année-là. Depuis, je m'appelle Formica, je n'ai plus d'autre nom, les fantômes de la plage sont revenus sur les docks, ils ont rejailli du sous-sol de New York, remonté à la surface par les égouts, ils m'ont pris à la gorge, étouffé, j'ai dû fuir et pour me sauver, tuer Frank Merced, Franky-le-Français, le journaliste, l'amateur de jazz, l'habitant de Beach Street, le marcheur de Manhattan... J'ai dû renoncer à mon identité. Me cacher. Fuir. Fuir. Fuir.

Mais je n'en suis pas là. Je dois raconter septembre, octobre, novembre et décembre 1977, ces quatre derniers mois de la vie de Frank Merced, auteur du best-seller qui sera publié plus tard en huit langues et porté à l'écran par Hollywood. Raconter la fin de Frank Merced, cet écrivain célèbre disparu depuis deux ans et demi, dont le nom s'étale en relief à des dizaines de milliers d'exemplaires sur la couverture du livre, au-dessus du titre lui aussi en relief, rouge sur fond jaune : *« PHANTOMS OF THE BEACH »*, un titre trouvé par Melany Hatworth la grande éditrice, salope et géniale, accoucheuse de talents et suceuse d'âmes. Je me souviens d'elle excitée, lisant le manuscrit... « Tu as réussi, tu as réussi... il y a tout, la guerre, la douleur, l'amour, la mort, la vengeance, la mémoire. » Il y avait tout, en effet : la récupération de l'horreur, le détournement de l'horreur, l'exploitation de l'horreur, la caricature de l'horreur, l'agencement bien ordonné de l'horreur. Le livre se nourrissait des morts et des drames amalgamés les uns aux autres, il ne se satisfaisait pas des seuls morts de la plage – « mes » morts –, il recueillait les morts du Génocide, il les utilisait pour donner au récit une consistance plus épaisse, une dimension pseudo-historique, il transformait le narrateur – moi – en dénonciateur de la lâcheté collective puis en justicier, au nom de la mémoire. Mon intimité se mêlait à l'Histoire. Ma mère, dans le livre, avait le visage et le corps d'Elsa Finkel, j'étais mon père, la scène d'amour ressemblait aux scènes d'amour vécues par Elsa et moi dans le lit du baraquement américain. J'utilisais, dans le seul but d'émouvoir des lecteurs, ma mémoire, mes souvenirs, le regard de ma mère, sa mort, le sourire de ma sœur, la nudité d'Elsa et ses caresses. Ma douleur personnelle était ensuite habilement sublimée et magnifiée par la douleur du peuple juif. Je décrivais les trois corps disloqués sur la plage et le lecteur imaginait les centaines de milliers de corps jetés dans les fosses des camps de concentration. Je vengeais « mes » morts, tués par accident, et les lecteurs m'acquittaient pour avoir dénoncé les crimes des nazis et le Génocide. J'étais responsable de cet amalgame, de cette récupération, que j'estime aujourd'hui honteuse, de la douleur des autres. J'étais un imposteur. Toute ma vie avait été une imposture. *Imposture, imposture, imposture.*

« Tu as réussi... » Melany Hatworth avait raison.

L'énorme machine commerciale de Fabinster and Fabinster s'était mise en marche. Les journalistes littéraires recevaient les « bonnes feuilles ». Les attachées de presse, les directeurs de collection et les agents d'édition multipliaient les cocktails, les déjeuners, les conférences, ils annonçaient la sortie de l'ouvrage d'un écrivain français « qui a vécu un drame personnel, horrible, raconte ce drame avec émotion et le dédie à la mémoire des victimes du Génocide ». Dès les premiers jours, des piles de livres s'entassaient sur les tables-présentoirs des librairies new-yorkaises, chez Barnes and Noble, Gotham Book Mart et Brentano's. Le *New Yorker* a publié un long extrait et une critique qui disait à peu près que Frank Merced venait d'écrire « un livre fondamental sur l'impérieux devoir de mémoire, de dénonciation et de justice ». Les journaux s'intéressaient également à la première partie du livre, celle qui retraçait le récit du Débarquement. Je donnais des interviews, j'étais invité à des émissions de radio et de télévision auxquelles participaient des Vétérans du Jour J, nous débattions de ma version des faits, de la bataille de Caen, des victimes civiles. L'Amérique découvrait que des bombes et des obus alliés avaient tué des Français. J'expliquais que ces drames étaient inévitables, qu'il n'y avait aucun ressentiment de la part des familles de victimes, que la guerre était seule responsable, mais qu'il était regrettable que cette vérité ait été cachée, que, par exemple, un film comme *Le jour le plus long* n'ait rien dit sur cette réalité dramatique et historique. Le débat prenait d'autant plus d'ampleur que la fin de la guerre du Vietnam avait entretenu, dans l'opinion américaine, un sentiment de culpabilité et de doute. Le livre arrivait au bon moment. Melany Hatworth en avait eu l'intuition. « Tu as réussi... » Mon récit du Débarquement, lu par l'Amérique fragile et dubitative des années Carter, et la dénonciation des crimes nazis, au moment où cette même Amérique pleurait devant les écrans de télévision en découvrant la série *Holocauste* avec Meryl Streep, ont été les deux ressorts commerciaux du livre. Quatre cent mille exemplaires vendus les quatre premiers mois !

Au début, ce succès a eu sur moi une efficacité thérapeutique incroyable. Il m'apaisait au-delà de mon espérance. Des milliers de lecteurs et des millions d'auditeurs et de téléspectateurs partageaient ma douleur, je m'en étais débarrassé, elle ne m'appartenait plus, elle était l'objet d'une compassion collective. Je pouvais en parler pendant des heures, argumenter, débattre sur NBC ou sur CBS, répondre aux questions, témoigner, le flot de mes paroles agissait comme une transfusion de la douleur vers le public, il la recevait, buvait mes mots et je déversais tout ce qui en moi macérait et croupissait depuis des années, je tordais et étreignais ma mémoire pour en extraire les dernières gouttes de douleur.

La notoriété et la richesse sont arrivées en même temps. Les gens m'adressaient des sourires ou des petits signes de tête sur les trottoirs de Manhattan, dans les bars et les clubs de jazz que je fréquentais à nouveau. J'aimais cette « reconnaissance », je l'estimais légitime. Elle saluait mon talent d'écrivain et ces longues années durant lesquelles j'avais conservé en moi cette souffrance que je restituais au monde. Elle respectait mon courage, je le voyais dans ces regards inconnus où perçait une certaine forme d'admiration. Je l'acceptais. Les dollars tombaient dans mes poches. Fabinster and Fabinster multipliait les avances, la Fox faisait monter les enchères pour acheter les droits exclusifs d'adaptation cinématographique des *Phantoms* et, l'argent appelant l'argent, l'appartement des Rowland était vendu non pas un demi-million de dollars, mais quatre cent vingt-cinq mille dollars ce qui, selon l'agence Smith & Watson, constituait un record. J'acceptai. J'acceptais tout : la gloire, la fortune et mes nouvelles relations mondaines. Melany me présentait à ses amis qui appartenaient à la haute finance et au monde de l'édition, leurs compliments de salon me flattaient, je me délectais d'être au centre des conversations et de captiver cette assistance de gens riches qu'autrefois j'exécrais.

Arthur, le banquier veuf, père de Melany, nous invita à dîner en novembre dans son hôtel particulier de Madison Avenue, près du Metropolitan, à deux blocs de mon ancienne adresse, chez les Rowland. Arthur IV était la caricature du milliardaire new-yorkais de vieille famille, mélange de Rex Harrison pour son élégance vestimentaire et d'Orson Welles, en maigre, dans *Citizen Kane* pour sa morgue dédaigneuse et conquérante. Nous n'étions que tous les trois à ce dîner, servi par un maître d'hôtel en habit et une cuisinière noire, dans une grande salle à manger de style gothique où trois portraits monumentaux ornaient les murs : Arthur I, II et III. J'étrennais mon premier smoking, celui d'Arthur était blanc et soyeux. Il m'interrogea pendant tout le dîner et, au lieu de marquer une distance, j'entrai dans son jeu et m'évertuai à le séduire en argumentant chacune de mes réponses. Le personnage était odieux mais j'estimais que mon entreprise de séduction intellectuelle constituait la meilleure arme de protection. Il détestait les gens, je le forçais à m'apprécier, donc à abdiquer sa supériorité, exercice dans lequel j'excellais lors des nombreux débats télévisés.

« Finalement, vous êtes un homme de gauche », dit-il à la fin du dîner après un long développement qui suivait une vague question politique.

« Père », répondit Melany avant moi, « si Frank est à vos yeux un homme de gauche, c'est la première fois que vous recevez à notre table un révolutionnaire.

— Par rapport à vous, monsieur, répliquai-je, il est difficile de se placer ailleurs qu'à votre gauche. Je me permets simplement de relativiser vos jugements qui sont, à mon avis, trop financiers et ne prennent pas en cause les réalités sociales. Libre à vous d'en conclure que ce genre de réflexion est de gauche. Cette appellation ne me gêne pas.

— Bonne réponse. » Un silence, puis il enchaîna : « Vous allez épouser ma fille.

— Père ! je vous en prie ! dit Melany, mi-irritée mi-amusée.

— C'est une question, monsieur, ou une affirmation ?

— Non, cher Frank, ni l'une ni l'autre, c'est une proposition de contrat financier qui ne tient pas compte des réalités sociales. Libre à vous de signer. Comme les deux autres ex-maris de ma chère fille. » Il riait. Un rire vulgaire. Le lendemain, il faisait une offre de quatre cent vingt-cinq mille dollars à l'agence immobilière Smith & Watson pour l'appartement des Rowland. Arthur IV m'achetait.

Les premiers symptômes d'un retour des fantômes dans les rues de New York se sont manifestés en décembre 1977. Depuis trois mois, je vivais sous la pression agréable du succès, charmé par la rengaine des compliments qui coulaient sur moi, ivre des débats et des questions qui manifestaient l'intérêt du public pour ce que j'avais écrit. Plus je répondais aux sollicitations, plus j'étais invité à parler et parler encore à la télévision, dans les radios, à des journalistes de quotidiens ou de magazines. J'avais écrit dans le but d'attirer l'attention et d'être lu par le plus grand nombre, dans le sens où le plus grand nombre de lecteurs devait recevoir ma douleur. Celle-ci, pensais-je au moment de l'écriture, ne m'abandonnerait que s'il y avait véritablement transfusion de la douleur à des milliers, des dizaines de milliers de gens. Le succès était indispensable à la réussite de mon entreprise. Or le succès était considérable et l'apaisement que je ressentais, malgré l'excitation médiatique, confirmait ma théorie et le bien-fondé de ma démarche. J'acceptais la gloire et mon entrée dans un monde si éloigné de Beach Street, de Strawberry et de mes amis de la Pretty Factory que j'oubliais.

Le 11 ou 12 décembre, je ne sais plus mais c'était un dimanche puisque l'article était publié dans le *Sunday Times Magazine*, « ils » sont revenus. Le titre s'étalait sur huit colonnes : *« TRUE PHANTOMS OF THE*

BEACH» («Les vrais fantômes de la plage»), l'article occupait une page entière dans le cahier littéraire avec deux photos : une de la plage Blanche et une autre, vieille, que j'imaginais jaunie et cornée aux angles, représentaient mes parents, ma petite sœur et moi en août 1960 assis sur la balustrade en bois du cabanon des Rowland, tous les quatre en short ou maillot de bain, souriant au photographe. L'article était signé Bob Douglas correspondant du *NYT* à Paris, ce même journaliste qui avait couvert le long procès de Simon Finkel. La rédaction de New York lui avait demandé un papier après qu'il l'eut informée que mon livre paraîtrait dans sa version française dès janvier, une publication rapide, quasi simultanée avec l'édition américaine et négociée, à un prix honorable pour un premier roman, entre Fabinster and Fabinster et un éditeur parisien. Le livre en français était d'ailleurs la version originale ; l'autre, le livre en américain, était une traduction. Je ne m'étais pas opposé à cette coédition de fait, au contraire, il me semblait normal et logique que mon manuscrit, écrit une première fois en français, soit publié à cinq mois d'intervalle dans les deux langues. J'y voyais là un instrument supplémentaire à mon entreprise de transfusion vers un public le plus large possible. Les photos du *New York Times* m'ont explosé au visage.

Le texte de la légende commune aux deux illustrations, publiées côte à côte en bandeau sur les huit colonnes, était précis : *« Voici la petite plage Blanche, près de Bayeux en Normandie, où s'est déroulé le drame dont s'est inspiré l'écrivain français Frank Merced dans son livre " Phantoms of the Beach ". L'auteur est à droite sur la photo, avec son père, le journaliste Paul Merced (trente-cinq ans), assis à sa gauche, sa mère, Apolline (trente-cinq ans), et sa sœur, Anna (six ans). Ils sont morts tous les trois, le 2 septembre 1960 suite à l'explosion d'un obus de marine enfoui dans le sable depuis le débarquement de juin 1944. Frank Merced, sur cette photo prise en août 1960, est âgé de onze ans. »* Le long article retraçait les circonstances du drame et ma vie française. Il y avait un témoignage d'un « ami » de la famille, dont les citations étaient reproduites entre guillemets, John Turbe racontait avec des mots émouvants que j'estimais impudiques et indécents, les derniers jours avant l'explosion. Il expliquait l'engagement de Paul Merced dans le premier procès qui avait opposé Raymond Barzoche aux héritiers de Maurice Finkel, mort en déportation. John était cité, un peu plus loin dans l'article : *« Frank a surmonté le choc grâce à son entourage et à la protection du baraquement américain, sa maison familiale, où il s'est longtemps réfugié. Il vivait avec ses fantômes. Il est parti vivre à New York pour les fuir. Je sais qu'il est maintenant apaisé. »* Qui es-tu pour parler à ma place ? C'est lui qui avait donné la photo au journaliste du *Times*, je me souvenais du jour où il l'avait prise avec son vieux Foca-Sport. D'autres personnes témoignaient dans l'article, Philippe Quiquemelle, poissonnier à Sainte-Honorine-des-Pertes et Pierre, le marin pêcheur, mes deux copains de plage. Ils parlaient de nos après-midi passés à cueillir des balles entre les galets et à creuser le sable mouillé pour trouver des pelouses, ces petits vers poilus dont raffolent les bars.

Un encadré d'environ deux feuillets, publié sur une colonne, relatait l'affaire Finkel, avec une petite photo de Simon. Bob Douglas introduisait ce dernier article en expliquant que le roman de Frank Merced amalgamait cette affaire avec le drame de la plage et mêlait la vie de sa famille avec celle des Finkel. Douglas rappelait l'assassinat de Barzoche, le procès et la condamnation de Simon Finkel. Il concluait l'article ainsi : *« La liberté du romancier est totale. Frank Merced n'a pas menti puisqu'il n'a jamais prétendu que son livre était la transcription exacte des faits. Nous avons joint Simon Finkel, qui est sorti de prison il y a deux ans, son frère Bernard, et sa fille Elsa qui fut longtemps très proche de l'auteur, ils ont souhaité ne pas s'exprimer. »*

Je tremblais en terminant la lecture de la page du *New York Times* posé devant moi sur la table du petit déjeuner entre les tasses et les toasts. Melany venait de quitter la chambre, je lui tendis le journal. « Regarde ce que j'ai fait. C'est terrible... » Elle lit debout, en marchant doucement dans la pièce, concentrée, lecture rapide, ponctuée de réflexions courtes : « Très bien... » « Parfait... » « Excellent... » Puis elle leva les bras et le mouvement fit remonter sa courte chemise de nuit sur ses cuisses. Les pages du supplément littéraire tombèrent sur le tapis : « Mais c'est génial Franky, une page entière tu te rends compte ? Une page d'émotion authentique qui donne envie de lire ton livre. » Elle riait du même rire vulgaire que celui de son père.

« Je les ai tous trahis.

— Tu n'as trahi personne. Douglas l'écrit lui-même : “ *La liberté du romancier est totale.* ” C'est exactement ce que tu dis dans toutes tes interviews. Chaque fois qu'on te pose la question : quelle est la part de vérité dans le livre ? tu réponds : j'ai écrit un roman, une fiction qui s'inspire librement de vérités successives. Douglas ne dit pas autre chose.

— Je me fous de ce qu'écrit Douglas. J'ai trahi les Finkel et j'ai utilisé mon drame pour faire de l'argent. Depuis trois mois, je joue au grand écrivain qui réveille les bonnes consciences. Connerie ! Je voulais la reconnaissance, le succès, le fric. C'est ça la vérité.

— Mais non. » Sa voix était redevenue douce. « Il y a une forte pression autour de toi. Ta réaction est normale. » Elle s'était approchée et m'entourait de ses bras. « J'ai connu de grands écrivains qui...

— Tais-toi. » Je me levai, renversant le café qui se répandit sur la table de verre. « Tais-toi, tais-toi, tais-toi. » Je hurlais dans la pièce. « Non seulement j'ai trahi les Finkel mais j'ai récupéré tous les morts de l'Holocauste. » Je marchais à pas saccadés tête baissée, d'un mur à l'autre, dans une répétition agaçante d'allées et venues qui m'aidaient à pénétrer à l'intérieur de moi-même, comme un piston qui serait entré dans mon crâne pour en extraire, par à-coups successifs, tout ce qu'il y avait à l'intérieur. « Pourquoi ai-je arrangé l'histoire ? Trois morts. Trois morts c'était insuffisant pour émouvoir le public et garantir un succès. Alors j'ai pris six millions de morts ; six millions de juifs morts plus mes trois morts, égalent : quelques centaines de milliers d'exemplaires vendus. Pas mal. » Je continuais à marcher et à m'insulter. « Pour que ce soit plus " émouvant ", ma mère j'en ai fait une juive. Habile ! » Je marchais d'une manière de plus en plus saccadée, mécanique, comme un automate détraqué. « Je dis à tout le monde que j'ai écrit par devoir de mémoire mais c'est faux. J'ai utilisé le malheur juif et mes morts pour faire de moi un héros qui assassine le symbole de la lâcheté. Moi, ... un héros... » Je riais. « Moi un héros... » Mon rire éclatait en cri de colère. « Je n'ai pas eu le courage de parler à Simon Finkel, je n'ai rien compris à la douleur d'Elsa, j'ai pleurniché sur mon sort pendant seize ans, je n'ai pensé qu'à moi, qu'à ma douleur, et maintenant, je joue les héros, le réveilleur de mémoire, le chevalier blanc de la justice. Je mens et je gagne un maximum de fric avec mes mensonges et mes morts. » J'étouffais. L'appartement m'étouffait. « Qu'est-ce que j'ai fait depuis que je suis à New York ? Rien. J'ai truqué mes articles, trompé Raphaël Lévy, abusé de sa confiance. J'ai passé mon temps à me regarder et à me dire : Ça va ? Ça va mieux ? Tu n'as pas trop mal ? Ah, mais tu fais des progrès. C'est bien, mon petit Franky. Bravo... Pauvre con ! Toi, un héros ? Une poule mouillée, oui. Un planqué. Un connard. Un imposteur. Un sale petit égoïste qui envoie chier tous ceux qui osent t'aimer parce que, quand on veut se faire plaindre, il ne faut pas avoir l'air d'être heureux. Combien de victimes autour de toi ? Combien de filles ? Elsa... Strawberry... et Maïka Dibrochka... et Patrick Lévy, Anatole Barfleur, John Turbe... et Mark Stenson, Yono, Alberto, Pamela... et Joan... et combien d'autres que j'ai plaqués et rejetés pour aller me faire plaindre ailleurs ? Je suis un imposteur, un imposteur, un imposteur.

— Tu dis n'importe quoi. »

Elle avait parlé d'un ton agacé. J'avais totalement oublié sa présence dans la pièce. A cet instant, elle était la personne au monde que j'avais le moins envie de voir. Elle représentait la laideur, non pas physique mais morale, la vraie laideur, désirable, blonde, élégante et existante, la laideur dans un déshabillé de soie de couleur chair ouvert sur ses cuisses croisées. Elle était assise à la table du petit déjeuner et me regardait avec un air méprisant. J'aurais dû partir. Son regard insistant me signifiait que nous étions liés par le livre, notre œuvre commune. Elle a écarté ses cuisses. Nous avons fait l'amour à même le sol, sur les pages du *New York Times* dispersées dans la pièce. Je la détestais. Dehors, dans Central Park, en contrebas de l'appartement, les chevaux du Carrousel tournaient, tournaient, tournaient.

Nous sommes partis ensemble, deux jours plus tard, dans sa Porsche 911 S, passer Noël à Long Island. La propriété de son père, une belle maison toute en bois construite sur les dunes devant la plage, était juste à la sortie des Hampton. Les résidences secondaires, qui font face à l'océan, sont grandes et d'architecture moderne. Celle des Hatworth était l'une des plus imposantes. L'endroit où elle se trouvait la mettait à l'abri des voisins tant le terrain était immense, près de 400 yards de front de mer. C'était la première fois depuis huit ans, en dehors de mes rares escapades à Brooklyn Heights, que je sortais de Manhattan.

L'article de Bob Douglas n'avait eu aucune conséquence négative sur les ventes, au contraire, le récit de ma propre vie avait relancé l'intérêt pour le livre, il s'arrachait et Fabinster and Fabinster multipliait les rééditions et les contrats avec des éditeurs étrangers. Des journaux français m'avaient appelé pour que je leur accorde des interviews par téléphone. Seul Raphaël Lévy, beau-père d'Elsa, avait exprimé des réserves sur mon procédé : « Tu aurais peut-être dû en parler aux Finkel », mais il s'était ravisé, « excuse-moi, je confonds les genres. C'est le beau-père d'Elsa qui te dit cela, excuse-moi. » Il continuait de me protéger à distance. Cher Raphaël. Véritable ami. Mes inquiétudes et mes remords s'étaient légèrement calmés. La plage de Long Island allait les faire resurgir avec une violence qui a failli me tuer.

La plage était sauvage et, à cette époque de l'année, déserte. L'idée de passer là quelques jours pour les fêtes m'avait semblé excellente. J'avais souvent entendu parler des Hampton et des célèbres maisons en bois posées au bord de l'océan sans oser m'y rendre, peur de quitter Manhattan et ses rues. « Tu verras, c'est très beau, très calme et il y aura juste mon père et un couple d'amis », m'avait dit Melany. Le couple d'amis, les Carmelini, des descendants d'émigrés italiens, propriétaires de la plus grande chaîne de pizzerias des Etats-Unis, étaient aussi gros que richissimes, deux énormes montagnes de chair qui ne parlaient que d'argent et de placements, la conversation préférée d'Arthur IV. La montagne femelle s'appelait Angelina, la montagne mâle Sergio, je n'avais rien à leur dire, ce qui n'était pas vraiment gênant, rien de ce que j'aurais pu leur raconter n'étant susceptible de les intéresser. Quand ils ne discutaient pas de dollars, ils mangeaient ou dormaient, ces trois activités ne laissant place à aucune autre. Ils se croyaient riches, ils étaient à mes yeux l'image grotesque et obèse de la misère et de la pauvreté.

Arthur IV n'était pas loin d'être rangé dans la même catégorie ; je lui concédais cependant une certaine élégance, vestimentaire et intellectuelle, mariée à une authentique culture qui donnait de la noblesse et de l'intérêt au personnage. Il n'en était que plus redoutable. Quand il nous a accueillis, il a tenu à me faire visiter seul la maison. « Laisse, Melany, je m'en occupe », avait-il dit à sa fille qui s'apprêtait à m'accompagner dans le dédale des pièces. L'architecte s'était inspiré des plans et des volumes de la résidence particulière, à Chicago, de Wright. Au rez-de-chaussée, le vaste salon ouvrait sur l'océan, la baie occupait toute la façade et se prolongeait en angle. Les meubles étaient en bois blond verni, un tableau de Leon Golub et une nature morte de Charles Demuth encadraient la cheminée de pierre, l'une des cloisons coulissait entièrement et donnait sur la salle à manger où une table rectangulaire et monumentale était entourée de chaises en cuir blanc. La bibliothèque et la salle de billard étaient installées dans les ailes. A l'étage, un couloir suspendu au-dessus du hall d'entrée desservait quatre chambres, dont deux, les plus grandes, faisaient face à l'océan. Chacune n'avait qu'une fenêtre, en forme de hublot qui, le soir, de la plage, quand les lumières étaient allumées, dessinait deux gros yeux proéminents. La sienne était celle de gauche, la nôtre, juste à côté. « Voici votre nid d'amour », avait-il dit en entrant avec moi dans la chambre meublée d'un lit à baldaquin. Il avait insisté sur le « votre », marquant ainsi l'appartenance d'un bien qui pourrait être le mien. Tout au long de la visite, il avait multiplié les allusions à sa fortune et à sa fille unique, jusqu'à me poser, une fois dans « notre » chambre, la question directe et indécente : « Alors, vous avez réfléchi ?

— A quoi ?

— A notre contrat.

— Vous voulez dire...

— Oui, c'est ce que je veux dire.

— Je préfère attendre et de toute façon voir ça avec elle.

— Dans les affaires, mon ami, il faut faire vite, et, n'oubliez pas, vous pouvez baiser ma fille mais si vous voulez bouffer ma fortune avec elle, il faut vous décider maintenant. C'est à prendre ou à laisser. »

A travers le hublot, je voyais Melany marcher sur le sable, vers l'océan. Elle se retournait et me faisait signe.

« Excusez-moi, je vais la rejoindre.

— Faites vite. Elle n'a plus de temps à perdre. Je veux une réponse rapide. »

Je respirais l'air frais de cette fin d'après-midi avec plaisir. La nuit commençait à tomber. Mélany était arrivée auprès de l'océan, à la limite des vagues. Le froid, les embruns et l'odeur de la mer me lavaient de la vulgarité qui m'imprégnait. Qui était le plus vulgaire ? Ce vieux dandy milliardaire ? Ou moi qui n'aimais pas sa fille, ne l'aimais plus, ne l'avais jamais aimée et restais avec elle par faiblesse, intérêt et attirance sexuelle ? Je la regardais, belle silhouette de femme mûre, sa chevelure au vent, son corps emmitouflé dans une parka matelassée. Mes chaussures de ville s'enfonçaient dans le sable, j'avançais péniblement, au ralenti. Impression ancienne, connue. Même plage déserte.

Même odeur iodée. Même bruit de ressac et d'éclatement sourd des vagues. Mes jambes n'obéissaient pas, elles m'abandonnaient, disparaissaient au-dessous de moi. Je tombais dans le trou béant, au milieu des trois corps disloqués, leur sang inondait mon visage, le sable envahissait ma bouche, crissait entre mes dents, les yeux ouverts de ma mère me regardaient, me parlaient : « Qu'as-tu fait, Frank ? » Aucun son ne sortait de ma gorge. Je rampais hors du trou, frôlant les corps, mon père, tête penchée sur le côté, sa chemise à carreaux en lambeaux, Anna, toute petite, son seau encore à la main, un sourire d'ange accroché à son visage blanc, si blanc, et ma mère, le bras allongé désignant l'extrémité de la plage, la rangée des bulldozers qui avançaient en ligne sur le sable, charriant vers nous d'autres corps, des centaines et des milliers de corps, une marée de corps humains, les six millions de morts de l'Holocauste... Je hurlais. Un cri de bête jaillissait de mon ventre et de ma poitrine.

« Calme-toi. Tu as fait un cauchemar. »

J'étais en nage, assis dans le lit à baldaquin auprès de Melany.

« Nous ne sommes pas sur la plage ? » Les mots résonnaient avec une tonalité irréelle. « Je ne t'ai pas retrouvée sur la plage, près de l'océan ?

— Si, mon chéri. Hier après-midi, tu m'as rejointe et nous avons fait une longue promenade en amoureux en regardant l'océan. Tu m'as même dit que tu réfléchissais pour prendre une grande décision.

— Et après ?... » Le souvenir de l'après-midi et de la soirée d'hier se reconstituait dans mon esprit.

« Après, on a dîné avec Père et les Carmelini. Ils ont avoué qu'ils n'avaient pas lu ton livre, d'ailleurs ils ne lisent aucun livre et ils ont parlé de leurs affaires. Tu les as trouvés nuls et nous sommes montés nous coucher.

— Oui, maintenant, je me souviens... C'est horrible ce cauchemar... Ça ne m'était pas arrivé depuis...

— Depuis quand ?

— Depuis longtemps... Je ne sais plus... Je crois que je vais essayer de me rendormir. »

Elle s'est blottie dans mon dos. Je suis resté les yeux ouverts. Les images de la plage revenaient devant moi. Elles étaient précises, très claires, les visages des trois morts avaient les traits conformes à la réalité, tout était exact, jusqu'aux détails des blessures, l'inclinaison des têtes et la position des membres. Les images des bulldozers charriant les corps correspondaient à celles du film *Nuit et Brouillard* d'Alain Resnais, elles étaient en noir et blanc, plaquées sur le drame de la plage Blanche que je revoyais en couleur. Pendant deux ou trois heures, j'ai ressassé mon cauchemar. J'étais calme, froidement calme. Au petit matin, je me suis levé. J'ai regardé par la fenêtre-hublot la plage éclairée d'une lueur pâle et fantomatique. Il y avait un grand trou sur le sable avec trois corps allongés, plus loin la frange blanche de l'océan ressemblait à une longue lame d'acier qui charriait d'autres corps.

Le lendemain matin, j'ai emprunté la Porsche. « Reste avec ton père, dis-je à Melany, je vais acheter le *New York Times.* » Elle était inquiète : « Non, je vais avec toi.

— Mais c'est idiot, je reviens dans un quart d'heure. Je ne vais pas casser ta voiture !

— Ma voiture, je m'en fiche. »

Elle s'était installée, d'autorité, à côté de moi, quand son père l'appela : « Melany, Fabinster au téléphone. »

La Porsche roulait depuis deux heures sur le Long Island Expressway, ralentie par les embouteillages à la sortie de l'île et les ponts rétrécis qui sautaient par-dessus les flaques d'océan. Je connaissais mal la route. A hauteur de Maurice Park, dans le Queens, je tournai à gauche au lieu de poursuivre tout droit, et descendis Flushing Avenue jusqu'à Manhattan Bridge, un détour de plusieurs miles dans une circulation infernale. Je conduisais nerveusement, le moteur vrombissait à chaque coup violent que je donnais sur l'accélérateur. La Porsche pénétrait maintenant dans Manhattan, il était quinze heures, les lumières de Noël s'allumaient les unes après les autres et se reflétaient sur le capot verni de la voiture de sport. Mon plan était précis et minuté. D'abord la banque, avant la fermeture. A quinze heures quarante-cinq, je me garais devant l'agence de la Chase Manhattan, à l'angle de la 3e Avenue et de la 78e. Le directeur, Stefan Eraser, acceptait de me recevoir sans rendez-vous. N'étais-je pas devenu un client célèbre ? Je lui expliquai que je devais partir pour une longue tournée de promotion de mon livre. Il me fallait tout de suite 20 000 dollars – « Vous comprenez, j'ai horreur de faire des chèques » –, et une autorisation de prélèvement automatique par mensualités de 10 000 dollars au nom de Mme Maïka Dibrochka, Résidence pour personnes âgées, Crèvecœur-en-Auge, Calvados, France. « Vous effectuerez ces versements jusqu'à ce que vous receviez un avis contraire de ma part. Si, par hasard, je ne donnais aucun signe de vie, vous continuerez de payer jusqu'à épuisement de mon compte. » En une demi-heure, malgré l'étonnement contenu de Stefan Eraser, les papiers étaient remplis, signés et les 20 000 dollars dans mon sac. A dix-sept heures, la Porsche s'approchait du parking souterrain situé sur Columbus Avenue, à deux blocs de l'appartement de Melany Hatworth. Les voitures, au croisement de Columbus et Broadway, s'enchevêtraient dans un embouteillage inouï. Les miaulements des moteurs et les sirènes de police se répercutaient dans les canyons creusés entre les buildings. Il était temps que j'en finisse, la ville manifestait les premiers signes d'agressivité. Dix-sept heures quarante-cinq, la Porsche descendait la rampe du parking. Dix-huit heures, j'entrais dans l'appartement de Central Park West, le téléphone sonnait, la voix de Melany adressait un message au répondeur : « Frank, c'est mon troisième appel. Si tu l'entends, rappelle-moi. Promets-moi de me rappeler. » Il y avait de l'angoisse et de la colère dans la voix déformée par le téléphone. J'attendis la fin de la communication et décrochai en feuilletant l'annuaire... Greyhound Bus Express 237 8211... « Le prochain départ pour la côte Ouest est à dix-huit heures quinze, monsieur... » Trop tard. L'avion ? Non, pas l'avion... Je devais voyager en bus pour choisir l'endroit où je m'arrêterais... « Il y a demain matin, à cinq heures, le départ du New York-Los Angeles, avec arrêt toutes les quatre heures à... » Une liste interminable de villes et de localités inconnues suivait.

— OK, je réserve une place, répondis-je à la préposée aux renseignements de la compagnie Greyhound.

— Nous ne prenons aucune réservation par téléphone, monsieur. Présentez-vous dans l'une de nos agences ou venez directement demain matin, une demi-heure avant le départ : 11e Avenue, 27e Rue, l'enseigne est éclairée.

— Il y aura de la place ?

— Oh oui. La veille de Noël, peu de voyageurs sont prêts à passer le réveillon dans nos bus ! »

Il m'était impossible de rester ici cette nuit. Melany risquait d'arriver ou d'envoyer quelqu'un vérifier si j'étais rentré. Je jetai mes affaires dans un sac de voyage avec les 20 000 dollars et rédigeai un rapide mot : *« Melany. Je pars. N'essaie pas de me retrouver. Ils sont revenus. Bonne chance. »* Le double des clés et les papiers de la Porsche rejoignirent le mot dans une enveloppe laissée en évidence sur la table de verre. Je claquai la porte sans jeter un regard à l'intérieur.

Dix-huit heures trente. La nuit était tombée sur Manhattan. J'hésitai à prendre une chambre au Mayflower Hotel, tout près de l'immeuble de Melany. Une voix intérieure m'ordonnait de parcourir une dernière fois les rues de la ville pour vérifier ce que je savais déjà. Je commençai par Central Park. Des parents marchaient avec leurs enfants vers le Carrousel et la patinoire en plein air. Mes pas suivaient mécaniquement un petit groupe jusqu'aux chevaux de bois. Il y avait un père et son garçon, j'imaginais que c'était le sien, et une femme avec une petite fille. « Mam, cette fois j'ai droit à deux tours.

— Non, un seul, il est trop tard.

— Oh, Mam, s'il te plaît. »

La mère aidait la petite fille à monter sur un grand cheval et sanglait la ceinture de cuir. Le père faisait de même avec le garçon. Le Carrousel s'est mis à tourner dans un bruit de bois brisé. Il tournait. De plus en plus vite. La vitesse faisait vibrer les images. Je regardai sur le sol, sous le manège, elle remontait de la terre, la douleur visqueuse sortait des entrailles de New York, de là où je l'avais vue disparaître, elle s'accrochait aux sabots vernis des chevaux de bois, elle gagnait les jambes, tout le corps, les étriers, la selle, les habits des enfants. Elle giclait sur les parois du manège et les spectateurs. Aucun ne ressentait l'humidité de la douleur qui les trempait. J'étais le seul à trembler de froid et à sursauter chaque fois qu'une goutte m'éclaboussait. Le tournoiement des chevaux projetait des ombres qui s'animaient sur les visages de l'homme et de la femme, ils ressemblaient, lui, à mon père, elle, à ma mère, la petite fille sur le grand cheval était Anna, ma sœur morte, le garçon qui riait aux éclats assis sur un autre cheval était moi à onze ans. Ils allaient mourir si je ne partais pas. Les chevaux se détacheraient des hampes chromées qui rythmaient leur mouvement de haut en bas. Le manège deviendrait fou et happerait les deux spectateurs les plus proches, l'homme et la femme emportés tous les deux, écrasés par les chevaux, piétinés par les sabots, la petite fille désarticulée comme un pantin de chiffon, seul le garçon échapperait – provisoirement – à la mort. Partir. Le bruit de bois brisé des roulements du manège montait en intensité. Craquements sinistres, insupportables. Partir. Je quittai le Carrousel, les mains collées sur mes deux oreilles. L'homme et la femme me regardaient courir. Les pas me guidaient dans le parc vers la sortie face à la 6e Avenue. Une petite couche de neige recouvrait les allées, elle était sale, marron, pleine de boue, la couleur du sang séché.

Je marchai six heures selon la méthode que j'avais éprouvée pendant des années, block par block, rue par rue, du nord vers le sud, dessinant des angles droits pour recomposer mon esprit. Plus je marchais, plus l'angoisse s'installait, m'agressait, m'opprimait. Il y avait une explication dans ce déchaînement de la ville contre moi. Je lui avais confié ma douleur, elle veillait sur elle, sur moi donc, et je l'avais reprise, répandue, déformée, dispersée, utilisée, exploitée. La ville, gardienne de ma mémoire, se vengeait, elle réveillait les fantômes qui se vengeaient à leur tour. Ils étaient là dans les rues à chaque angle formé par les croisements impeccables des artères, ils sortaient du sol, mêlés à la vapeur blanche des bouches de chauffage, tombaient des gratte-ciel et me criaient : *Imposteur, imposteur, imposteur.*

Après des heures de marche, tête baissée, les marques du trottoir et les soubassements des immeubles me semblèrent familiers. Je relevai la tête pour la première fois depuis ma contemplation extatique du Carrousel. Beach Street. L'ancienne fabrique était noire, aucune lumière n'éclairait les fenêtres sales. Alberto devait être encore chez Fanelli's derrière son bar, Pamela « travaillait » sur un trottoir du côté de la 42e Rue, Mark et Yono dormaient. Je connaissais par cœur tous les recoins de l'immeuble, sans bruit je montai les marches de l'escalier métallique et atteignis la porte de mon studio. Je restai dans le noir pour m'habituer à l'obscurité. A tâtons, je trouvai le livre en cuir vert que ma mère avait fait relier et j'emballai dans un journal le tableau à la vache. Ces deux objets du baraquement américain partiraient avec moi, j'en éprouvais une grande satisfaction et une nouvelle confiance. Je jetai dans mon sac quelques affaires, des disques et de vieilles lettres, dont une liasse d'enveloppes bleu ciel jamais ouvertes. Au moment de quitter le studio, j'entendis un léger sifflement régulier. Il y avait quelqu'un dans la pièce, quelqu'un qui dormait sur le lit installé dans la mezzanine. Je grimpai à l'échelle. Elle était là, allongée, belle, noire, perdue dans ses rêves. Elle tenait le traversin contre son corps comme si j'étais à ses côtés. Je regardai Strawberry et résistai à la tentation de l'embrasser, de lui dire qu'elle était la femme que j'aimais, lui demander pardon, me coucher auprès d'elle, faire l'amour. Je n'en avais pas le droit. Je m'interdisais ce droit. Pas maintenant. Plus tard. Après. Quand ? « Ils » étaient revenus. Si je restais, la ville m'engloutirait, je deviendrais fou ou mourrais, et elle avec moi, attirée dans une irrésistible et définitive descente aux enfers, ces lieux que nous connaissions tous les deux. Je la regardai dormir. Longtemps. Chaque bruit de sa respiration, chaque parcelle de son visage et de son corps pénétrait dans ma mémoire. Je m'approchai de sa bouche pour respirer son odeur de fraise. Puis je partis dans la nuit, fuyard qui courait sur West Broadway emportant un sac et un tableau enveloppé sous le bras, butin de la mémoire.

10

Le bus aux trois quarts vide est parti à cinq heures précises. J'avais pris un billet pour le terminus, Los Angeles, 65 dollars aller simple, six jours et six nuits à travers l'Amérique et douze Etats : New Jersey, Pennsylvanie, Ohio, Indiana, Illinois, Missouri, Oklahoma, la pointe nord du Texas, Nouveau-Mexique, Arizona, Nevada et Californie. La carte s'étalait sur mes genoux.

Le paysage est monotone à cette période de l'année ; les blés et les maïs des grandes plaines ne sont pas encore sortis de terre. En Oklahoma, la deuxième nuit, le visage d'une jeune fille aux yeux verts s'est reflété sur la vitre puis il a disparu à l'entrée du Nouveau-Mexique. Le bus filait à la limite du ciel sur les routes d'un désert de pierres jaunes, ocres, rouges. Il s'arrêtait dans les haltes perdues de l'Amérique profonde. Des personnages de la légende de l'Ouest montaient, trognes brûlées, burinées, mangées par le soleil, le froid, la poussière et la fatigue. Le voyage était une longue fugue pareille à celle, des années auparavant, d'un garçon de onze ans qui courait la nuit dans les blés coupés, fuyant les morts de la plage Blanche, pour se cacher dans son baraquement américain. Je cherchais un autre baraquement, un endroit comparable à cette enveloppe de carton, un autre Manhattan perdu dans un désert, loin du monde, un lieu de paix où nul ne me connaîtrait, ne me reconnaîtrait, ne m'interrogerait. Oublier qui je suis, qui j'étais. Ne plus entendre parler. Ne plus répondre.

Après quatre jours et trois nuits, le bus a traversé un décor de montagnes effondrées et de ruines. Je suis descendu à Galup en pleine réserve navajo, à l'ouest d'Albuquerque, tout près de l'Arizona. De là, j'ai gagné le nord en stop par la route 666 vers Farmington ; une distance très courte comparée aux milliers de miles parcourus dans le bus. Le véhicule était un Dodge pick-up conduit par une fermière, Rosy, forte femme rousse d'une soixantaine d'années qui parlait l'américain avec un accent de rocaille. « Alors tu vas à Four Corners, tu sais il n'y a rien là-bas. » Four Corners était un point sur la carte, pas même un village, juste le lieu d'intersection de quatre Etats, le seul endroit d'Amérique où quatre Etats se touchent en angle : le Nouveau-Mexique au sud-est, l'Arizona au sud-ouest, l'Utah au nord-ouest, et le Colorado au nord-est. L'ensemble des quatre Etats formait un carré, le plan géant d'une maison – d'un baraquement – de quatre pièces : la cuisine (le Nouveau-Mexique), le salon (l'Arizona), les deux chambres côte à côte (l'Utah et le Colorado).

Rosy écrasa la main que je lui tendais. « Si tu es encore là dans la soirée, je repars pour Tuba City, au moins là-bas tu trouveras un hôtel.

— Peut-être... Merci. »

Il faisait froid, le soleil disparaissait dans les roches qui s'élevaient à l'horizon. Une lueur rouge, irréelle, éclairait le plateau. Rosy avait raison, il n'y avait rien. L'été, les Indiens installaient des tentes et des étals pour vendre des bimbeloteries et des boissons aux touristes. L'hiver, personne ne faisait halte à Four Corners. Seule une pauvre baraque en planches faisait office de bureau de renseignements, de cafétéria, de boutique de souvenirs, d'épicerie, et de toilettes pour les rares conducteurs qui y arrêtaient leur véhicule, généralement des camionneurs, des fermiers du coin ou des Indiens navajos.

Pendant deux heures, un vieil homme qui se tenait à la porte de la baraque m'a regardé marcher en rond autour de la plaque de ciment sur laquelle étaient gravés les noms des quatre Etats et la trace, en pointillé, des quatre frontières qui se croisaient au centre. Le vieil homme voyait cette silhouette étrange, un tableau sous le bras, qui tournait sur elle-même, exécutant une apparence de danse rituelle. Je passais du Nouveau-Mexique à l'Arizona, de l'Arizona à l'Utah, de l'Utah au Colorado et ainsi de suite, de pièce en pièce, sans m'arrêter, parfois en accélérant la cadence puis avec lenteur, à pied joints ou à cloche-pied comme à la marelle. Je sautais et dansais, et le vieil homme regardait. N'importe qui d'autre m'aurait pris pour un fêlé échappé d'un asile d'aliénés, lui savait ce que je faisais et pourquoi je le faisais. Son immobilité dans le crépuscule, son ombre éclairée par la lumière de la baraque lui donnait l'allure d'un saint. Je tournais, et le mouvement m'apaisait. Le lieu, les lieux, les quatre Etats pénétraient dans ma mémoire, je m'imprégnais d'une géographie nouvelle qui formait mon esprit, le calmait comme, il y a quelques années, mes longues promenades méticuleuses de maniaque dans les artères de Manhattan.

Le Dodge de Rosy klaxonna sur le parking à côté de la baraque. Je marchai vers la lueur des phares, passant devant le vieil homme. C'était un Indien au visage creusé de rides profondes. Il répondit au mouvement de tête que je lui adressai par un signe de la main, un sourire et un mot inconnu que Rosy traduisit quelques minutes après dans le pick-up. Il signifiait en langage hopi : « Bienvenue. » Elle était surprise : « C'est curieux, la réserve hopi est plus au sud. Il n'y a que des Navajos à Four Corners... C'est curieux. »

Je dînai avec Rosy au restaurant modeste de l'hôtel Doubletree à Tuba City. Elle vivait seule dans un ranch voisin : « J'ai été mariée, mais mon imbécile de mari ne supportait pas de passer l'hiver ici, je l'ai renvoyé dans sa banque d'Albuquerque. » Rosy allait m'aider à mettre au point mon entreprise de disparition. Je tenais à ce que tout soit bien organisé. Je lui expliquai que je n'étais pas, malgré mon allure et mes cheveux longs, un hippie égaré sur la route mais un écrivain en mal d'inspiration : « Je cherche un endroit pour écrire, il me faut plusieurs années de tranquillité, loin du monde, coupé de tout. Acceptez-vous d'être ma boîte aux lettres ? » Elle accepta en riant. Mon plan, échafaudé dans une totale improvisation, consistait à prévenir Rosy de mon nouveau nom, Frank Formica (je ne lui donnai pas ma véritable identité), puis d'écrire à Maïka Dibrochka pour lui demander de me faire parvenir chaque trimestre de l'argent à l'adresse suivante : *F. Formica, aux bons soins de Rosy Goldfinder, Ranch « Two G », Road 264, Tuba City, Arizona.* La lettre, rédigée dans le bus de la compagnie Greyhound, racontait ma fuite, ses raisons, la rassurait sur mon état de santé mentale et insistait sur le caractère secret de notre correspondance. Ma confiance envers Maïka était immense. Jamais elle ne trahirait le pacte que je passais avec elle. Rosy Goldfinder serait la seconde personne associée à mon plan. Entre ces deux femmes corpulentes, il y avait une ressemblance malgré une différence d'âge d'une bonne vingtaine d'années. Cette apparence commune était un signe du destin. Rosy devait avoir à peu près l'âge de Maïka Dibrochka l'année du drame. Même âge. Autre accent. Même générosité.

Ce soir-là pendant le dîner, une fois notre accord conclu, Rosy parla longtemps de la région, l'une des plus belles d'Amérique et de toute la terre. Tuba City est situé à l'épicentre d'un triangle magique avec au nord Lake Powell, à l'ouest le Grand Canyon et à l'est Monument Valley. « Ici, dit-elle, le doigt de Dieu a dessiné le paysage, creusé les vallées dans la roche, sculpté les crêtes des montagnes. Tu sens Sa présence, tu L'entends, tu vois Sa création. Les Humains te diront que cette terre, qui a la couleur de leur peau, est habitée par Lui.

— Les Humains ?

— C'est le nom que se donnent les Indiens entre eux. Toi et moi nous sommes des Sauvages, eux sont les Humains, les créatures réussies de Dieu. Tu sais comment les Indiens expliquent la création de l'homme ? »

Je connaissais l'histoire pour l'avoir lue, je crois, dans Voltaire, mais Rosy poursuivait.

« Dieu modela une motte d'argile en lui donnant la forme d'un homme, puis Il la mit dans un four. Il la retira trop vite, elle n'était pas assez cuite, Dieu venait de créer l'homme blanc. Il recommença une seconde fois. Trop cuite ! Dieu venait de créer l'homme noir. Enfin, après un temps de cuisson parfait, la troisième tentative fut la bonne : Dieu créait l'homme rouge. »

Une jeune Indienne desservait notre table. J'interrogeai Rosy : « C'est une Navajo ?

— Oui. Tous les Indiens qui tiennent cet hôtel sont des Navajos. Leur réserve occupe un territoire plus grand que la Suisse. Il y a juste une petite enclave qui leur échappe, à quelques miles d'ici, la réserve des Hopis, une sorte d'îlot perdu au milieu de l'océan gigantesque des Navajos. »

C'était la seconde fois dans la soirée que Rosy citait le nom des Hopis. Le vieil homme de Four Corners avait parlé hopi. Avant de nous séparer, elle raconta l'histoire de ces Indiens pacifiques – Hopi vient de *Hopitu Shi Nu Mu* : « le peuple pacifique » – qui vivaient dans leur village perché sur les falaises depuis mille ans. Ils n'étaient plus que six mille, décimés par les Blancs durant les guerres indiennes et longtemps exploités par les Navajos qui rognaient leur territoire et creusaient des galeries souterraines, à l'horizontale, pour extraire les richesses de leur sous-sol. Les Hopis s'interdisaient de meurtrir et de souiller la terre sacrée des dieux. Ils se méfiaient des étrangers, les accueillaient toujours avec le sourire mais ne souhaitaient pas être visités ou pris en photo comme les animaux d'un zoo. « Il y a chez eux, expliquait Rosy, plus encore que chez les Navajos, un profond respect de la personne humaine que nous les Blancs, les créatures ratées de Dieu, nous avons oublié. Si tu parviens à te faire accepter par les Hopis, mais je te préviens il faut du temps, tu comprendras qui, dans ce monde de fous, sont les Humains et qui sont les Sauvages. »

Nous nous quittâmes très tard dans la soirée. Rosy avait insisté pour me louer une chambre dans l'un des appentis de son ranch, j'avais décliné l'offre. Elle m'écrasa la main pour la seconde fois.

Le 22 janvier 1978, quatre semaines après mon arrivée à Tuba City j'ai découvert l'endroit. Au volant d'une vieille Ford noire de 1958, achetée 120 dollars au gérant de l'hôtel Doubletree, j'ai sillonné toute la région. Grand Canyon, Page sur les bords de Lake Powell, Kayenta à l'entrée de Monument Valley, le Canyon de Chelly, la forêt pétrifiée... tous ces sites d'une beauté surnaturelle étaient trop visités par les touristes à partir du printemps jusqu'à la fin de l'automne pour que j'y trouve ce que j'étais venu chercher : le repos de l'esprit et, une fois reposé, le rangement méthodique de ma mémoire lavée des mensonges qui avaient déclenché les assauts violents des fantômes. Ce long travail d'apaisement et de réflexion ne pouvait s'accomplir dans une chambre d'hôtel ni dans une location meublée avec, sur le palier et dans la cour, des voisins et des visiteurs. L'idée de m'installer chez Rosy Goldfinder (sans doute possédait-elle à quelque endroit de son ranch, une maison isolée ou un cabanon de planches) était sortie de mon esprit. Le lien affectif et les relations amicales qui s'établiraient avec Rosy m'empêcheraient, pensais-je, d'effectuer le vide dans ma tête puis d'y recomposer, avec lenteur et d'infinies précautions, ma mémoire, mes sentiments, mes émotions anciennes et nouvelles, d'accomplir cette longue visite jusqu'aux rives des rides de l'âme. Ailleurs, dans une autre vie, un autre pays, d'autres systèmes de valeurs, j'aurais recherché le calme d'une lamaserie tibétaine ou d'un monastère de moines orthodoxes installé sur une île grecque. Je ne me serais pas converti à une religion, mais la communauté de ceux qui croient aurait constitué l'enveloppe, l'atmosphère, l'environnement ambiant. J'espérais trouver une lamaserie sur cette terre indienne, un lieu où je vivrais à la marge d'un groupe qui me protégerait sans m'obliger à l'intégrer, me laisserait libre de penser sans m'étouffer. Un homme ou une femme épris d'un besoin impérieux de réflexion ou de méditation – mots proches – peut vivre coupé du monde, en ermite sur une montagne ou dans un désert, si son esprit est fort, équilibré, sain. Le mien était faible, délabré, malade. La solitude m'aurait précipité dans la folie, et la folie dans le suicide ou une autre forme de mort. J'avais besoin d'être seul au milieu des autres, un être humain vivant parmi les Humains.

L'endroit que j'ai choisi – et où j'écris en ce moment – est une sorte de bidonville, c'est le mot que les urbanistes blancs utiliseraient pour qualifier cet encombrement de baraquements et de constructions de fortune. Ici on dit : *Native American area.* Le lieu est au centre de la réserve hopi à la sortie de Old Oraibi, le plus vieux village de la Third Mesa. Les Indiens hopis vivent depuis plus de dix siècles dans des pueblos sur les trois grandes Mesas : First Mesa, Second Mesa et Third Mesa. Ils n'ont jamais quitté leurs villages, malgré les guerres indiennes et les tueries sauvages des Blancs. Ils sont restés. *Eux aussi.*

La route 264 longe la falaise sur laquelle s'accrochent les maisons anciennes des trois Mesas, maisons plates en forme de cubes regroupées autour des *kivas* ouvertes en leur sommet d'où dépassent de longues échelles. Cet enchevêtrement vertical d'habitations posées en terrasses, les unes au-dessus des autres, et de ces centaines d'échelles qui pointent leurs bras vers le ciel, composent un spectacle de pardon.

La vieille Ford a gravi, en crachant ses poumons dans un bruit d'eau bouillante, les ruelles de pierre, tout en haut des villages de Walpi et de Sicholmovi. Les regards des habitants, derrière les minuscules fenêtres, suivaient la Ford puis semblaient lui ordonner de rebrousser chemin ; elle stoppait dans un dernier craquement et effectuait une marche arrière acrobatique, coincée dans l'étroitesse des ruelles. Mes incursions pétaradantes et enfumées troublaient les vieux villages. Je pensais arrêter quand, à la fin janvier, j'ai découvert par hasard le lieu près de Old Oraibi.

Les baraquements, concentrés dans une zone carrée de quelques centaines de mètres de large, étaient identiques à mon baraquement américain. Je n'en étais pas surpris. La télévision montrait, dans des reportages sur les réserves indiennes et les banlieues des villes moyennes américaines, des images de ces petites construction préfabriquées qui hébergeaient des pauvres, des Indiens, des Noirs, des Portoricains, des personnes déplacées, des réfugiés cubains ou haïtiens, tous ces gens qui faisaient problème et que les administrations diverses regroupaient et logeaient à titre provisoire – provisoire qui devenait durable – dans ces baraquements. La plupart des pays du monde développé procèdent de la même manière, chacun a un type de construction standard pour loger, ou reloger, des sans-abri. C'est même l'une des caractéristiques des nations riches que de prévoir, dans l'attirail des accessoires sociaux, un habitat modèle de la pauvreté. Aux Etats-Unis, ces baraquements pratiques, démontables, transportables et très peu chers, servent également de résidence secondaire et de maisons de plage installées, côte à côte, sur les bords de l'océan, d'Atlantic City à Key West. Il n'y avait aucune incongruité à découvrir sur cette terre indienne, si éloignée de la Normandie, un baraquement de ce genre. Sa présence dans une rue de Caen, aux pieds d'une abbaye du XIe siècle, pouvait surprendre mais pas ici, en Amérique, son pays d'origine.

Sur la route 264, je suis passé devant la zone protégée par une enceinte invisible que l'impeccable contour du carré traçait en apparence. Ce jour-là, vers midi, la Ford avait soif, l'habituelle fumée blanche sortait du radiateur de chaque côté du capot. J'ai pénétré dans le carré, à pied, cow-boy sans monture, armé d'un ridicule arrosoir. Des enfants jouaient dans les rues de sable ocre, des hommes et des femmes installés sous les petits porches regardaient l'étranger et l'arrosoir. Je n'en ressentais aucune gêne ; le lieu, du fait des constructions qui réveillaient en moi un souvenir d'une époque confortable, me rassurait. N'importe quelle autre personne aurait éprouvé une sorte de malaise et d'inquiétude dans cette concentration de pauvreté et de maisons délabrées, vétustes, symbole de la marginalité organisée et contrôlée par les services administratifs. Or, je trouvais ces maisons belles et élégantes, je ne voyais ni misère, ni saleté mais un espace de vie où la communauté des destins s'était rassemblée à l'abri entre des cloisons de carton. Un groupe d'enfants m'a accompagné jusqu'à une pompe à eau installée devant une sorte de General Store. Une fois l'arrosoir empli et laissé sur le sol, je suis entré à l'intérieur du magasin. Il y avait sur les murs et les étagères un bric-à-brac de conserves, d'ustensiles de cuisine et d'outils. Un couple d'Indiens se tenait de l'autre côté du comptoir sur lequel je posai trois boîtes de haricots blancs et un grand seau en bois fabriqué comme un tonneau avec des lamelles assemblées entre elles par un double cerclage de cuivre et, au-dessus du seau, un gros mécanisme lui-même surmonté d'une manivelle. Cette machine à broyer la glace, qui pouvait également servir à faire des ice-creams, était d'un usage complexe. Je l'avais choisie, parmi le bric-à-brac, pour nouer la conversation avec l'Indien et sa femme. Tous les commerçants du monde, qu'ils soient Hopis de l'Arizona ou Normands du Calvados, ont, du moins en général, une attitude aimable envers un client qui s'enquiert auprès d'eux d'un renseignement avant d'effectuer un achat. Le couple du General Store a multiplié les démonstrations, s'amusant de me voir ensuite essayer la machine qui fonctionnait comme un énorme moulin à café, coincée entre les chevilles et les mollets, puis le corps penché sur elle dans des contorsions ridicules. En une demi-heure, je savais non seulement tout sur la méthode pour fabriquer des ice-creams mais aussi sur le village, la difficulté pour un étranger d'y vivre et le Tribal Council, sorte de conseil municipal qui se réunissait une fois par semaine le mercredi soir et prenait les décisions sur l'organisation de la Third Mesa. En sortant du General Store, l'arrosoir avait disparu. Je remontai l'allée centrale, la machine à faire de la glace et les trois boîtes de haricots dans les bras. Le capot de la Ford était ouvert, trois gamins montés sur le pare-chocs et les ailes, vidaient le contenu de l'arrosoir dans le radiateur.

Mon « cas » est venu en délibération, quinze jours plus tard. Au préalable, j'ai dû rédiger une demande écrite dans laquelle j'ai expliqué mon intention de louer ou d'acheter un baraquement *« pour préparer et travailler un livre qui ne serait pas une étude sur les Hopis mais une réflexion sur ma propre existence »*. J'argumentai en insistant sur le calme dont j'avais besoin et l'impression que j'avais éprouvée en pénétrant dans le carré de maisons. *« J'ai eu la vision que mon esprit renaissait parmi vous et qu'il abandonnerait mon enveloppe corporelle si je partais de cet endroit. »* Je conclus ainsi ma demande écrite : *« Je suis obligé de vivre ici pendant quelque temps, sinon je perdrai l'esprit qui restera prisonnier dans le carré. »* Les onze vieux sages du Tribal Council ont lu ma lettre. J'étais assis au milieu de la pièce, accusé attendant la sentence devant l'assemblée des juges. Les uns après les autres, ils rejetaient ma demande, certains estimaient que j'étais un original, écarté par les Blancs, qui voulait vivre comme les Indiens en faisant l'amour avec leurs femmes, d'autres, un fou qui troublerait l'existence du village. Ils disaient tous non de la tête jusqu'au onzième sage, le plus vieux et le plus grand. Je ne l'avais pas remarqué, il était au bout de la longue table, légèrement à l'écart, caché dans la pénombre de la pièce mal éclairée. Quand il s'est levé, dominant les autres de sa haute taille, l'unique lumière centrale a éclairé son visage, j'ai reconnu le vieil homme ridé de Fours Corners. Son regard était vide, la lueur de ses yeux éteinte, des yeux blancs sans iris ni pupille. L'homme qui m'avait vu et salué le premier soir était aveugle. Il a parlé avec autorité dans un silence impressionnant : « L'étranger ne ment pas, il a apporté avec lui le tableau de Wakan Tanka, je dis qu'il peut rester. » Au nom de *Wakan Tanka*, les dix autres sages ont prononcé quelques mots en langage hopi qui devaient signifier leur étonnement et leur brusque changement d'opinion. *Wakan Tanka*? Le Grand Mystère.

Le vieux baraquement qui m'a été affecté, pour 60 dollars par mois versés au Tribal Council, est isolé à la limite du carré sur un promontoire qui surplombe, d'une dizaine de mètres, le terrain de basket. Je vis là depuis un peu plus de deux ans entre le ciel immense de l'Arizona et la poussière du terrain où s'entraînent les enfants du carré. Au moment où je termine l'écriture du livre, assis à ma table, au-dehors, je les entends jouer et crier. Mon baraquement est la copie exacte de celui où je suis né le 2 janvier 1949. La cuisine, le salon-salle à manger, le couloir, les deux chambres face à face, tout y est identique, même couleur, même odeur, même bruit étouffé par les cloisons de carton. Sa restauration, compte tenu de son état de délabrement, m'a occupé pendant quatre mois. Ce fut une étape nécessaire qui m'a aidé à remettre de l'ordre dans ma tête. Au fur et à mesure que je réparais les murs fissurés, la toiture trouée, les volets décrochés de leurs rails et les barreaux brisés de la balustrade, mon état s'améliorait. A l'été 1978, le baraquement était remis à neuf et mon esprit légèrement apaisé. Sur un phono jaune et vert acheté au General Store, je réécoutais mes vieux disques de Thelonious Monk, *Crepuscule with Nellie*, Charlie Parker, *Now's the Time*, Miles Davis, *So What, Bitches Brew*...

Tous les trois mois, je rendais visite à Rosy Goldfinder dans son ranch. C'était mon seul déplacement à l'extérieur de la Third Mesa. Rosy me retenait à déjeuner, nous parlions des nouvelles du monde dont elle m'informait et de plein d'autres choses, puis elle me remettait les lettres de Maïka Dibrochka. J'étais heureux de cette visite mais pressé de revenir dans mon baraquement dont je gardais secrète la localisation précise malgré l'insistance de Rosy. « Je vis quelque part dans la Third Mesa, lui disais-je, un jour tu viendras me voir. Plus tard. » La lecture des lettres de Maïka à mon retour des visites trimestrielles, était un moment agréable et, parfois, douloureux. J'avais toujours la forte appréhension de recevoir un choc auquel rien ne me préparait. Ces lettres, lues tous les trois mois, étaient les seuls faire-part qui me parvenaient sans précaution. Ils m'ont appris le suicide – l'assassinat – de Joan, l'année passée en septembre 1979, et, neuf mois après, en juin dernier, la double mort, dans un accident de voiture entre Caen et Houlgate, d'Elsa et Patrick Lévy. Il est impossible d'imaginer la violence de ces annonces de morts apportées par de simples mots. Maïka introduisait les mauvaises nouvelles par des artifices d'écriture qui ne pouvaient atténuer la brutalité de l'information, elle explosait comme une bombe dont le souffle atteignait le cœur, accélérait ses battements, le comprimait dans la poitrine. J'ai revu ma dernière rencontre avec Joan à New York, le dîner chez Gallagher's, la nuit à la regarder dans sa chambre du Plazza. Je l'aimais. J'aimais Elsa, la femme de Patrick Lévy. Le soir de l'annonce de leur mort, j'ai brûlé les enveloppes bleu ciel, sans les ouvrir ; ces lettres qu'Elsa m'avaient adressées les premiers mois après notre séparation, je ne voulais pas les lire. Elles étaient destinées à un fuyard, à un lâche, à un menteur. L'imposteur. Les mots d'amour et les appels au secours d'Oklahoma sont partis en fumée, cette nuit-là, dans le ciel de l'Arizona. Le lendemain, j'ai écrit une longue lettre à Raphaël Lévy et à sa femme Christiane, dix pages dans lesquelles je racontais mes bons moments passés avec leur fils, mon meilleur ami de France, avec Elsa et avec eux. Ma longue lettre abordait ma propre vie, épreuve que je rapprochais de la leur, et se terminait par cette formule mystique et abstraite. *« L'amour est au-delà de la mort, la vérité est au-delà de la vie, elle est une renaissance. Je vais peut-être renaître. Je vous aime. »*

Vua Pah m'a enseigné ce lien entre la vérité et une nouvelle naissance. Vua Pah est le vieil Indien hopi de Fours Corners et du Tribal Council de Old Oraibi. Quand il est venu me voir, le premier soir, je l'ai remercié mais mon accueil n'a pas été chaleureux. Je ne souhaitais pas parler, ni à lui, ni à personne. Ma présence, en marge des Indiens, était fortuite, elle n'obéissait pas à cette quête dérisoire et ridicule des babas cool américains qui cherchaient un Nouvel Age dans la fumette et les rites indiens. Je méprisais ces mecs, les prenais pour des voleurs d'âmes, des pilleurs obscènes, des cons. Pour montrer – et peut-être le prouver à moi-même – que j'étais différent d'eux, j'avais coupé mes cheveux et m'habillais normalement, en jeans et chemises, sans ces colifichets et babioles fleuris qu'ils portaient comme des amulettes. Je vivais là parce que le décor ressemblait à une ville détruite. C'était l'unique raison, suffisante, nécessaire. Le vieil Indien avait une allure de gourou emplumé. Je le repoussais. Il est revenu chaque soir. Tous les soirs. Il arrivait devant le baraquement à l'instant précis où le soleil rouge se posait sur la montagne. Je lui disais : « Non je ne veux pas parler. Fiche-moi la paix. La paix. La paix. Va prêcher ailleurs. Pas toi, personne. C'est à moi de régler mon problème. A moi.... » Je ne sais plus à quel moment, quelle nuit, poussé par quelle force ou trahi par quelle faiblesse, j'ai accepté ses visites. Moi, discuter avec un vieux sage ! Moi, influencé, charmé, envoûté, par un sorcier indien ! Moi, orgueilleux et mégalomaniaque, sous l'influence d'un autre, lui obéissant comme un enfant de onze ans !

Nous parlions assis sous le porche et, en hiver, dans la cuisine. J'utilise le passé, car Vua Pah ne vient plus depuis que j'ai commencé à écrire. Tout au long de ces deux années, le vieil Indien n'a jamais manqué notre rendez-vous. Je n'ai pas réussi à deviner par où il arrivait ni quel chemin il empruntait pour repartir. Vua Pah apparaissait au crépuscule et disparaissait dans la nuit.

Il était le seul Hopi que je voyais régulièrement. Le Council avait exigé que je vive à l'écart de la communauté afin de ne pas troubler son organisation sociale. Mes rares déplacements à l'intérieur du carré étaient pour faire quelques achats au General Store ou jouer au basket sur le terrain poussiéreux équipé, grâce à mes donations anonymes au bureau des Affaires indiennes, de poteaux neufs. Pendant ces deux années, j'ai passé mes journées à fabriquer, à l'intérieur de mon baraquement, en écoutant mes disques de jazz, des *kachinas*, ces poupées initiatiques que la Hopi Silvercraft Guild vendait l'été aux touristes. Le salon de ma maison de carton était transformé en atelier où s'entassaient les instruments et le matériel que j'achetais au General Store pour sculpter le bois, coudre les tissus, marteler les pièces d'argent disposées sur les costumes, peindre les visages des poupées. Chacune de ces *kachinas* représentait un adulte qui incarnait un esprit. Elle exigeait des heures de travail et une forte concentration afin de créer le personnage, lui donner une apparence différente de la poupée précédente puis de celle qui suivrait. Les cent soixante-dix-sept *kachinas* que j'ai fabriquées au cours de ces deux années étaient des créatures qui sortaient de ma mémoire. Selon mon inspiration et le besoin que je ressentais de donner vie à un personnage passé, les poupées représentaient l'un des trois morts de la plage, et aussi Mark ou Yono, Alberto ou Pamela, John Turbe, Anatole Barfleur, Strawberry, Miles Davis ou Maïka Dibrochka. Toute une série de visages et de corps prenait vie entre mes doigts. Je posais les poupées une fois habillées de leur costume sur une grande étagère installée au mur du salon, puis livrais ma production une fois par mois, au bureau de la Guild. Quand j'ai appris les deux nouvelles effrayante, les *kachinas* ont pris les traits de Joan, d'Elsa et de Patrick ; elles les montraient souriants, tristes, riants, ébahis, coléreux, endormis... Ils reprenaient vie au fur et à mesure que le morceau de bois, sous les coups martelés de mes ciseaux, changeait d'apparence et adoptait la forme de leurs visages. Ils renaissaient. Toute ma mémoire, peu à peu, renaissait entre mes doigts par le miracle des *kachinas*. Elles agissaient sur moi comme les promenades dans les rues de New York ; les promenades façonnaient mon esprit, les poupées sculptaient ma mémoire. Ce lent travail créatif (re-créatif), occupait toute mes journées jusqu'à la visite, chaque soir, du vieil Indien.

Vua Pah était aveugle mais il avançait sans trébucher sur les pierres et ne se heurtait à aucun meuble à l'intérieur du baraquement. J'ai appris à ne pas être surpris par son aisance à se déplacer et à voir des choses que des yeux normaux étaient incapables de discerner. Je ne savais pas quelle langue il parlait mais je le comprenais. De même, il me serait impossible de donner avec précision son âge, plus de cent ans sans doute. Les rides qui creusaient son visage dessinaient des crevasses entrelacées dans un chaos qui, par endroits, formait des nœuds de chair. Seul son nez d'aigle au-dessous de ses deux yeux blancs, et ses lèvres minces, semblaient épargnés par le débordement de la vieillesse. Ses cheveux, longs, blancs et lisses, tombaient sur sa tunique blanche décorée, de chaque côté des épaules, de deux bandes bleues où zigzaguait un chapelet de petites perles orange. Il était grand, caractéristique exceptionnelle chez ces Indiens de taille moyenne. L'un des premiers soirs, Vua Pah m'avait demandé de lui apporter le tableau à la vache accroché au mur de la chambre, à la même place que dans le baraquement de Caen. Il avait décrit le tableau en précisant chacun des détails, du plus petit oiseau caché dans un arbre au dessin des costumes des deux enfants. « Wakan Tanka a peint plusieurs toiles différentes qu'il a dispersées à la surface de la terre, avait-il dit. L'eau est le passage vers la lumière ; au loin dans les navires, il y a la connaissance de l'ancien monde, la vache est nourrie de la connaissance de l'ancien monde, elle est la mémoire qui va nourrir les deux enfants. » Il s'était arrêté quelques instants, et ses yeux, inclinés sur le tableau, remontaient vers le ciel : « Les deux enfants ne pourront pas vivre sur la nouvelle terre si l'animal meurt. La nouvelle terre n'a plus la mémoire des deux enfants. Les oiseaux vont s'envoler vers eux et leur crever les yeux. Les hommes, dissimulés dans les herbes, vont les tuer avec leurs flèches. Les enfants ne doivent pas abandonner la vache. Ils s'enfuient avec elle, toujours avec elle. » Ses yeux s'étaient tournés vers moi : « Ta vie est écrite sur ton front, je la vois, je vois une plage avec des morts, je te vois arriver dans la grande ville haute, je te vois avec la vache, puis tu la laisses mourir, alors la terre s'ouvre sous tes pieds, les esprits sont en colère contre toi, ils sont comme les oiseaux et les hommes couchés dans les herbes, ils attaquent, ils sortent de la terre pour t'entraîner dans la mort. » Il s'était levé : « L'autre nuit, je t'ai vu danser autour des quatre terres. Tu cherchais la vache de Wakan Tanka. »

C'était presque risible. Ridicule. Je le prenais pour un illuminé. Et moi pour un demeuré qui écoutait un illuminé, l'écoutait de plus en plus et se satisfaisait de cette forme d'humiliation. D'humilité peut-être ? Jamais je n'avais ressenti ce sentiment de faiblesse et de déférence vis-à-vis d'une autre personne. L'Indien parlait un langage dérisoire, parabolique, dont autrefois je me serais moqué, et j'entendais, pour la première fois, la vérité s'exprimer, je voyais, enfin, ma vie s'éclairer.

Les autres soirs, Vua Pah n'a plus parlé du tableau. Nos conversations, pendant ces deux années, portaient uniquement sur la journée qui venait de s'achever. Je racontais tout ce que j'avais fait. Il m'interrogeait sur ma manière de travailler les *kachinas*, je répétais ce que j'avais dit la veille, comment je taillais le bois avec mon ciseau, le polissage, l'incrustation de l'argent, le mélange des peintures et, une fois les mélanges effectués, le report des couleurs avec les pinceaux de soie. Je décrivais chaque pièce unique, les visages, les costumes et les couleurs. Puis la conversation s'élargissait à l'ensemble de la journée, du petit matin au soir, en insistant sur les détails : la forme des nuages dans le ciel, le tracé d'un lézard entre les pierres, l'aspect d'un oiseau posé sur la balustrade, le compte rendu minutieux de mes achats au General Store ou de ma visite au ranch de Rosy Goldfinder, les lettres de Maïka Dibrochka avec, à deux reprises, l'annonce de mauvaises nouvelles, la livraison mensuelle de ma production des *kachinas* à la Hopi Silvercraft Guild... Vua Pah m'écoutait, il parlait peu, de moins en moins, la raison de ces conversations, transformées ensuite en long monologue, étant de construire une nouvelle mémoire, vraie, débarrassée de tous les mensonges. Plus les détails étaient nombreux et précis, plus la nouvelle mémoire prenait une consistance épaisse, riche, capable de supporter le poids de l'ancienne mémoire et de sa lourde cargaison.

Au bout de deux années et demie, le 1er août 1980, il y a exactement neuf semaines, Vua Pah m'a annoncé que j'étais prêt : « Tu dois maintenant relire la vérité de ta vie passée pour renaître sur la nouvelle terre. Tout ce que tu as fait et rêvé depuis que l'idée de ta naissance a été ressentie en toi, regarde-le. Ensuite, Wakan Tanka décidera. » Il a quitté le baraquement, sa silhouette si grande s'est évanouie dans la nuit.

Le lendemain, je suis allé au General Store acheter des provisions pour tenir plusieurs mois sans sortir du baraquement. Le couple d'Indiens m'a aidé à emplir le coffre de la vieille Ford. J'ai fait une dernière livraison de *kachinas* à la Hopi Silvercraft Guild, onze poupées de bois et d'argent, l'une d'elles, plus grande que les autres, représentait un vieil Indien. Une fois les boîtes de conserve, l'eau, les bouteilles de bière et de vodka entassées dans le placard et sur les étagères de la cuisine, j'ai pris la route du ranch de Rosy Goldfinder. Elle était surprise de ma visite, qui ne correspondait pas au jour habituel, le premier mardi de chaque trimestre. Je lui expliquai que notre prochain rendez-vous ne pouvait être fixé à une date précise. « Tu pars ? m'avait-elle demandé.

— Oui, c'est une sorte de départ mais je ne sais pas encore vers où, ni comment je reviendrai.

— Je peux t'aider ?

— Non, j'ai besoin de temps, de beaucoup de temps. »

Elle m'avait remis deux lettres de Maïka Dibrochka. Aucune n'annonçait de mauvaises nouvelles. L'une d'elles parlait de Raphaël Lévy : « *Il m'a écrit la semaine dernière. Ta lettre leur a fait du bien, à lui et à sa femme Christiane. Il voulait te répondre, j'ai menti en disant que tu étais en voyage. Je sais que tu as tes raisons, je les respecte mais pense qu'il y a sur cette terre des gens qui ont besoin de toi. Lui. Eux. Moi. Je t'embrasse, que Dieu te protège et te bénisse.* » Et cette dernière phrase, écrite sous sa signature : « *Frank, quand vas-tu revenir parmi les hommes ?* » Bientôt Maïka, bientôt ou jamais.

Je suis rentré le soir au baraquement. Dès la première nuit, j'ai commencé à écrire. Comment regarder la vérité sinon en l'écrivant ? Sans doute un Indien sage aurait-il médité, des heures et des heures, sans manger ni dormir, regardant sa vie défiler derrière ses yeux fermés. J'en étais incapable. L'écriture était la seule manière de mettre à plat, couchée sur le papier, mon existence vécue et rêvée. Ecrire la vérité pour effacer les mensonges du livre et réparer mon imposture.

Pendant neuf semaines, j'ai écrit nuit et jour, dehors

devant ma table ou dans la cuisine. Il m'est arrivé de travailler plus de vingt heures sans avaler la moindre nourriture. Une frénésie d'écriture. Les images ont resurgi avec une violence inouïe, celles d'avant ma naissance quand je m'imaginais dans les corps de mon père et de ma mère, particules infimes, quand je partageais – croyais partager – leur angoisse sous les bombes du débarquement, ces angoisses constitutives de ma pré-mémoire ; les images d'après ma naissance avec la description d'un bonheur authentique et ordinaire, puis le récit terrible du drame, impossible à interrompre dans l'écriture, de longues heures à écrire sur le drame, l'après-drame, la fuite, les fuites, les années d'errance, de fausse guérison ; enfin, l'arrivée dans ce lieu, là où je disparaîtrai ou renaîtrai. Rien de ce que j'ai vécu, ressenti, rêvé n'a été oublié ni déformé. L'écriture a été une douleur. La vérité s'est arrachée de moi en déchirant les tissus de mon âme.

J'ai terminé. Dans quelques secondes, je vais écrire le dernier mot. Je n'éprouve aucun sentiment de libération mais une peur réelle. La peur d'après le dernier mot, quand d'un seul coup tout s'arrêtera, quand il me faudra attendre les effets de l'écriture. Attendre. Je vais devoir désormais attendre. Attendre... C'est fini... Quelques mots encore... Quelques mots pour retarder l'attente de la décision. Quelques mots pour accrocher ma vie aux derniers instants de vérité... Plus rien ne vient. Plus de souvenirs. Plus de mots. C'est fini... Je m'appelle Formica, né une première fois sous le nom de Frank Merced, nous sommes le 9 octobre 1980 à un quart de mile de Old Oraibi dans la réserve hopi... J'attends.

Epilogue

« Ma lettre va sans doute vous surprendre. J'ai longtemps hésité avant de vous écrire. Je suis un ami de Frank Merced et depuis quelques années le rédacteur en chef du quotidien pour lequel il assurait la correspondance des faits divers new-yorkais. Il m'a quelquefois parlé de vous, d'où ma lettre.

Frank m'a écrit il y a quelques semaines à la suite du décès accidentel de mon fils et de sa femme, Elsa. Je n'avais aucune nouvelle de lui depuis plus de deux ans. Mon inquiétude était cependant calmée par les assurances de Mme Dibrochka, une vieille amie de sa famille, qui a répondu à l'un de mes courriers en m'affirmant, non sans mystère, que Frank était en voyage pour quelques mois. Elle est, je crois, dans le secret mais les liens qui l'unissent à Frank lui interdisent de dévoiler l'endroit où il vit. La lettre qu'il m'a envoyée n'indiquait aucune adresse mais le tampon mentionnait le nom d'une ville et d'un Etat : OLD ORAIBI, ARIZONA. J'ai lu dans un guide qu'il s'agissait d'un vieux village indien dans la réserve hopi. Peut-être est-il possible de le retrouver ? J'ai adressé une lettre en indiquant juste son nom (Frank Merced, Old Oraibi, Arizona), elle m'a été retournée : " Inconnu à cette adresse. "

Je crois qu'il a besoin d'aide. Si par bonheur vous pouviez vous renseigner, je vous en serais infiniment reconnaissant. Frank était, autrefois, le meilleur ami de mon fils. »

Yono venait de lire la lettre de Raphaël Lévy adressée à *Monsieur et Mme Stenson, 64 W. Beach Street, New York*, et en faisait la lecture à Mark.

« Au moins, ça veut dire qu'il est vivant, Mark, qu'est-ce qu'on fait ?

— On en parle aux autres ce soir, c'est une grande nouvelle. Il faut le retrouver. »

Les quatre derniers occupants de la Pretty Factory ont passé la soirée à mettre sur pied un dispositif de recherche.

« Si on prévenait les flics ?

— C'est stupide », répondit Pamela à la proposition d'Alberto, « Frank est majeur. Et puis on ne va pas mêler la police à ça. Il faut y aller.

— Mais le territoire hopi est énorme et aucun d'entre nous ne connaît la région, c'est impossible de le retrouver, rétorqua Alberto.

— J'ai une idée, dit Yono. Miles Davis a appelé plusieurs fois pour savoir si on avait des nouvelles. Or, quand il est venu dîner avec Frank, il a parlé des trois mois qu'il venait de passer près de Lake Powell pour travailler. Il nous a dit qu'il avait joué, un soir, pour des Indiens. Vous vous souvenez ? Il parlait de ces Indiens qui vivaient au milieu de la réserve navajo. On l'appelle ? »

Miles Davis partait trois jours plus tard pour un concert à Las Vegas. « Il y a deux places de libres dans mon jet. Vous venez à deux, le lendemain du concert de Vegas, on s'envole pour Page, de là on loue une limousine et on le retrouvera. J'ai mon idée. Je connais la réserve comme ma poche. Ça nous prendra un ou deux jours, et quelques heures à souffler dans mon cornet pour les serpents et les pierres du désert. »

La limousine, une Lincoln blanche rallongée conduite par le pilote de Miles, sillonnait la réserve. Il se tenait à l'arrière avec deux jeunes femmes assises en face de lui. La limousine s'arrêtait dans chaque village de maisons basses, Miles descendait et jouait, des Indiens s'approchaient pour l'écouter, il jouait encore pendant une heure puis les interrogeait et remontait, avec les deux femmes, dans la limousine qui repartait un peu plus loin où la même scène se reproduisait. C'était le plus beau concert itinérant donné à la mémoire du peuple hopi.

Frank avait achevé son écriture depuis plusieurs jours. Il attendait. Le calme, impression nouvelle, chassait la douleur qui avait accompagné les longues heures d'écriture et d'arrachement. A la fin de cette dernière journée, il regardait, assis sur les marches du baraquement, le soleil rouge approcher du sommet de la montagne.

Les notes montaient jusqu'à lui, imperceptibles, confuses puis identifiables. La musique mélangeait *Aranjuez* et *The Man I Love*, plus exactement elle commençait avec le concerto espagnol puis la plainte glissait, sans le moindre heurt, dans l'autre mélodie. Frank s'était approché au bord du promontoire. Sur le terrain de basket, au centre, près d'une longue voiture blanche, un homme habillé en serpent jouait, sa trompette toute droite au-dessus de lui dressée vers le ciel. A ses côtés, deux jeunes femmes, l'une petite et frêle avec des cheveux lisses et une minuscule jupe qui laissait voir ses fines jambes jaunes, l'autre, plus grande et noire, regardait Frank, et maintenant courait vers lui.

Il descendit du promontoire, ces quelques mètres qui le séparaient de la femme noire, il courait à son tour, au ralenti, pour la prendre dans ses bras, l'embrasser et respirer son odeur de fraise.

Le soleil rouge atteignait la montagne. Au loin, deux enfants tiraient une vache par une corde. Ils marchaient dans la direction d'un vieil Indien de grande taille. Vua Pah, celui que les Humains appelaient aussi Wakan Tanka.

Remerciements

A mes parents, qui ont vécu à Caen le Débarquement. Pour leur témoignage. Et, au-delà, leur exemple.

A ceux qui aiment le jazz. A Daniel Filipacchi et Frank Ténot. A Philippe Adler, Franck Bergerot, Philippe Carles, André Clergeat, Jean-Louis Comolli, Laurent Goddet, Bernard Loupias et Eric Nisenson. A Georges Dersy. Leurs livres, les interviews de musiciens qu'ils ont publiées dans des journaux et revues, notamment *Jazz Magazine*, et leurs conseils m'ont aidé à mettre ce roman en musique.

A.G.

BIBLIOGRAPHIE

Caen pendant la bataille, de A. Gosset et P. Leconte, éditions Ozanne & Cie, Caen.

Miles Davis, introduction à l'écoute du jazz moderne, de Franck Bergerot, éditions du Seuil.

Les Années Jazz Magazine, 40 ans de passion, éditions Filipacchi.

Dictionnaire du jazz, de Philippe Carles, André Clergeat et Jean-Louis Comolli, éditions Robert Laffont, coll. Bouquins.

Round About Midnight, un portrait de Miles Davis, d'Eric Nisenson, éditions Denoël.

The Encyclopedia of New York City, édité par Kenneth T. Jackson.

Beat Culture and the New America, 1950-1965, de Lisa Phillips, Whitney Museum of Art.

L'Ouest des années trente, d'Edward T. Hall, éditions du Seuil, coll. La couleur des idées.

Santa Fe et le Grand Cercle indien, de Jean-Louis André et Sylvain Grandadam, éditions du Chêne, coll. DuoDécouverte.

DOCUMENTS

L'entretien avec Miles Davis, pages 225 et suivantes, est librement inspiré d'interviews accordées au *Nouvel Observateur*, à *Télérama*, à *Paris-Match*, à *Jazz Magazine*, au *Matin de Paris*, à *France-Soir* et au *Monde*.

La lettre envoyée par Joan, pages 208, 209 et 210, est la reproduction fidèle de la tribune libre de Jean Seberg adressée à *Libération* le 27 septembre 1978 et republiée, après sa mort, le 10 septembre 1979.

Achevé d'imprimer le 17 décembre 1997
sur presse Cameron
par ***Bussière Camedan Imprimeries***
à Saint-Amand-Montrond (Cher)
pour le compte des éditions Grasset
61, rue des Saints-Pères, 75006 Paris

N° d'Édition : 10623. N° d'Impression : 4/1281.
Dépôt légal : janvier 1998.

Imprimé en France

ISBN 2-246-53571-9